Beck'scheReihe

BsR 1138

Die in diesem Band präsentierten Texte dokumentieren den Wandel in der Erfahrung von Zeit speziell bei Frauen im 19. und 20. Jahrhundert. Kontinuitäten, die mit der gesellschaftlichen Definition von „weiblicher" Arbeit zusammenhängen, werden ebenso sichtbar wie die Vielfalt divergierender Zeiterfahrungen, die durch Herkunft, Bildung, Familienstand, Kinderzahl, Beruf und Sozialstatus bedingt sein können.

Im Nebeneinander von Kontinuität und Wandel verdeutlichen die Texte, wie schwierig es für Frauen unterschiedlicher familiärer und sozialer Lage war und ist, Zeit souverän zu gestalten. Sie zeigen aber auch Freiräume, positive Zeiterfahrungen sowie das stete Bemühen, Zeit auch gegen Widerstände zur eigenen Zeit zu machen.

Martina Kessel arbeitet derzeit im Fach Neuere Geschichte an einer Geschichte der Langeweile im 19. Jahrhundert.

Zwischen Abwasch und Verlangen

Zeiterfahrungen von Frauen im 19. und 20. Jahrhundert

Herausgegeben von Martina Kessel

VERLAG C.H. BECK

Mit 6 Abbildungen

Die Deutsche Bibliothek – CIP-Einheitsaufnahme
Zwischen Abwasch und Verlangen: Zeiterfahrungen von
Frauen im 19. und 20. Jahrhundert; ein Lesebuch / hrsg.
von Martina Kessel. – Orig.-Ausg. – München: Beck,
1995.
(Beck'sche Reihe ; 1138)
ISBN 3 406 39238 5
NE: Kessel, Martina [Hrsg.]; GT

Originalausgabe
ISBN 3 406 39238 5

Umschlagentwurf: Uwe Göbel, München
Umschlagabbildung: Max Liebermann „Die Bleiche", 1882/83,
Rheinisches Bildarchiv Köln
© C. H. Beck'sche Verlagsbuchhandlung (Oscar Beck), München 1995
Gesamtherstellung: C. H. Beck'sche Buchdruckerei, Nördlingen
Gedruckt auf säurefreiem,
aus chlorfrei gebleichtem Zellstoff hergestelltem Papier
Printed in Germany

Inhalt

I. „Die Zeit ist . . . weise zu benutzen"

II. Tagesläufe

III. Hausarbeiten

IV. Erwerbsarbeit

V. „Vielerlei Ansprüche":
die eigene Zeit und die Wünsche der anderen

VI. Muße–Freizeit–Eigenzeit

Editorische Notiz

Auslassungen in den Texten sind durch drei Punkte in eckigen
Klammern gekennzeichnet. Fußnoten in den abgedruckten
Texten sind gestrichen worden. Die Überschriften sind, wenn
sie Zitate aus dem Text sind, als solche gekennzeichnet, die
übrigen Kurztitel stammen von der Herausgeberin.

Verfügte Zeit, gelebte Zeit.
Frauen zwischen Arbeit und freier Zeit im 19. und 20. Jahrhundert.[*]

„Wie kannst Du über meine Zeit verfügen!"[1] Dieser Wutausbruch eines Ehemannes seiner Frau gegenüber, die ohne sein Wissen eine Verabredung für beide zusammen traf, beleuchtet krass, wie wichtig die selbständige Strukturierung der Zeit für das Selbstverständnis sein kann. Umgekehrt beleuchtet genau dies Beispiel, wie die Verfügung über die Zeit anderer eine der unauffälligsten und damit subtilsten Formen von Machtausübung darstellt.[2] Dieser Ehemann bestand nämlich seinerseits darauf, mit seiner Frau, seiner Tochter und den Großeltern jeden Morgen, Mittag und Abend gemeinsam am Tisch zu sitzen, und mißbilligte jeden Rückzug in andere Räume ebenso scharf wie den schüchternen und seltenen Versuch seiner Frau, von sich aus ihrem eigenen Leben als Hausfrau und ihrer gemeinsamen Zeit Farbtupfer in Form sozialer Kontakte zu verschaffen. Sie hatte ein Privileg anzutasten versucht, das er selbstverständlich für sich in Anspruch nahm.

Zeit ist eine grundsätzliche Rahmenbedingung des Lebens. Aber sie ist keine unabhängige Größe, sondern auch in ihren objektivierten Formen wie Arbeitszeit ein sozial konstruiertes *und* subjektiv empfundenes Phänomen.[3] Verfügte Zeit – diese Erfahrung trifft in der bürokratisierten Arbeitnehmergesellschaft fast alle Menschen, aber sie trifft Männer und Frauen unterschiedlich.[4] Der Faktor Geschlecht wirkt sich in jede Dimension des Zeiterlebens aus. Die biographische Zeit mit ihren Zukunftsaussichten und -hoffnungen wird davon ebenso beeinflußt wie das Erleben der alltäglichen Zeit oder die Freizeit- und Urlaubsplanung.

Die in diesem Band präsentierten Texte dokumentieren den Wandel in der Erfahrung von Zeit speziell bei Frauen im 19. und 20. Jahrhundert. Kontinuitäten, die mit der gesellschaftlichen Definition von „weiblicher" Arbeit zusammenhängen, werden ebenso sichtbar wie die Vielfalt divergierender Zeiterfahrungen, die durch Herkunft, Bildung, Familienstand, Kinderzahl, Beruf und Sozialstatus bedingt sein können. Die Strukturen von Frauenerwerbsarbeit haben sich ebenso wie die Arbeitszeiten vom 19. zum 20. Jahrhundert tiefgreifend verschoben. Ebenso ist die traditionelle Verflechtung von Arbeit und Muße einer, allerdings oft überspitzten Entgegensetzung von Arbeitszeit und Freizeit gewichen. Die Vorstellung, daß Haus- und Familienarbeit Frauensache und unbezahlte Nebensache sei, wirkt jedoch immer noch. Männliche Erwerbsarbeit wurde faktisch und symbolisch höher bewertet und entlohnt;[5] die dabei investierte Zeit galt als kostbarer und entsprechend weniger disponibel. Im Nebeneinander von Kontinuität und Wandel verdeutlichen die Texte, wie schwierig es für Frauen unterschiedlicher familiärer und sozialer Lage war und ist, Zeit souverän zu gestalten. Sie zeigen aber auch Freiräume, positive Zeiterfahrungen sowie das stete Bemühen, Zeit auch gegen Widerstände zur eigenen Zeit zu machen.

Der Schwerpunkt der Anthologie liegt auf Selbstzeugnissen. Der Band ist nach Themenbereichen aufgebaut, die Texte innerhalb der Kapitel sind chronologisch angeordnet und mit dem Ziel ausgewählt, möglichst Frauen unterschiedlicher Herkunft und Lebenssituation vorzustellen.

I. Zeiten der Arbeit

Ständig beschäftigt sein, doch immer Zeit haben, immer sorgend, doch nie hektisch und schon gar nicht abgehetzt: das sind die beiden konträren, aber gleichzeitig verbindlichen Wesens- und Verhaltensanforderungen an Frauen. Normen sind nicht „die" Wirklichkeit, ihre regulative Kraft und ihr unterschwelliger Einfluß auf die eigene Perspektive und die Erwartungshaltung anderer darf aber nicht unterschätzt werden. Seit dem späten 18. Jahrhundert lenken Erziehungs- und Verhaltensbücher den Blick ihrer Leser und Leserinnen nachdrücklich auf den Wert von Zeit. Offenbar löste die Möglichkeit, daß Frauen über freie Zeit verfügten, Angst aus: Die Ratgeber suchen jede Minute im weiblichen Tagesablauf und jede Phase der weiblichen Biographie eindeutig festzulegen, in steter Bündelung dreier „Muß“: der Warnung vor Müßiggang, um nicht „falschen“ Träumen Raum zu geben, der Mahnung, daß die Frau für den Mann lebe, und der Anweisung, daß die weiblichen Tätigkeiten unauffällig zu geschehen hätten.[6] Darin spiegeln sich zentrale Elemente der gesellschaftlichen Definition von Weiblichkeit, die bis heute das Leben für andere betont, die Verantwortlichkeit für Haushalt, Familie, Sozialkontakte und die affektive Atmosphäre. All diese Dimensionen haben keine feste Arbeitszeit.

Hausarbeit endet eigentlich nie. Steht mehr Zeit zur Verfügung, dauert sie länger. Die moderne Zeitökonomie prägt vor allem die Erwerbsarbeit, die die „Hierarchie der sozialen Zeiten“[7] in der Moderne dominiert. Zeitökonomisches Verhalten wurde jedoch in der Hausarbeit ebenfalls immer gefordert. Hier setzte die Rationalisierungskampagne der zwanziger Jahre an, die den Hausfrauen Zeitverschwendung vorwarf und die widersprüchliche Aufgabe zu professionalisieren suchte, zugleich Zeit für andere zu haben *und* sie zu sparen.[8] Entscheidend für den Rhythmus und die Anspannung durch die Hausarbeit ist für erwerbstätige Mütter wie für Hausfrauen die Kinderzahl, die die groben Markierungen des Tageslaufes wie Aufstehen, Schlafengehen und Pausen bestimmt.[9] Die verwandte Zeit richtet sich aber auch nach den jeweils gültigen sozialen Standards für eine „perfekte Hausfrau“ und „gute Mutter“. Die durchschnittliche Kinderzahl ist seit dem späten 19. Jahrhundert erheblich gesunken, die Intensität der Betreuung hat sich dagegen enorm erhöht. Auch der Aufwand für die große Wäsche vermehrte sich durch die erhöhten Hygienestandards im späten 19. Jahrhundert, lange bevor die Waschmaschine schwere Arbeit erleichterte.[10] Bei berufstätigen Frauen beanspruchte die Wäsche meist den größten Teil des Wochenendes, die Zeit, die berufstätigen Männern zur Erholung zur Verfügung stand. Diese Erfahrung war ein wichtiges und deutlich wahrgenommenes Element sozialer Ungleichheit.

Es liegt nicht am jeweiligen Arbeitsstil, sondern am Charakter von Haus- und Familienarbeit, daß sie zerstückelt ist und selten größere Zeitblöcke frei läßt. Sie läßt sich vor allem mit Kindern schlecht bündeln. Auch bei maximaler Rationalisierung richtet sie sich nach den Arbeits-, Schul- und Essenszeiten und den übrigen Bedürfnissen von Mann und/oder Kind(ern). Dies bedeutet ständiges Warten oder dauernde Unterbrechung. „Kinderzeiten" lassen sich nicht ökonomisieren. Für erwerbstätige Mütter prallen qualitativ völlig konträre Zeitvorstellungen aufeinander. „Nicht wir haben die Minuten, die Minuten haben uns!" umreißt eine Akkordarbeiterin in den siebziger Jahren dieses Jahrhunderts den Zeitdruck in der Arbeit. Zuhause muß sie sich auf die ganz andere Zeitvorstellung der Kinder einlassen, muß Zeit „haben", trotz Hausarbeit oder Müdigkeit.[11] Die „Mitarbeit" von Kleinkindern in Haus und Garten verdoppelt die Arbeit und verlängert die Zeit. „Im Garten zum Beispiel – du buddelst was ein, sie buddelt was aus. Und buddelst du es wieder rein, dann buddelt sie es wieder aus", beschreibt die Mutter einer kleinen Tochter ihre Gartenarbeit.[12]

Oberschichtenfrauen im 19. Jahrhundert konnten die Betreuung der Kinder und die Hausarbeit häufig an Dienstpersonal delegieren. Weil sie über die Zeit der Bediensteten verfügten, konnten sie sich selber kulturellen Aktivitäten und der Geselligkeit widmen. Ein Ausscheren aus der Familienverantwortung geriet jedoch sofort in die Kritik. Auch heute kommt schnell ein schlechtes Gewissen auf, wenn Mütter eine Tagesmutter oder Kindertagesstätte in Anspruch nehmen. Deutschland verfügt im Verhältnis zu den meisten anderen westeuropäischen Staaten über eine magere Infrastruktur, wenn es darum geht, Kinder außer Haus betreuen zu lassen. Dadurch und durch die Kindergarten- und Schulzeiten werden Frauen entweder zum Verzicht auf ganztägige Berufsausübung oder zu einem Organisations- und Balanceakt gezwungen, den ein Hitzefrei im Sommer zusammenbrechen läßt.

Ebenso fordern Ehemänner die Präsenz oder Aufmerksamkeit ihrer Frauen, sobald sie von der Arbeit heimkehren, so daß nicht nur die Art der Arbeit, sondern auch das männliche Selbstverständnis dazu zwingt, tägliche Zeitmuster nach den Bedürfnissen anderer zu richten. Heimarbeiterinnen im 19. Jahrhundert mußten ihre Arbeit unterbrechen, wenn ihr Mann zu Hause war. Nebenerwerbsbäuerinnen schildern in den 1970er Jahren ein ähnliches Phänomen: „Ja, ja, so lang er daheim ist, kann ich nix tun. Deswegen bin ich recht froh, wenn er in die Arbeit geht. ... Und wir wollen ihn auch gar net so schnell daheim ..."[13]

Doppelbelastung ist das zentrale Stichwort in der Debatte um Frauenerwerbsarbeit – neben segregiertem Arbeitsmarkt und Lohndiskriminierung. Wie selbstverständlich Hausarbeit als „weiblich" beurteilt wird, drückt der Wiener Dialekt besonders deutlich aus. „Ich schreib' ihm in der Früh einen Zettel: ‚Tu' *mir* bitte das und jenes.' Das macht er dann schon auch." Oder: „Sicher kann ich nicht verlangen, daß er *mir* abstaubt, das wird er sicher nicht machen. Geschirr abwaschen macht er aber schon einmal." Typische Äußerungen einer Wiener Verkäuferin, die übermitteln, daß er ihr etwas abnimmt, auch wenn beide Lebenspartner erwerbstätig sind.[14] Rhetorische Strategien verleihen darüber hinaus diesen „weiblichen" Tätigkeiten den Anstrich des rein Privaten und Erholungsmäßigen, jenseits von „richtiger" Arbeit: im Begriff „Erziehungsurlaub" oder in der Regelung des Hausarbeitstages, der in der DDR und den neuen Bundesländern bis zum Sommer 1994 in Anspruch genommen werden konnte, durch die „Freizeitverordnung". Der Vorsitzende einer Landwirtschaftsgenossenschaft in der DDR demonstriert die mentale Verankerung dieses Denkens: „Und in den Wintermonaten haben sie [unsere Frauen] einen verlängerten Urlaub, so daß sie auch mal Zeit finden, alles wieder richtig in Ordnung zu bringen."[15]

Diese Einstellungen bewirken, daß erwerbstätige Frauen im Schnitt auch heute noch „in jeder Woche fast doppelt so viel Zeit mit unbezahlter Arbeit wie ihre Männer (35 Stunden vs. 19,5)" verbringen.[16] Die (alte) Bundesrepublik gehörte in den achtziger Jahren nicht nur zu den negativen Spitzenreitern der EG bezüglich der Frauenerwerbsquote und der niedrigeren

Lohnposition von Frauen; eine EG-Enquête von 1987 ermittelte sie auch als „Schlußlicht" bezüglich der Bereitschaft von Männern, im Haushalt mitzuarbeiten.[17] Zwischen 1950 und 1980 lag der Anteil der erwerbstätigen Frau an Haus- und Erziehungsarbeit durchgängig bei 70%, der nichterwerbstätigen bei 80%; bei höherem Bildungsabschluß der Frau verbessert sich die Relation geringfügig.[18] Trotz der viel höheren Frauenerwerbsquote in der DDR und ihres Familienleitbildes der partnerschaftlichen Ehe (während das bundesdeutsche Recht die Zuständigkeit der verheirateten Frau für den Haushalt erst 1977 explizit aufhob) unterscheiden sich die neuen Bundesländer in diesem Punkt nur in winzigen Prozentbruchteilen von den alten.[19] Auch in der DDR hatten verheiratete Mütter und Frauen im Schnitt 7–10 Stunden weniger Freizeit in der Woche als ihre Ehemänner.[20]

Wer auf Abhilfe sann, suchte meist nicht die Hausarbeit anders zu verteilen, sondern die Erwerbsarbeit von Frauen zu begrenzen, sei es durch den früheren Arbeitsschluß am Samstag im 19. oder die Forderung nach Teilzeitarbeitsplätzen im 20. Jahrhundert.[21] Zwar war nicht die Zunahme von Frauenerwerbstätigkeit an sich die entscheidende Veränderung des Arbeitsmarktes im 20. Jahrhundert, sondern die sozialstrukturelle Verschiebung durch die Zunahme der Erwerbsarbeit verheirateter Frauen. Zwischen 1960 und 1985 stieg die Zahl in der alten BRD um mehr als 60%. Auch die kindbedingten Unterbrechungen wurden kürzer. Der weibliche Anteil an der Summe aller Arbeitsstunden aber fiel von 36% auf 34%.[22] In den alten Bundesländern arbeiteten in den achtziger Jahren rund 16% Arbeitnehmer auf Teilzeitarbeitsplätzen; davon waren knapp über 90% Frauen.[23] Auch in der DDR, wo rund 90% aller arbeitsfähigen Frauen erwerbstätig waren und die Weiterqualifikation selbstverständlich zum weiblichen Berufsbild gehörte (allerdings ohne die leitenden Positionen), arbeiteten Anfang der neunziger Jahre 27% „verkürzt".[24]

Teilzeitarbeit, die kindbedingte Unterbrechung und der häufige Tätigkeitswechsel (mit unterqualifizierter Beschäftigung) demonstrieren, daß weibliche Zeit und Arbeit nicht nur im Tagesverlauf, sondern auch in der biographischen Perspektive zerstückelt ist. Eine ausgebildete Röntgenassistentin heiratete nach ihrer Lehre, fand aber nur eine Teilzeitstelle mit Samstags- und Sonntagsarbeit. „Ich wollte das nicht, und vor allem wollte es mein Mann nicht. Er sagte, er arbeite die ganze Woche, und wenn er am Wochenende frei habe, und ich arbeiten müsse, hätten wir nicht viel Gemeinsames. Ich sah das ein und nahm eine Bürostelle als Aushilfe an."[25] Bei Unterbrechung ist der Wiedereinstieg ohne Qualifikationsverlust schwierig, die renten- und versorgungspolitischen Nachteile sind krass. Teilzeitstellen sind unsicher, weniger qualifiziert, bieten geringe Aufstiegschancen und selten finanzielle Unabhängigkeit: ein klassisches „Zubrot". Dennoch wünschten 1989 ein Drittel der weiblichen Vollzeitbeschäftigten und 70% derer, die nach Unterbrechung wieder erwerbstätig werden wollten, Teilzeitarbeit. Kontinuierliche Berufsbiographien werden noch immer mit männlichen Lebensläufen identifiziert, weibliche Zeit hat flexibel und verschiebbar zu sein: die herkömmliche Geschlechterdifferenz in neuem Gewand.[26]

Weibliche Arbeit erschöpft sich nicht in Haus-, Familien- und außerhäusiger Erwerbsarbeit. Heimarbeit als haushaltsintegrierte Erwerbsarbeit[27] blieb kein Phänomen des 19. Jahrhunderts, sondern kehrt als Telearbeit (computergestützte Heimarbeit) heute wieder zurück, mit der Hoffnung, die Arbeit in den „Zwischenzeiten" von Hausarbeit und Kinderpflege machen zu können. Mithelfende Angehörige waren und sind eine tragende Säule für Selbständige. Die Mithelfenden im Familienbetrieb, vor allem die Ehefrauen, stellten im landwirtschaftlichen Bereich bis in die sechziger Jahre des 20. Jahrhunderts den größten Anteil an Frauenerwerbsarbeit überhaupt, und gerade sie tauchten bis zur Berufszählung von 1925 in den Statistiken aufgrund einer restriktiven Definition von „Haupterwerbstätigkeit" nur selten auf.[28] Auch in Texten sind sie schwer sichtbar zu machen.

Andere Arten der Mitarbeit bleiben ebenfalls meist im Verborgenen. Im 19. Jahrhundert z.B. besorgten Schwestern, Mütter und Freundinnen das vielfache Abschreiben von

Schriftstücken. Theodor Fontane ließ seine Frau sämtliche Manuskripte abschreiben, häufig unter großem Zeitdruck.[29] Betsy Meyer, die Schwester des Schriftstellers Conrad Ferdinand Meyer, war zusätzlich stolz darauf – getreu der Norm –, daß niemand ihren Beitrag zur stilistischen Qualität „seiner" Literatur wahrnahm.[30] Diese versteckten Arbeiten waren genauso selbstverständlich wie die Disponibilität lediger Frauen für Kranken- und Pflegedienste.

Nicht nur Männer greifen selbstverständlich auf weibliche Familienangehörige zur Bewältigung verschiedener Aufgaben zurück. Die Hilfe der Mutter, Großmutter oder Schwiegermutter ist für erwerbstätige Frauen oft entscheidend; dies ergeben Berichte von Schichtarbeiterinnen wie von Chefärztinnen, von Müttern und kinderlosen, unverheirateten Frauen, ob in der DDR oder der Bundesrepublik.[31] Umgekehrt werden Töchter bis in die Gegenwart bedenkenloser als Söhne zu Haushalts- und Pflegediensten herangezogen. „Meine Eltern, fortschrittliche Menschen, wa, aber die Erziehung von uns Kindern – furchtbar! Die Mädchen mußten schuften, die Jungs hatten 'n feinet Leben", so kommentiert ironisch eine 24jährige ledige Facharbeiterin mit einem Kind ihre Erziehung in der DDR in den sechziger Jahren,[32] während die 14jährige Sybille F. im Nachbarland von ihrem älteren Bruder hört: „Du wirst Hausfrau, du mußt dich jetzt schon einüben."[33]

Es ist schwierig, diese mentalen Muster zu ändern. Töchter können aufgrund des Selbstverständnisses ihrer Väter meist nur ihre Mütter um Hilfe bitten. Andererseits bauen Mütter auch heute noch selbstverständlicher auf die Mitarbeit der Töchter. „Wenn man eine Tochter hätte, wäre es bestimmt anders", so der Seufzer einer älteren, pflegebedürftigen Frau, die sich alleingelassen fühlt.[34] All diese Arbeiten fordern pure Lebenszeit ohne finanzielle oder gesellschaftliche Anerkennung. Ob das Engagement von Männern in diesen Bereichen zunehmen und über die Begleitung zur Schwangerschaftsgymnastik und die Präsenz bei der Geburt – sichtbar, aber wenig zeitintensiv – hinausgehen wird, muß sich noch erweisen.

II. Zeiterfahrungen

Subjektive Zeiterfahrungen liegen quer zu Fragen von Arbeitszeit oder Doppelbelastung. Sie sind auch nur bedingt über soziale Zuordnung oder den Beruf einheitlich zu fassen. Dabei geht es nicht nur um die Organisation des Alltags, sondern auch um Perspektiven der Zukunft, um Erinnerungen, die der Gegenwart Spannung verleihen oder sie als sinnlos erscheinen lassen. Zeiterfahrungen variierten immer extrem, zwischen zu viel oder zu wenig: Einerseits eine schichtenspezifisch bedingte Differenz im 19. Jahrhundert zwischen Arbeitermüttern, die, in ständiger Hetze, kaum je Feierabend hatten,[35] und adligen oder bürgerlichen Frauen, die mehr Zeit hatten. Letztere hatten aber ebenfalls nur geringe Handlungsoptionen beim Planen ihrer Zukunft, die sie nur gegen tiefsitzende familiäre und gesellschaftliche Widerstände eigenständig gestalten konnten. „Ich entsetzte mich vor der Leere meiner Zukunft",[36] beschrieb die Bürgertochter und spätere Schriftstellerin Gabriele Reuter die Perspektive junger Frauen im Kaiserreich, wenn sie nicht heirateten oder heiraten wollten, eine befriedigende Berufstätigkeit aber auch nicht in Sicht war. Ihr Rückblick am Ende eines erfolgreichen Lebens verriet die Selbstkontrolle und Kraft, die ein Leben als alleinstehende Berufstätige (nicht nur) im 19. Jahrhundert forderte: „Die Einsamkeit, vor der ich mich in der Jugend gefürchtet, war mir längst zu einem lieben Heim geworden."[37]

Andererseits divergierten Zeiterfahrungen aber auch innerhalb sozialer Gruppen. Die adlige oder bürgerliche Gattin, deren Zeit mit repräsentativen Aufgaben, Geselligkeit und weiblichen Handarbeiten gefüllt war, hatte einen anderen Blickwinkel als die bürgerliche Gouvernante oder Erzieherin, die ihr Leben dem Rhythmus einer anderen Familie anpassen mußte. Die Regelungen der Fabrikarbeit (seit 1890: 11 Stunden, Arbeitsschluß an Samstagen: 17.30 Uhr, ab 1918 der 8-Stunden-Tag, der aber selten eingehalten wurde) galten nicht für Heimarbeit und Landwirtschaft,[38] genau wie das erste Mutterschutzgesetz von 1927 mit dem Kündigungsschutz sechs Wochen vor und nach der Geburt.[39] Dienstmädchen und Mägde hatten mit bis zu 16 Stunden die längsten Arbeitszeiten und die größte Abhängigkeit von der Familie des Dienstherren. Auch als 1918 die Gesindeordnung aufgehoben wurde, die keine feste Arbeitszeit vorsah, und in der Weimarer Republik die stundenweise bezahlte Hilfe das ganztägige Hausmädchen ersetzte, fand der 8-Stunden-Tag keine Anwendung, blieben Urlaub, nächtliche Ruhepausen, Freizeit oder die Gewährung eines ganzen freien Tages ungeregelt.[40]

Im Gegensatz zu Hausarbeit oder Gesindedienst konnte Fabrikarbeit die Zeit auch positiv strukturieren. Ledige Fabrikarbeiterinnen konnten einen freien Samstagabend oder Sonntag genießen, wenn sie nicht – im Gegensatz zu ihren Brüdern – Wäsche waschen oder stopfen mußten. Für unverheiratete Heimarbeiterinnen dagegen, die sich den Lebensunterhalt verdienen mußten, flossen die Tage ineinander, während für verheiratete Heimarbeiterinnen das Wochenende oder der Arbeitsschluß des Mannes die Zeit strukturierte.[41]

Entscheidender als Arbeitszeiten erweisen sich für die individuelle Zufriedenheit dabei immer wieder der Arbeitsplatz und die Möglichkeit, Fähigkeiten und Kenntnisse einsetzen zu können.[42] Auf diesen Zusammenhang verwies nicht nur die emphatische Betonung der Arbeitsfreude durch die erste Frauenbewegung im späten 19. Jahrhundert. Trotz einer Arbeits- und Wegzeit von 12 Stunden pro Tag und sehr kurzfristigen Arbeitszeitschwankungen zeigt sich eine Verkäuferin in den achtziger Jahren des 20. Jahrhunderts zufrieden: „Weil ich mich jetzt schon ein bißchen emporgearbeitet habe, auch ein bißchen im Einkauf, also weil ein Erfolg da ist und wir den Umsatz gesteigert haben, macht es mir richtig Spaß."[43] Gefühle von Unabhängigkeit und Anerkennung beeinflussen elementar die Wahrnehmung von (Lebens)Zeit, wobei die wenigsten Frauen berufliche Positionen innehaben, in denen sie anderen ihren Terminkalender diktieren.

Aussagen von Bäuerinnen (auf dem eigenen Hof) bestätigen oft nachdrücklich, daß Zufriedenheit quer zu „Arbeit" und

„Zeit" liegt, ohne daß hier eine traditionale Identität mit Naturrhythmen romantisiert werden darf. Zeitökonomie und lineares Zeitdenken haben sich auch hier längst durchgesetzt, während die Aufwertung von Freizeit und Tourismus die räumliche und zeitliche Gebundenheit schärfer markiert. Landwirtschaftliche Arbeit ist bis in die Gegenwart eine der arbeitsintensivsten Tätigkeiten, in der Betrieb und Haushalt noch lange stark verflochten waren. Berichte aus dem 19. wie 20. Jahrhundert betonen die enorme Arbeitslast, auch wenn Spitzenzeiten mit gemächlicherem Tempo wechselten.[44] Der zunehmende Technisierungsgrad hat nicht zu einer wesentlichen Arbeitsentlastung der Landfrau im Sinne von mehr Freizeit geführt, sondern bildet bei einer veränderten Arbeitskräftestruktur (keine Hilfskräfte mehr für den Haushalt) oft die Voraussetzung für die Bewältigung der Arbeit.[45] Einerseits ist die Arbeit im Eigenbetrieb nur schwer durch Arbeitszeiten zu begrenzen. Sie kann aber (ohne nostalgische Verklärungsabsicht) in Grenzen subjektiv gestaltet werden: „Morgen ist auch noch ein Tag", sagen viele Bäuerinnen, wenn ein Tagespensum nicht geschafft wird.[46]

Klagten in der Landwirtschaft Beschäftigte in den sechziger Jahren über die viele Arbeit, so ging es zwanzig Jahre später um den Mangel an Freizeit, ein Reflex auf deren wachsenden gesellschaftlichen Stellenwert, da die Arbeit nicht geringer geworden war. Freizeit und Ferien sind vor allem bei Viehhaltung begrenzt. Die Klage über mangelnden Urlaub verbindet sich jedoch häufig mit einer relativ hohen Arbeitszufriedenheit, die sich über andere Zeitdimensionen definiert. Zwar fördert der Vergleich mit anderen Lebensformen, gerade in stadt- oder industrienahen Gebieten, die Unzufriedenheit mit der Gebundenheit des Landlebens. Der Arbeitswechsel im Jahresrhythmus kann jedoch zum einen vor Langeweile schützen, trotz Mechanisierung der Landwirtschaft. Bei aller Mühe wiegt zum anderen der Stolz auf die auf dem Feld sichtbare Arbeit mit der entsprechenden Anerkennung ebenso viel wie die (in Maßen) eigene Zeiteinteilung, sprich: Selbständigkeit, auch wenn nicht viel gezahlt wird. „Aber draußen, da seh ich, was ich mach. Kann ich abends sagn: Da schau her, des hab ich heut fertigbracht!"[47] Die meisten befragten Bäuerinnen hätten gerne einmal ein paar Wochen Ruhe für die Hausarbeit, die sonst immer in Eile und in den Zwischenzeiten der Landwirtschaft gemacht werden muß; auf Dauer aber würde sie ihnen nicht reichen: „Nur im Haus, das wär net schön! Ich möchte aweng naus. Ich räum ganz gern einmal im Haus, – daß ich einmal ein Tag meinetwegen einmal die Küchn aufn Kopf stell, aber dann will ich vier Wochen von der Küch nix mehr sehn!" Die Verzahnung von Bewertung, positivem Zeitgefühl und Macht, die die außerhäusige Arbeit auch in den Beziehungen zwischen Frauen symbolisiert, drückt sich im lapidaren Kommentar einer Bäuerin aus: „Und wenn ich mal a Schwiegertochter hab, dann laß ich die daheim. Dann will ich nimmer kochen!"[48]

Es braucht geistige und oft auch ökonomische Unabhängigkeit, den divergierenden Zeitstrukturen und -vorstellungen einer sich ständig beschleunigenden Gesellschaft standzuhalten. Trotz grundlegender Verschiebungen der Arbeitszeit und der Individualisierung auch weiblicher Lebensläufe sind Kontinuitäten sichtbar. Die kulturkritische Klage der Gegenwart, mit zu viel freier Zeit nicht umgehen zu können,[49] dürfte auch heute selten das Problem von Hausfrauen mit Kindern sein.[50] Für Mehrfachmütter gilt eher der Seufzer: „Den Begriff ‚Zeit für mich' habe ich mir so ziemlich abgeschminkt",[51] während in der Phase des „leeren Nestes" dann, oft schlagartig in der eigenen Wahrnehmung, relativ viel freie Zeit befriedigend gelebt werden will, mit wenig attraktiven Möglichkeiten auf dem Arbeitsmarkt. Die Freude an Kindern droht im Zwang des ständigen Verfügbarseins und im Gefühl verschwendeter Zeit unterzugehen. Diese Erfahrung machen besonders Frauen, die vor der Geburt berufstätig waren und sich auf den Mutterschafts„urlaub" gefreut haben (und Alleinerziehende!). „Ja, manchen Tag, . . . da kriegt man schon mal so 'n Rappel. Da möchte man wieder mal so sein, wie man als junges Mädchen war, als man noch Zeit hatte und alles machen konnte."[52]

Bezeichnenderweise leiden Frauen, die aus dem Beruf ausgestiegen sind, deutlicher unter Streßsymptomen als erwerbstätige Mütter,[53] ein wichtiges Indiz für die Bedeutung des Berufs für Zufriedenheit. Hausarbeit erlaubt wohl eine gewisse Autonomie, gerade wenn Männer außerhäusig beschäftigt sind. Eine Nebenerwerbsbäuerin betont die dadurch mögliche eigenständige Gestaltung: „Wenn ich amal keine Lust hab, brauch ich nicht. Und ich bin ja nun wirklich sehr frei, nachdem meine Männer nie da sind."[54] Zeitökonomie und der Zugriff der anderen setzen sich jedoch schnell in innere Unruhe um. Auch wenn Pausen möglich wären, berichten Erwerbstätige wie Hausfrauen übereinstimmend, sich in den Zeitfetzen nur schwer entspannen zu können: „Wenn ich jetzt zu Hause bin, angenommen sonntags oder so, das Stillsitzen, also das fällt mir unheimlich schwer. Das ist irgendwie . . . ich weiß nicht, ob das nervlich ist oder was. Das liegt mir jedenfalls nicht. Ich kann nicht . . . Also mein Mann, der schimpft dann schon immer – aber ich muß hin und her. Daß ich jetzt wirklich sage, jetzt setze ich mich mal hin . . . ich weiß nicht, irgendwie fällt mir das zu schwer."[55] Die wenigen Männer, die in Deutschland Erziehungsurlaub nehmen, bestätigen das Gefühl permanenter Überlastung und die gescheiterte Hoffnung, eigene Pläne in dieser „freien" Zeit realisieren zu können.[56]

III. Freie Zeit – Freizeit – Eigenzeit

Die heute gängige Trennung zwischen Arbeitszeit und Freizeit hat sich mit der Trennung von Wohn- und Erwerbsbereich seit dem 18. Jahrhundert immer schärfer herausgebildet. In der Landwirtschaft erhielt sich jedoch noch länger die Verknüpfung von Arbeit und geselliger Muße, die die ländliche Gesellschaft der frühen Neuzeit prägte, z.B. in den Spinnstuben, in denen sich abends die unverheiratete Jugend traf.[57] Im gutsituierten Bürgertum waren die Grenzen zwischen Geschäfts- und Besuchszeiten im frühen 19. Jahrhundert auch noch nicht sehr scharf getrennt, wie die Schriftstellerin Fanny Lewald schildert.[58] In der Lohnarbeit setzte sich am schnellsten das Verständnis von Freizeit als Komplementärbereich zur Erwerbsarbeit durch.

Die Gestaltung freier Zeit durch Frauen hing mit der Verfügung über Räume zusammen. Bürgerliche Frauen sollten sich auf den häuslichen Bereich beschränken. Ausnahmefiguren wie Rahel Levin oder Henriette Hertz prägten die rege Salonkultur um 1800, aber alleine auszugehen galt als unweiblich und daher unschicklich. Eine 32jährige Frau, die brieflich am Aufklärungsdiskurs teilnahm, mußte auf die eigenständige Gestaltung ihrer Zeit verzichten, weil ihr Bruder sie versetzte: „Sie verzeihen gütigst, lieber Freund, wenn Sie uns auf dem *Neuen Hause* nicht antreffen. Da mein Bruder ausbleibt, kann ich (auch) nicht (kommen). . . . Warum dürfen wir Mädchen[!] nicht allein ausgehen? Ich bedächte mich keinen Augenblick, käme anstatt dieser Zeilen selbst."[59] Die stärkere Präsenz von Unterschichtenfrauen auf der Straße galt entsprechend als Unordnung. Arbeiterfrauen in Württemberg wehrten sich jedoch noch in der Revolution von 1848 dagegen, ihre Strick- und Schwatztreffpunkte von der Straße in das Haus zu verlegen, gerade weil ihnen dann die Teilhabe an sozialen Kontakten verloren gehen würde.[60]

Die rege Vereinstätigkeit des 19. Jahrhunderts vollzog sich nach Geschlechtern getrennt. Unter den ca. 200 000 Mitgliedern des bürgerlichen „Deutschen Sängerbundes" 1914 gab es keine einzige Frau. Der gleichstarke „Deutsche Arbeiter-Sängerbund" hatte immerhin 18% weibliche Mitglieder.[61] In die männerzentrierten Arbeiterkulturvereine konnten Frauen aber auch erst nach dem Vereinsgesetz von 1908 eintreten. Ihnen oblag dagegen die Organisation der (Familien)Geselligkeit und der kulturellen Aktivitäten. Die Faszination des Kinos für Frauen lag in der Weimarer Zeit („faute de mieux", wie eine erklärte[62]) vor allem auch darin, das Haus verlassen zu können. Nicht von ungefähr empfahl die Ratgeberliteratur der zwanziger Jahre wärmstens (aber vergeblich) das Radio als passendere Freizeitgestaltung für Frauen.[63]

Wandervogel, Jugendbewegung und der Sport boten in der Zwischenkriegszeit neue Möglichkeiten der Erholung, allerdings in erster Linie für junge Frauen. Nachbarschaftsgeselligkeit und konfessionelle Gruppen wie der katholische Mütterverein (später: Katholische Frauengemeinschaft) und die evangelische Frauenhilfe schufen dagegen Freiräume für Verheiratete, auch wenn dabei genäht wurde. „Unsere Mutter, die hatte damals noch eine Brennschere. Und alle 14 Tage mittwochs, wenn sie zur Frauenhilfe ging, wurden mit der Brennschere die Haare gebrannt, und dann ging sie dahin. Dann wurde Kuchen geholt". – „Das war das Gespräch, das hat denen gutgetan. Das wird gar nicht so gewesen sein, daß sie wegen des Glaubens hingegangen sind oder wegen des Pastors, weil der so nett war, sondern eben um zusammenzusitzen und sich zu unterhalten. Ist doch heute auch noch so. Ich gehe doch auch dahin, um mich mal zu unterhalten", so die Erinnerungen von Bergarbeiterfrauen aus Westfalen an die dreißiger Jahre.[64]

Die Urlaubsreise war vor 1933 generell ein Privileg der Oberschichten. Auf die Bildungsreise der adligen und bürgerlichen Söhne, die diese der elterlichen Kontrolle etwas entzog, mußten die Töchter im 19. Jahrhundert meist verzichten; die Reise ins Bad oder die Sommerfrische mit anderen Frauen oder der Familie wurde dagegen üblich. 20–30jährige berichten noch in der Weimarer Zeit, daß sie ihren ersten Urlaub fern von zu Hause (untergebracht bei Bekannten) gar nicht genießen konnten, da sie sich zum ersten Mal in einer fremden Umgebung zurechtfinden mußten.[65] Autobiographien und Briefe aus dem 19. Jahrhundert lassen erkennen, daß Besuche bei Verwandten und Freunden sich mitunter über Wochen erstreckten, aufgrund der oft schlechten Transportmöglichkeiten und der geringeren Kommunikationsmittel. Das Prinzip der bezahlten Jahresfreizeit setzte erst der Nationalsozialismus durch. Die Zugehörigkeit zum Betrieb war das entscheidende Kriterium für die Urlaubsdauer. Arbeiterinnen waren nicht krass schlechtergestellt: ca. zwei Drittel hatten 7–12 Tage Urlaub, diejenigen mit unter 6 Tagen waren allerdings leicht über-, die über 12 Tagen leicht unterrepräsentiert.[66]

In der kommerzialisierten Freizeitkultur der Bundesrepublik bieten Sportvereine die meistgenutzte Möglichkeit, an der öffentlich organisierten Freizeitgestaltung teilzunehmen. Noch immer aber findet man hier vor allem jüngere, ledige oder alleinlebende Frauen und Berufstätige (30% gegenüber 16% Nichtberufstätigen).[67] Zwar gibt es fast ebenso viele sporttreibende Frauen wie Männer, aber das Zahlenverhältnis in den Sportvereinen betrug bis in die sechziger Jahre ca. 1:5.[68] Die Liste der Freizeittätigkeiten (bei Frauen und Männern) führten 1990 allerdings Radio und Fernsehen an, vor Gartenarbeit, Sport und Spaziergängen, Lesen und dem Besuch von Sport- und Kulturveranstaltungen. Dies galt für die weniger vermarktete Freizeitgestaltung der DDR ebenso wie für die bundesrepublikanische, wenn es die Alltagsfreizeit und nicht die Fernreise betraf.[69] Immer noch ist der Freizeitbereich bei Männern klarer abgegrenzt (und liegt eher außer Haus), dominieren bei Frauen Lesen und Handarbeit, Gartenarbeit oder private Telefongespräche.[70]

Erwerbstätige Frauen betreiben eine intensivere Hobbypflege als Hausfrauen. Ihnen steht ein klarer Freizeitbereich zur Verfügung, meist auch mehr Geld, und häufig liefern die beruflichen Kontakte einen zusätzlichen Antrieb. Sie gehen auch, ebenso wie alleinstehende Frauen, im Ruhestand aktiver mit der eigenen Zeit um.[71] Für Hausfrauen und Mütter sind Arbeit und Freizeit schwer voneinander abzugrenzen. Aktive Freizeit der Familienmitglieder kann Zusatzarbeit für Frauen bedeuten, während der normale Alltag ohne feste Termine bereits das Gefühl eines „freien Tages" vermittelt.[72] Zwar fehlen heute weder Frauenkneipen und -cafés noch organisierte Frauenreisen, doch wirken subtile Einschränkungen weiter; außerhalb dieser bewußten Gegenöffentlichkeit kann es unangenehm und entmutigend sein, abends allein in die Eckkneipe zu gehen. Im Vergleich mit den touristischen Möglichkeiten der Gegenwart allerdings beeindrucken die Kraft und das Durchhaltevermögen von Frauen, die im 19. Jahrhundert alleine reisten, um so mehr.[73]

Selten stehen sich somit nur fremdbestimmte Zeit in der Arbeit und selbstbestimmte Zeit jenseits von Arbeit gegenüber, sondern es sind kontroverse Zeiterfahrungen in und außerhalb der Arbeit möglich. An der Schwelle zum 21. Jahrhundert wird der immer intensivere Zeitzwang unserer Gesellschaft durchaus kritisch reflektiert. Frauen haben die ihnen sozial zugeordnete Verwendung von Zeit seit 1800 immer wieder in Frage gestellt. Der Umbruch seit 1989 intensivierte die Debatte zwischen ost- und westgeprägten Frauen. Erstere nehmen deutlicher die soziale Ungleichheit entlang der Geschlechterlinie wahr, scharf konturiert durch den Abbau der institutionellen Hilfen, die Müttern in der DDR erlaubten, Beruf und Familie zu verbinden. Letztere reflektieren schärfer die ihnen oft aufgezwungene Alternative von Beruf oder Familie.[74] Der geringe Fonds an frei verfügbarer Zeit, vor allem bei Frauen mit kleinen Kindern, beeinträchtigt Entwicklungsmöglichkeiten, Wohlbefinden, Leistungsfähigkeit und die Bereitschaft, leitende Positionen zu übernehmen.[75] Gerade letzteres wird häufig angeführt, um zu zeigen, daß Frauen die ihnen offerierten Möglichkeiten sowieso nicht wahrnähmen. Abhilfe müßte auf allen Ebenen ansetzen: am unbezahlten Charakter von Haus- und Familienarbeit, an Ausbildungs- und damit Zukunftschancen, an der Identifikation der lebenslangen Berufsbiographie als „normal"männlich, an der finanziellen und institutionellen Unterstützung bei der Kinderversorgung, an der weiblichen Erziehung, die immer noch eher Anpassung als selbständigen Zugriff auf die Lebenswelten einübt. Es wäre Zeit.

Martina Kessel

* Für Anregungen danke ich Martin Baumeister, Angelika Schaser, Ruth Federspiel und Christine von Oertzen.

[1] Maxie Wander, „Guten Morgen, Du Schöne!" Frauen in der DDR, Protokolle, [20]Darmstadt 1985, S. 160.
[2] Klaus Laermann, Alltags-Zeit. Bemerkungen über die unauffälligste Form sozialen Zwangs, in: Kursbuch 41 (1975), S. 87–105, hier S. 96.
[3] Vgl. Norbert Elias, Über die Zeit, [2]Frankfurt a. M. 1989.
[4] Beth Ann Shelton, Women, men and time. Gender differences in paid work, housework and leisure, New York usw. 1992; Helga Maria Hernes (Hg.), Frauenzeit – gebundene Zeit, Bielefeld 1988; Gisela Notz, „Du bist als Frau um einiges mehr gebunden als der Mann." Die Auswirkungen der Geburt des ersten Kindes auf die Lebens- und Arbeitsplanung von Müttern und Vätern, Bonn 1991.

[5] Immer noch grundlegend: Gisela Bock, Barbara Duden, Arbeit aus Liebe – Liebe als Arbeit. Zur Entstehung der Hausarbeit aus dem Geist des Kapitalismus, in: Frauen und Wissenschaft, [2]Berlin 1977, S. 118–199; Karin Hausen, Die Polarisierung der Geschlechtscharaktere. Eine Spiegelung der Dissoziation von Erwerbs- und Familienleben, in: Werner Conze (Hg.), Sozialgeschichte der Familie in der Neuzeit Europas, Stuttgart 1977, S. 363–393; Gisela Brinker-Gabler, Frauenarbeit und Beruf, Frankfurt a. M. 1979.

[6] Repräsentativ Julie Burow, Herzensworte. Eine Mitgabe auf dem Lebensweg. Deutschlands Töchtern gewidmet, Berlin 1859, in diesem Band S. 34–37.

[7] Wolfgang Engler, Die drei Kalender, in: Die zivilisatorische Lücke. Versuche über den Staatssozialismus, Frankfurt a. M. 1992, S. 125.

[8] Bettina Heintz, Claudia Honegger, Zum Strukturwandel weiblicher Widerstandsformen im 19. Jahrhundert, in: Dies. (Hg.), Listen der Ohnmacht. Zur Sozialgeschichte weiblicher Widerstandsformen, Frankfurt a. M. 1984, S. 38; in diesem Band. S. 88–91.

[9] Helge Pross, Die Wirklichkeit der Hausfrau. Die erste repräsentative Untersuchung über nichterwerbstätige Ehefrauen: Wie leben sie? Wie denken sie? Wie sehen sie sich selbst? Reinbek 1975, S. 77; die Textsammlung: Alf Lüdtke (Hg.), Mein Arbeitstag, mein Wochenende. 150 Textilarbeiterinnen berichten, Hamburg 1993 (ND der Ausgabe von 1930), unterscheidet dementsprechend zwischen ledigen Arbeiterinnen, Frauen ohne Kinder und Müttern.

[10] Dazu und zur Auswirkung sozialer Unterschiede bei dieser Arbeit s. Karin Hausen, Große Wäsche. Technischer Fortschritt und sozialer Wandel in Deutschland vom 18. bis ins 20. Jahrhundert, in: Geschichte und Gesellschaft 13 (1987), S. 273–303; s. a. auch die Beiträge in: Mein Arbeitstag – mein Wochenende.

[11] Regina Becker-Schmidt u. a. (Hg.), „Nicht wir haben die Minuten, die Minuten haben uns!" Zeitprobleme und Zeiterfahrungen von Arbeitermüttern in Fabrik und Familie, Bonn 1982; Kinderzeiten. Die Zeit mit Kindern – Zeit für Kinder? Gespräche mit Müttern in Bremen, hg. v. Helga Krüger, Ursula Rabe-Kleberg, Bremen 1984; s. a. Ursula Pasero, Zwischenzeiten: Zeitgespräche unter Frauen, in: Zeitbegriffe, hg. v. Gottfried Heinemann, Freiburg, München 1986, S. 347 f.

[12] Kinderzeiten. Die Zeit mit Kindern, Anhang, S. 25.

[13] Heide Inhetveen, Margret Blasche, Frauen in der kleinbäuerlichen Landwirtschaft. „Wenn's Weiber gibt, kann's weitergehen . . .", Opladen 1983, S. 210.

[14] Claudia Lawugger, Andreas Rubchich, Ruth Simsa, Flexible Arbeitszeiten – flexible Familien? Auswirkungen flexibler Arbeitszeiten auf Freizeit, Familienleben, Alltagsorganisation und Gesundheit von männlichen und weiblichen Arbeitnehmern und ihren Familien, Wien 1991, S. 176 (Hervorhebung MK).

[15] Erika Runge, Reise nach Rostock, DDR, Frankfurt a. M. 1971, S. 114 f.

[16] Susanne Mayer, Für Dich, Schatz, eine Stunde, in: DIE ZEIT, Nr. 34, 19. 8. 1994, S. 54 (Auswertung von 7200 Tagebüchern im August 1994); Zahlen zur weiblichen Hauptlast im Haushalt auch bei voller Berufstätigkeit bei Notz, „Du bist als Frau um einiges mehr gebunden als der Mann", S. 154.

[17] Uwe Becker, Frauenerwerbstätigkeit – Eine vergleichende Bestandsaufnahme, in: Aus Politik und Zeitgeschichte 1989, B 28/29, S. 22–33; Regina Becker-Schmidt, Gudrun-Axeli Knapp, Beate Schmidt, Eines ist zuwenig – beides ist zuviel. Erfahrungen von Arbeiterfrauen zwischen Familie und Fabrik, 2Bonn 1985, S. 89 f.

[18] Ulrich Lakemann, Das Aktivitätsspektrum privater Haushalte in der Bundesrepublik Deutschland 1950 bis 1980: Zeitliche und inhaltliche Veränderungen in Erwerbstätigkeiten, unbezahlten Arbeiten und Freizeitaktivitäten. Eine vergleichende Auswertung empirischer Untersuchungen, Wissenschaftszentrum Berlin 1984, S. 96.

[19] Clemens Dannenbeck, Zeitökonomische Aspekte der Organisation des Familienalltags, in: Hans Bertram (Hg.), Die Familie in den neuen Bundesländern. Stabilität und Wandel in der gesellschaftlichen Umbruchsituation, Opladen 1992, S. 188–212, bes. S. 193 f.; zum Wandel von der Frauenarbeits- zur Familienpolitik in der DDR zwischen den fünfziger und den achtziger Jahren Ulrike Enders, Leitbilder, Fremdbilder, Selbstbilder oder: Was Frauen in der DDR am beruflichen Aufstieg hindert, in: Magdalene Deters, Susanne Weigandt (Hg.), Fremdbestimmt – selbstbestimmt? Deutsch-deutsche Karrieremuster von Frauen im Beruf, Berlin 1987, S. 28–32.

[20] Barbara Geiling-Maul u. a., Lebensalltag. Weibliche Lebenskultur in beiden Teilen Deutschlands, Köln 1992, S. 19; Brigitte Deja-Lölhöffel, Freizeit in der DDR, Berlin 1986, S. 25.

[21] Udo Achten, „. . . denn was uns fehlt, ist Zeit." Geschichte des arbeitsfreien Wochenendes, Köln 1988, S. 23; zur Teilzeit-Debatte Gabriele Peter, Frauendiskriminierung durch Teilzeitbeschäftigung: insbesondere bei betrieblichen Sozialleistungen und der Vergütung von Überstunden, Frankfurt a. M. usw. 1988.

[22] Zu den Ursachen der Verschiebung Walter Müller, Angelika Willms, Johann Handl, Strukturwandel der Frauenarbeit 1880–1980, Frankfurt a. M., New York 1983; Prozentzahlen bei Karl Schwarz, Umfang der Frauenerwerbstätigkeit nach dem Zweiten Weltkrieg. Erwerbsbeteiligung und Arbeitszeiten, in: Zeitschrift für Bevölkerungswissenschaft 11 (1985), S. 241–260; s. a. Gerhard Bäcker, Teilzeitarbeit und inviduelle Arbeitszeitflexibilisierung. Festschreibung der Benachteiligung von Frauen in Beruf und Familie, in: WSI-Mitteilungen 34 (1981), S. 194–203.

[23] Barbara Degen, Teilzeitarbeit und Arbeitsrecht. Zur mittelbaren Diskriminierung von Frauen, in: WSI-Mitteilungen 10 (1987), S. 627; Gisela Helwig, Frau und Familie in beiden deutschen Staaten, Köln 1982, S. 82; 1985 arbeiteten 3% Männer, aber 34% Frauen (45% verheiratete Frauen) unter 40 Stunden, s. Schwarz, Umfang der Frauenerwerbstätigkeit.

[24] Geiling-Maul, Frauenalltag, S. 28; „verkürzt" bedeutete im Schnitt Drei-viertel der Normalarbeitszeit, Deja-Lölhöffel, Freizeit in der DDR, S. 24.

[25] Anna Borkowsky, Ursula Streckeisen, Arbeitsbiographien von Frauen. Eine soziologische Untersuchung struktureller und subjektiver Aspekte, Grüsch 1989, S. 142.

[26] Martin Osterland, „Normalbiographie" und "Normalarbeitsverhält-nis", in: Peter A. Berger, Stefan Hradil, Lebenslagen, Lebensläufe, Lebens-stile, Göttingen 1990, S. 356.

[27] Karin Hausen unterscheidet zwischen Haushalts- und Familienarbeit, haushaltsintegrierter Erwerbsarbeit und entlohnter Werkstatt- oder Fa-brikarbeit, Zur Sozialgeschichte der Nähmaschine. Technischer Fortschritt und Frauenarbeit im 19. Jahrhundert, in: Gewerkschaftliche Monatshefte 31 (1980), S. 741–757.

[28] Angelika Willms-Herget, Frauenarbeit. Zur Integration der Frauen in den Arbeitsmarkt, Frankfurt a. M., New York 1985, S. 71 f.

[29] In diesem Band S. 146–149.

[30] In diesem Band S. 144–146.

[31] In diesem Band S. 132, 149–154.

[32] Zit. nach Wander, „Guten Morgen, Du Schöne!", S. 34.

[33] Erika Runge, Frauen. Versuche zur Emanzipation, Frankfurt a. M. 1969. S. 11.

[34] Altweibersommer. Beiträge zu den späteren Jahren der Frau, hg. v. Ma-ren Bracker u. a., Kassel 1987, S. 140.

[35] Anneliese Neef, Mühsal ein Leben lang. Zur Situation von Arbeiter-frauen um 1900, Köln 1988, S. 71 f.

[36] Gabriele Reuter, Vom Kinde zum Menschen. Die Geschichte meiner Jugend, Berlin 1921, S. 351.

[37] Ebd. S. 476.

[38] Brinker-Gabler, Frauenarbeit und Beruf, S. 28; zur Arbeitszeitentwick-lung nach 1945 Helwig, Frau und Familie, S. 80 ff.; Friedhart Hegner, Mar-garete Landenberger, Arbeitszeit, Arbeitsmarkt und soziale Sicherung. Ein Rückblick auf die Arbeitszeitdiskussion in der Bundesrepublik Deutsch-land nach 1950, Opladen 1988.

[39] Sigrid Block, Frauen und Mädchen in der Arbeitersportbewegung, Münster 1987, S. 105 f.

[40] Eugenie Berg, Lioba Meyer, Ulf Steitz, Moderne Zeiten. Industrie- und Arbeiterkultur in Oldenburg 1845–1945, Oldenburg 1989, S. 100; Stefan Bajohr, Die Hälfte der Fabrik. Geschichte der Frauenarbeit in Deutschland 1914 bis 1945, Marburg 1979, S. 206 f.

[41] Rosemarie Beier, Frauenarbeit und Frauenalltag im Deutschen Kaiser-reich. Heimarbeiterinnen in der Berliner Bekleidungsindustrie 1880–1914, Frankfurt a. M. 1983, S. 118–120.

[42] Gerda Bürgerin, Arbeitszeit und Motivation bei Krankenschwestern, Diss. Zürich 1989, S. 119; vgl. auch Peter N. Stearns, Arbeiterleben. Industrie-arbeit und Alltag in Europa 1890–1914, Frankfurt a. M., New York 1980, S. 13.

[43] Lawugger u. a., Flexible Arbeitszeiten – flexible Familien? S. 183.

[44] Frauen in der Landwirtschaft im frühen 19. Jahrhundert sind wenig erforscht. Die Analyse von Bidlingmaier für Württemberg um 1900 (s. S. 104–108) kommt der Arbeitsteilung um 1850 nahe, so Ingeborg Weber-Kellermann, Landleben im 19. Jahrhundert, München 1987, S. 146; s. a. Harald Winkel, Die Frau in der Landwirtschaft (1800–1945), in: H. Pohl (Hg.), Die Frau in der deutschen Wirtschaft. Referate und Diskussionsbeiträge des 8. Wissenschaftlichen Symposiums der Gesellschaft für Unternehmergeschichte (1983), Stuttgart 1983, S. 89–102.

[45] Bernd van Deenen, Christa Kossen-Knirim, Landfrauen in Betrieb, Haushalt und Familie. Ergebnisse einer empirischen Untersuchung in 8 Dörfern der Bundesrepublik Deutschland, Bonn 1981, S. 164.

[46] Heide Inhetveen, „Schöne Zeiten, schlimme Zeiten." Zeiterfahrungen von Bäuerinnen, in : Rainer Zoll (Hg.), Zerstörung und Wiederaneignung von Zeit, Frankfurt a. M. 1988, S. 196.

[47] Zitate bei Inhetveen, Blasche, Frauen in der kleinbäuerlichen Landwirtschaft, S. 178, 175.

[48] Ebd. S. 172.

[49] Vgl. Bernd Guggenberger, Freizeitgesellschaft ohne Freizeit und Zeit. Kritische Anmerkungen zur Neubestimmung des Verhältnisses von Arbeit und Freizeit, in: Umbrüche in der Industriegesellschaft. Herausforderungen für die politische Bildung, Bonn 1990, S. 199–219.

[50] Christine Müller-Wichmann, Weniger Arbeit heißt noch lange nicht mehr Freizeit, in: Psychologie heute 12 (1985), H. 2, S. 60–64.

[51] Kinderzeiten. Die Zeit mit Kindern, S. 142.

[52] Becker-Schmidt u. a., Eines ist zuwenig, S. 61.

[53] Berufliche Unzufriedenheit kann dagegen das Gefühl der Zeitknappheit steigern, Lakemann, Aktivitätsspektrum, S. 109.

[54] Inhetveen, Blasche, Frauen in der kleinbäuerlichen Landwirtschaft, S. 210.

[55] Becker-Schmidt u. a., Eines ist zuwenig, S. 61.

[56] Notz, „Als Frau bist Du um einiges mehr gebunden", S. 178.

[57] Vgl. Hans Medick, Spinnstuben auf dem Dorf. Jugendliche Sexualkultur und Feierabendbrauch in der ländlichen Gesellschaft der Neuzeit, in: Sozialgeschichte der Freizeit, hg. v. Gerhard Huck, Wuppertal 1989, S. 19–49.

[58] In diesem Band. S. 52–57.

[59] Zit. nach Marie-Claire Hook-Demarle, Die Frauen der Goethe-Zeit, München 1991, S. 24.

[60] Carola Lipp, Frauen auf der Straße. Strukturen weiblicher Öffentlichkeit im Unterschichtenmilieu, in: Dies. (Hg.), Schimpfende Weiber und patriotische Jungfrauen. Frauen im Vormärz und in der Revolution 1848/49, Moos, Baden-Baden 1986, S. 16–24.

[61] Hermann Giesecke, Leben nach der Arbeit. Ursprünge und Perspektiven der Freizeitpädagogik, München 1983, S. 33

[62] Emilie Altenloh, Zur Soziologie des Kinos. Die Kino-Unternehmung

und die sozialen Schichten ihrer Besucher, Jena 1914, S. 94, in diesem Band. S. 195–199.

[63] Monika Bernold, Kino(t)raum. Über den Zusammenhang von Familie, Freizeit und Konsum, in: Familie: Arbeitsplatz oder Ort des Glücks? Historische Schnitte ins Private, Wien, 1990, S. 135–163.

[64] Anke Schiller-Mertens, Frauen vor Ort. Lebenserfahrungen von Bergarbeiterfrauen, Essen 1990, S. 67.

[65] Elisabeth Jorig, Heide Witzig, Brave Frauen, aufmüpfige Weiber. Wie sich die Industrialisierung auf Alltag und Lebenszusammenhänge von Frauen auswirkte (1820–1940), Zürich 1992, S. 174.

[66] Hasso Spode, Arbeiterurlaub im Dritten Reich, in: Carola Sachse u. a., Angst, Belohnung, Zucht und Ordnung. Herrschaftsmechanismen im Nationalsozialismus, Opladen 1982, S. 282.

[67] Regina Berger-Schmitt u. a., Die Lebenssituation alleinstehender Frauen, Stuttgart usw. 1991, S. 119 f.; Frau und Sport, S. 37, 45.

[68] Adelheid von Saldern, Der Wochenend-Mensch. Zur Geschichte der Freizeit in den zwanziger Jahren, in: Arbeiter und Massenkultur. Wandlungen im Freizeitverhalten der zwanziger Jahre, in: Mitteilungen aus der kulturwissenschaftlichen Forschung 15 (1992), H. 30, S. 5–33, hier S. 19, 31; Frau und Sport. Ergebnisse einer repäsentativen Bevölkerungsumfrage. Entwicklung des Verhältnisses seit 1965, Schorndorf 1978, S. 9, 17.

[69] Zeitverwendung der Personen in Arbeiter- und Angestelltenhaushalten im Gebiet der ehemaligen DDR 1974, 1980, 1985 und 1990, hg. v. Statistischen Bundesamt, Wiesbaden 1991, S. 17; Felicitas Romeiß-Stracke, May Britt-Pürschel, Frauen und Zeitpolitik, Dortmund 1988, S. 60.

[70] Frau und Sport, S. 45.

[71] Lakemann, Aktivitätsspektrum, 108; Annette Niederfranke, Ältere Frauen in der Auseinandersetzung mit Berufsaufgabe und Partnerverlust, Stuttgart usw. 1992, S. 171, 176. Die Forschung konzentriert sich immer noch auf verschiedene Formen von Familienverantwortung, alleinstehende Frauen werden selten berücksichtigt; s. aber Ivory H. Holmes, The allocation of time by women without family responsibilities, Washington/D.C. 1983, S. 133; Berger-Schmitt u. a., Lebenssituation alleinstehender Frauen.

[72] Irene Block, Uta Enders, Susanne Müller, Das unsichtbare Tagewerk. Mütter erforschen ihren Alltag, Reinbek 1981, S. 42 f.; für das Kaiserreich s. Marion Kaplan, The Making of the Jewish Middle Class. Women, Family and identity in Imperial Germany, New York 1991, S. 118 f.

[73] Vgl. den Bericht von Ida Pfeiffer, in diesem Band S. 175–183.

[74] Vgl. z. B. Stiefschwestern. Was Ost-Frauen und West-Frauen voneinander denken, hg. v. Katrin Rohnstock, Frankfurt a. M. 1994; Gisela Helwig, Hildegard Nickel (Hg.), Frauen in Deutschland 1945–1992, Bonn 1993.

[75] Ina Merkel, Frauen in der DDR. Vorschläge für eine neue Kultur der Geschlechterverhältnisse, in: Hubertus Knabe (Hg.), Aufbruch in eine neue DDR. Reformer und Oppositionelle zur Zukunft ihres Landes, Reinbeck 1989, S. 92 f.

I

„DIE ZEIT IST . . . WEISE ZU BENUTZEN"

Es mag Dir diese Uhr hier sagen,
Was in ihr ist wird ewig für Dich schlagen.

Berlin bei Haselberg   No 77

„Dienen lerne beizeiten"
(1796/97)

von Johann Wolfgang von Goethe

Dienen lerne beizeiten das Weib nach ihrer Bestimmung;
Denn durch Dienen allein gelangt sie endlich zum Herrschen,
Zu der verdienten Gewalt, die doch ihr im Hause gehöret.
Dienet die Schwester dem Bruder doch früh, sie dienet den
    Eltern,
Und ihr Leben ist immer ein ewiges Gehen und Kommen
Oder ein Heben und Tragen, Bereiten und Schaffen für andre.
Wohl ihr, wenn sie daran sich gewöhnt, daß kein Weg ihr zu
    sauer
Wird, und die Stunden der Nacht ihr sind wie die Stunden des
    Tages,
Daß ihr niemals die Arbeit zu klein und die Nadel zu fein
    dünkt,
Daß sie sich ganz vergißt und leben mag nur in andern!
Denn als Mutter, fürwahr, bedarf sie der Tugenden alle,
Wenn der Säugling die Krankende weckt und Nahrung be-
    gehret
Von der Schwachen, und so zu Schmerzen Sorgen sich häufen.
Zwanzig Männer verbunden ertrügen nicht diese Beschwerde,
Und sie sollen es nicht; doch sollen sie dankbar es einsehn.

Erinnerungen
(Frühes 19. Jahrhundert)

von Clara Geißmar

Einmal ging die Tochter einer Nachbarin, eine Frau Ziegler, mit einem Päckchen an unserem Hause vorbei. Meine Mutter, die auf ihrem Hockerle, (ein Stuhl ohne Lehne, wie ein Bauerntischchen) vor der Türe saß, ich auf einem Schemel daneben, sprach die junge Frau an und frug sie, wohin sie gehe. Die junge Frau wurde etwas verlegen und gestand bedrückt, sie sei im Begriff zu einer alten Frau zu gehen, die für wenig Geld Strümpfe anstricke. Sie selbst habe zwei kleine Kinder und kein Dienstmädchen. Bis sie gekocht, rein gemacht, gewaschen und die Kinder versorgt habe, da käme sie nicht ans Stricken. Und jetzt sei so viel zusammengekommen. Aber meine Mutter machte ein strenges Gesicht und fand die Sache gar nicht harmlos. Sie fand jede Frau, auch die beschäftigtste, habe freie Zeit, um ein Strickzeug in die Hand zu nehmen, abends, wenn die Kinder schliefen, an Sonn- und Feiertagen. Sie fand, eine solche Handlung sei ein erster Schritt auf einer abschüssigen Bahn. Zuerst würden die Strümpfe nur angestrickt, dann kämen auch andere Dinge an die Reihe; da gäbe es kein Vorwärtskommen, wenn die Frau in gesunden Tagen anfange, Dinge verlohnen zu lassen, die sie selbst besorgen könne und die nur im Krankheitsfalle (entschuldbar) durch bezahlte Hände gemacht werden dürften. Sie solle nur wieder heimgehen und sich nie wieder so was einfallen lassen. Frau Ziegler, der jetzt erst klar wurde, daß sie am Anfang einer Verbrecherlaufbahn gestanden, gelobte Besserung. Meine Mutter nahm ihr das Päckchen ab und versprach der Reuigen, für diesmal die Strümpfe anzustricken.

Herzensworte
(1859)

von Julie Burow

So ist die Ordnung die Schwester der Sparsamkeit, der Fleiß ist beider natürlicher Gefährte, und die Hausfrau, welche diese drei Eigenschaften besitzt, wird ihr Haus verständig regieren und wenigstens einer der Anforderungen genügen, welche der Gatte an sie stellt.

Fleiß ist eine Tugend, deren ungeheurer Wert im weiblichen Leben nie überschätzt werden kann.

Wer fleißig ist, schafft nicht nur etwas Nützliches, sondern behütet sein Herz auch vor schlimmen Gedanken, und eine Jungfrau, welche die Gattin eines Mannes zu werden versprach, für den sie nicht tiefe, alles vergessende Liebe empfindet, hat in der Welt keinen größeren Freund als den Fleiß.

Arbeitend von früh bis zum Abend, wird sie sich den Schatz der guten Laune erhalten, auch wenn im Leben ihr nicht alles ganz rosig und golden erscheint. Denn der Fleiß ist ein prächtiges Verbesserungsmittel der Laune, da er uns behütet vor dem Sumpfe der Langenweile.

Es giebt in Mittelamerika, in dem schönsten Klima auf dem Erdboden, stillstehende Gewässer, tief im Schoße der dunklen, in der Pracht der tropischen Sonne blühenden Wälder. Eine eigentümliche Vegetation, grün schillernd, wie der Rücken der Schlange, erzeugt sich auf ihrem ruhenden Spiegel; die warme Sonne, deren süßes Licht sonst überall Leben und Freude erweckt, lockt aus ihrem Schoße giftige Miasmen, die tödlich wirken, wenn man sie lange einzuatmen gezwungen ist, und in ihren Tiefen erzeugen sich die Ungetüme, vor deren Anblick schon das menschliche Herz in Furcht und Grauen erbebt. – Sonne und Wasser und Wald, das Schönste, das Notwendigste zum Leben aller Kreaturen, sonst der Schmuck jeder Landschaft, der Reichtum des Landes, die drei, deren Verein in kleinstem Maße schon das Schönste in der Natur, den funkelnden Tautropfen auf grünem Blatte erzeugt, nähren hier die Ungeheuer des Abgrundes, versenden durch ihren Hauch den Tod und erzeugen schon durch ihren Anblick Abscheu.

Seht hier das Bild des Müßigganges! Seine Folgen in ihrer ganzen Gräßlichkeit der reinen Seele einer bräutlichen Jungfrau anders als im Bilde vorzuführen, darf sich meine Feder nicht erlauben; aber glaubt es der Freundin, die durch ihr Wort so gern Euer Glück befördern möchte, Fleiß ist das sicherste Schutzmittel vor Gefahren, die heimtückisch das Herz der Frau bedrohen.

Durch Fleiß und Thätigkeit wird Euer Haushalt Euch teuer und wert werden, und jede Mühe, die Ihr auf seine Verbesserung und Verschönerung verwendet, ist nur ein Band mehr, das Euer Herz an die Heimat, an den trauten häuslichen Herd knüpft. Nicht daß Eure Häuslichkeit so freundlich, so sauber und gemütlich ist, wird sie Euch so unendlich lieb machen, sondern daß Ihr selbst sie zu diesem Standpunkte erhebt. Die Anmut und Gemütlichkeit Eures Hauses ist das Werk Eures Fleißes, ist Euer Verdienst, und die Freude daran ist eine der edelsten Menschenfreuden.

O! macht Euch derselben teilhaftig, Ihr meine Teuren.

Es lebt in der Seele jedes Weibes, vielleicht in der jedes Menschen, ein tiefes und heißes Sehnen nach einem unbekannten namenlosen Glücke. Meistens regt es seine Flügel bewußtlos, schon in der Kindheit, gewöhnlich aber erst im jungfräulichen Alter; die Liebe ist nichts anderes, als der Traum der Erfüllung dieses Sehnens, und die, welche ohne Liebe in die Ehe tritt, hat zu ihrer Befriedigung nicht einmal diesen holden, kurzen Traum.

Die Fleißige bedarf seiner auch nicht; jene Sehnsucht, so tief uns von Gott eingepflanzt, ist und soll sein der eigentliche und stets rege Sporn zur Arbeit und Thätigkeit. Versucht, Euch das Glück zu schaffen, nach dem Euer Herz verlangt.

Arbeit ist ein Wunderbalsam; wenn sie auch nicht immer und unmittelbar das Glück hervorbringt, so beruhigt sie doch ganz gewiß das Herz und giebt ihm Frieden und Heiterkeit.

Arbeit, auch die kleinlichste, die dem Zweck nach unbedeutendste, veredelt den Fleißigen immer. Solche Arbeit, die Nachdenken erfordert, bei der der Geist sich anstrengen muß, veredelt den Geist, indem sie ihn im Nachdenken übt, bloß mechanische dagegen, wenn wir sie nur wirklich mit Fleiß, das heißt aufs beste und in möglichst kurzer Zeit verrichten, veredelt sicherlich den Charakter, da sie ihn in Geduld und Ausdauer übt.

Jede Arbeit ist nützlich und der Müßiggang immer schädlich, die geringste Arbeit aber immer dem Müßiggange vorzuziehen.

Wer aber einen Lebensberuf hat, das heißt die Verpflichtung, mancherlei Arbeiten für sich und andere zu rechter Zeit und in der rechten Weise zu verrichten, der muß erkennen lernen, daß richtige Zeiteinteilung das wesentlichste Förderungsmittel der Arbeit ist.

Die Zeit ist das höchste Gut des Menschen, sie weise zu benutzen, sein höchstes Glück. Jeder Augenblick des Lebens ist ein Teil des Kapitals, das wir an Gott heimzuzahlen haben.

Die Zeit der Braut gehört den Vorübungen für ihren künftigen Lebensberuf, aber der Lebensberuf einer Frau ist nicht bloß ihre Wirtschaft, er ist weit größer, schöner und umfassender, und die Führung des Haushaltes ist nur ein kleiner Teil von den Pflichten, die die Gattin übernimmt.

Der Mann, welcher sie so hoch ehrt, und ihr so sehr vertraut, daß er sie bittet, sein ganzes Leben mit ihm zu teilen, erwartet von ihr auch das Glück desselben.

Aber das Lebensglück einer Familie liegt nicht allein in der ordentlichen Wirtschaft, obschon ohne dieselbe freilich echtes Familienglück niemals erblühen kann.

Die Frau soll ihrem Gatten die treueste Gefährtin, die liebreichste Freundin sein. In ihrem Herzen hofft er Teilnahme zu finden bei jedem Leid seines Lebens, warmes Interesse für alles, was sein Herz bewegt, Verständnis für seine Wünsche und Hoffnungen, Freude an seinen Erfolgen, Trost für das Mißglücken seiner Pläne; denn sie ist sein Weib, ein Teil seines eigenen Herzens.

Habt Ihr je, Ihr, meine jungen bräutlichen Freundinnen, seit Ihr Euch verlobtet, an den Umfang und die Heiligkeit dieser Pflichten gedacht? –[...]

Habt Ihr geprüft, ob Euer Charakter mit dem Eures künftigen Gatten übereinstimmt? ob Eure Neigungen einigermaßen verwandt sind?

Vergeßt diese Prüfung nicht, denn es ist die Verpflichtung der Frau, sich dem Charakter des Mannes anzupassen, seine Neigungen den ihrigen vorgehen zu lassen. – Haltet dies nicht für eine Grausamkeit der bürgerlichen Gesellschaft gegen unser Geschlecht, es liegt in der Natur, daß das Schwächere nachgiebt, daß das Weichere sich umformen läßt, und Gott schuf das Weib schwächer und weicher als den Mann. [...]

Eine deutsche Mutter
(1933)

von Helene Voigt-Diederichs

„Kinder, laßt mich, ich muß in die Tretmühle"! Mit diesem munteren Wort riß sich gern die Mutter los, nicht etwa von Ruhe oder gar Spiel im Kreise der Ihren, sondern von Nähmaschine, Stopfkorb oder Zuschneidetisch. Bei diesem zu verweilen, wirklich, das gehörte nicht im entferntesten zur Tretmühle, sondern war Schaffen von innen her, war Ordnen und heiteres Vorsorgen, daneben Rast der Glieder.

Kaum traf es sich, daß die Mutter schon vormittags bei der Handarbeit saß. Ihre eigentliche Nähstunde fiel zwischen Kaffeezeit und Abendbrot, wenn sich die größeren Kinder vielleicht noch in Feld, Hof und Stall tummelten und die Jüngsten in den Winkeln um sie herum spielten. [...]

Die Früharbeit in Küche und Milchwirtschaft überließ die Mutter im allgemeinen der Meierin, aber mitten im besten Vormorgenschlaf, von dem ihre Seele sich nicht völlig zu lösen brauchte, lauschte ihr Ohr hinaus. Wenn zur gewohnten Zeit der Lärm der hin und her getragenen, unsanft zu Boden gesetzten Holzgefäße aufhallte, war alles gut, und sie schlief weiter, nicht ohne, ebenfalls aus tiefem Schlaf heraus, zur rechten Stunde ein Kind – irgendeines war sicher schon wach – nach dem Glockenzug zu schicken, daß es Haus- und Kindermädchen aus den Federn läute. [...]

Den Vormittag verbrachte die Mutter, überall selbst zugreifend, mit der Betreuung und Anleitung der Dienstboten. Das Schwergewicht ihrer Arbeit lag in der Küche, die der Hausdiele linker Hand durch einen dämmerigen Gang verbunden war.

Die Küche, ein weiter Raum, geweißt und rauchgebräunt, mit zwei Fenstern nach dem Hof, mit gescheuerten Tischen, einem großen Herd und darüber dem Rauchfang für den ,Bradden', war mit gelben, hochkant gestellten Mauersteinen gepflastert. Manche hatten sich gelockert und besaßen die Gabe, unter dem Fuße zu wippen und heimtückische kleine Spritzseen zu entsenden, andere waren im Lauf der Jahrzehnte hügelig ausgetreten, was der Mutter ganz recht war; durchaus wollte sie nichts von einem neuen Bodenbelag wissen. ,Es macht viel weniger sohlenmüde, auf etwas Höckerigem als auf etwas Glattem zu stehen!' erklärte sie in ihrer starken frohen Anspruchslosigkeit. Der Herd war ein Eigenbrötler, den im Grunde nur die Mutter richtig zu nehmen verstand. Dies lag daran, daß sie die Arbeit vorbedacht, will sagen, vor der Tat im Geiste schon geordnet hatte. Geheizt wurde mit Reisig und vor allem mit Torf, der im Frühling aus dem entfernten Moor gestochen wurde. Er geriet, je nach der Witterung, lufttrocken oder feucht, das heißt beim Verbrauch hell und zuverlässig glimmend oder unsicher schwelend; im letzten Zustand kostete er Zeit und Ärger durchs ganze runde Jahr.

Dieser Herd besaß eigentlich nur ein einziges Loch, auf dem der Inhalt der gewaltigen Eisengrapen, freilich unter steter Gefahr des Anbrennens, zum Kochen gebracht werden konnte. Über zwei weiteren Schlünden kochten sie allenfalls noch fort, auf der Platte schon längst nicht mehr. Trotzdem war immer zur genauen Stunde das Mittagsmahl fertig, im äußersten Fall gab es einen Spielraum von Minuten. Wurde die

Mutter deswegen bewundert, so wehrte sie ab: ‚Oh, man muß nur zur rechten Zeit anfangen, und dann hatte ich ja auch das Kohlenbecken!' [...]

Sobald die vollen Schüsseln zu den Leuten in die Eßstube hinausgetragen waren, schmeckte die Mutter die Speisen ‚für drinnen' ab, stellte im Vorbeigehen den Zuckertopf in den Gewürzschrank und saß, gewaschen und frisch beschürzt, zwei Minuten später am Tisch inmitten der herbeiströmenden Familie. Sie gab die Suppe auf und bot später ein zweites Mal an der Reihe ihrer großen und kleinen Gäste herum. [...]

Nach dem Essen gönnte sich die Mutter einen Augenblick der Ruhe. In früheren Jahren blieb sie einfach auf ihrem Stuhl sitzen und bettete, sobald der Tisch abgeräumt war, ihren Kopf auf ein vor ihr liegendes Kissen. Später ließ sie sich überreden, sich aufs Sofa zu setzen – oh, nicht etwa zu legen! – und schlug zum Schutz ihre Schürze übers Gesicht. [...] Sobald draußen auf den Steinen nach der kurzen Mittagsrast Hufschlag aufklapperte und Räder schütterten, war auch die Mutter schon wieder auf den Füßen. Lag keine besondere Arbeit vor, was freilich nicht oft der Fall war, so wurde es ein Nähnachmittag; gern hatte die Mutter es, wenn dazu über den Hof herüber das Heulen der Dreschmaschine drang oder in der Scheune die Flegel ihren festen Takt klopften. ‚Das klingt so fleißig!' lobte sie. Nicht nur altes Zeug wurde ausgebessert, nein, die große Schere traute sich munter und bei natürlichem Geschmack auch in neuen Stoff hinein. [...]

Natürlich fanden sich im regelmäßigen Faden des Tageslaufes allerhand unverhoffte Knoten. Es geschah, daß die Pumpe kein Wasser werfen oder die Butter nicht buttern, der Käse nicht käsen oder der Herd nicht brennen wollte. Es wetterte draußen auf der Gosse Zank zwischen den Mädchen, der bis zu Händen voll ausgeraufter Haare gedeihen konnte, es gab Krankheit, eine kleine Verbrennung, Verstauchung oder fließendes Blut – immer war es das nächste, daß man zur Mutter gelaufen kam. Stets wußte sie Rat oder Gegenmittel, griff am liebsten selber mit sicheren Händen ein. In Fällen von Trunkenheit und öffentlichem Streit kam es ihr nicht darauf an, herzhaft einen Berauschten am Schopf zu nehmen, ihn mit sänftigendem Wort von Missetaten abzuhalten oder ins Bett zu schicken.

[. . .] Nach der Abendgrütze blieb die Mutter gern ein Weilchen hinter ihrer Näherei in der stillgewordenen Kinderstube, während der Vater mit den größeren Sprößlingen und den erwachsenen Hausgenossen bereits die Wohnstube aufgesucht hatte. Die Mutter freute sich, wenn sie ihn dort die Flöte blasen oder die Geige spielen hörte oder ihn sonstwie aufgetaut und fröhlich wußte. Von fern nahm sie teil – ohne jegliche Eigenwünsche, die überhaupt niemals ihre starke Seite waren.

In etwas vorgeschrittenerer Stunde schloß sich die Mutter der abendlichen Geselligkeit an, meist strahlte sie sogar von ihr aus, indem sie dem Vater und dem handarbeitenden Kreise mit Vorliebe aus Fritz Reuters Werken oder sonst ein gutes Buch vorlas, freilich nicht ohne ein fleißiges Strickzeug in Händen und die gelegentliche Pause: ‚Verzeiht, ich muß eben mindern!' wenn der wollene Fuß sich spitzte.

Die Mutter ging ungern schlafen, solange sie noch Menschen oder Licht im Hause wach wußte: sie hatte dann nicht das sichere Gefühl, daß alles nach ihren Kräften reinlich vollbracht und abgeschlossen sei. Außerdem liebte sie es, vor dem Schlafengehen einen letzten besinnlichen Augenblick mit sich allein zu sein. Richtig aussprechen freilich tat sie das kaum; wie gesagt, es lag nicht in ihrer Natur, selbstsüchtige Wünsche zu äußern.

In späteren Zeiten streckte sie wohl, um es zum Aufbruch zu ermuntern, einem ihrer groß gewordenen Kinder die Hand hin; dieses verstand ohne weiteres, hielt es aber nicht für angebracht, daß die Mutter nachdenklich, vielleicht sorgenvoll noch mit sich selber säße. Es sah über ihre Hand hinweg, wendete den Spieß und, neckisch seinen Widerspruch bergend, sagte es: ‚Gute Nacht, Liebe, willst du schon ins Bett?'

Die Mutter schüttelte den Kopf, setzte zum Reden an und lächelte. Ja, und dann verschwieg sie ihn, diesen unbescheidenen Wunsch nach einem allerletzten stillen Alleinsein.

Urlaub und Wochenende der erwerbstätigen Frau
(1937)

von Else Schilfahrt

Die Freizeit, ob Feierabend, Wochenende oder Urlaub, wird nur dann eine „schöpferische Pause" sein, wenn vorher gute und wertvolle Arbeit geleistet wurde. Gibt es auch keine Rezepte für die Freizeit der Frau, so doch gewisse Grundsätze, die sich aus ihrer Wesensart ableiten lassen. Jede Freizeit, auch die kurze Arbeitspause, soll die Brücke bauen zwischen zwei Arbeitszeiten.

Sie kennen die Doppelgestalt des workman – gentleman, den uns Ford in seinen Büchern preist, den Arbeiter, der am laufenden Bande ein so winziges Werkstück fertigt, daß es ihn unmöglich befriedigen oder gar ausfüllen kann, der aber am frühen Schlusse seines Arbeitstages gesäubert, in gutem Anzug angetan, mit Kragen und Krawatte, den Symbolen des Gentleman, die Fabrik verläßt und seinen Abend oder sein Wochenende irgendwo als Gentleman verlebt. Und nicht in seinen Arbeitsstunden, in seiner Freizeit erst gilt ihm das Wort des Faust: „Hier bin ich Mensch, hier darf ich's sein".

Sollte es Männer geben, für die diese Lösung der Lebensfrage möglich und selbst beglückend wäre: für jede echte Frau ist sie untragbar. Sie kann sich nicht teilen, ist „ewig nur Eins"; jeder Bruch in ihrem Leben zerbricht sie selbst. Wie im Meere, ihrem Sinnbild, sich Welle an Welle in stetem Flusse reiht, so knüpft sich ihr das Geschehene an das Gewesene, der Feierabend an das Tagewerk. Ob sie sich noch so sträubt, die Frage läßt sie nicht los: wie war der Tag, die Woche? Gut, schlecht, ein Wechsel von beiden? Und wenn schlecht, warum? Und schon bricht die Klage auf: weil ich nicht am rechten Platze stehe!

Eine gute Erkenntnis, vorausgesetzt, daß sie richtig ist; aber dann muß ich eben mit allen Kräften den rechten Platz suchen.

Jede Arbeit, jede Freizeit wird die Frau kraft- und trostlos entlassen, solange sie nicht wagt, mutig ihrem Tagewerk in die unerbittlichen Augen zu sehen und es anzurufen: „Ich lasse dich nicht, du segnest mich denn!"

Ein deutscher Dichter hat das Pindarsche Wort „Werde, der du bist" volkstümlich so gedeutet: „Vor jedem steht ein Bild des, was er werden soll; solang er das nicht ist, ist nicht sein Friede voll."

Ohne diesen Frieden gibt es kein gesegnetes Arbeiten, aber auch keinen gesegneten Feierabend.

Wohin zieht uns das Sehnen? Zum Pflegen, Heilen, Lehren, zur Literatur, Musik, zum Theater? Gut, wenden wir unsere Freizeit zunächst mit Eifer und Bedacht darauf, unsere Begabung, Stärke, Ausdauer zu erproben. Rief uns „Es" in uns, der geniale Funke, der in jedem ruht, so werden wir auch den Weg zu unserem wahren Beruf finden und zu Ende gehen. Täuschten wir uns, lernen wir uns zu bescheiden, und diese Zufriedenheit ist gut, weil sie nicht satt macht, nur still und klar.

Kein noch so entzückter Ausruf: endlich Feierabend, Wochenende, Urlaub! wird auch wirklich Auftakt einer guten Freizeit, einer „schöpferischen Pause" sein, ohne daß vorher gewichtige, ja schöpferische Arbeit geleistet wurde. Schöpferisch! Ich wage das große Wort und bin überzeugt, daß es sich an jeder tätigen Frau erfüllen wird, wie groß oder klein ihr Lebenskreis sei, wenn es nur der ist, in den sie nicht Zufall, Erwerbsgier, Geltungsdrang geführt hat, sondern „der Gott in ihr".

Freilich, die schöpferischen Stunden sind nicht die Regel; aber sie entscheiden darüber, ob wir auch im kleinen Alltag der Arbeit und der Freizeit ihre Fülle zu geben vermögen.

Erfüllte Arbeit – ja; doch was verstehen wir unter erfüllter Freizeit? Die ehrliche Antwort lautet: Für jede etwas anderes. Aber, wenn es auch keine allgemein gültigen Rezepte gibt, so dennoch Grundgesetze, die sich aus der Wesensart der Frau, aus ihrer körperlich-seelischen Struktur ableiten lassen.

Sie ist labiler veranlagt, körperlich und seelisch zarter gebaut als der Mann; sie steht ihm trotzdem als Arbeiterin nicht nach, ja ist selbst Gewaltleistungen gewachsen, wenn sie in reiner Arbeitsfreude und Werkhingabe, also am rechten Platze schafft. Und doch muß sie mehr als der Mann für den Ausgleich sorgen: einmal am Tage wenigstens muß sie zu innerer Sammlung kommen. Denn wir wollen uns nichts vormachen: die erwerbstätigen Frauen, in ihrer großen Mehrheit unvermählt, tragen den Verzicht auf Gatten, Kind und Nest nicht immer leicht. Es muß schon eine sehr geliebte Arbeit sein, die den ganzen Menschen aufruft, und eine beglückende Freizeit, die Ruhe und Erneuerung gibt, wenn sie das Bewußtsein vollen Lebens geben sollen.

Jede Freizeit, auch die kurze Arbeitspause, hat einen doppelten Zweck: zu entspannen und anzuregen, oder anders ausgedrückt, den Arbeitsgang auszuschalten, abklingen zu lassen und zum neuen Wirken einzustimmen, also die Brücke zu bauen zwischen zwei Arbeitszeiten.

Früh am Morgen lautet die erste Frage: Wer wartet heute auf ein liebes Wort, ein Lächeln, einen guten Blick von mir, ein verstehendes Zuhören, auf meine hilfreiche Hand? Und nicht nur die Menschen, auch die Dinge haben ihren Anspruch an uns und wiederum nicht nur die Arbeit, die nach uns schreit wie das ungebackene Brot im Märchen, das gute Bild auch, das im Schaufenster hängt, damit wir es betrachten, das Veilchen, das am Wege blüht, der Sonnenstrahl und selbst der rauschende Regen. Es gibt soviel Schönes in der Welt, man muß nur lernen, es zu sehen, zu hören und zu kosten. Und am Morgen müssen wir damit beginnen und deshalb den Feierabend mit einem Vorrichten all der Dinge beschließen, die wir tagsüber brauchen; nur so vermeiden wir die zermürbende Hetze.

Die Freizeit muß überhaupt so gut geplant und eingeteilt werden wie die Arbeit; freilich darf man nicht in den Fehler verfallen, zu viel in die Mußestunden pressen zu wollen. Man muß durchaus nicht alles gesehen, gelesen, gehört haben; es sind im Grunde ganz wenig Bücher, Theater- und Musikstücke, die man „kennen muß", weil sie unser Tiefstes anrühren, wandeln, erheben. Es kommt fast nie auf die Zahl und oft auch nicht auf das Was an; für Frauen zumal gilt das Wie. Das schönste Buch in der Unruhe der Straßenbahnfahrt gelesen, bereichert uns nicht, verflacht uns eher; das herrlichste Kunstwerk kann zerredet werden, und die schönste Feststunde wird uns vergällt im Alltagskleide. Wir sollten uns immer so einrichten, daß wir Zeit zum Umkleiden finden für den Feierabend und uns auch „frisch machen", wenn wir ihn zu Hause verleben. Es ist auch nicht Eitelkeit, wenn wir das Köfferchen für das Wochenende, den Koffer für den Urlaub und auch den Rucksack für die Wanderfahrt überlegt packen. Die frische Bluse am Abend auf der Hütte, das hübsche Kleid zum Sommerfest ist eine Freude, die auch die geistigste Frau sich – und den anderen nicht versagen sollte.

Immer bleibt die Frau, kraft ihres mütterlichen Blutstromes, allem Lebenden zugewandt. Gerade deshalb darf sie sich nicht abstumpfen lassen. Wenn sie in einem Berufe steht, in dem sie Menschen pflegt, betreut, beratet, bedient, so muß sie in ihren Freizeiten nicht nur Ferien von ihrem überarbeiteten Ich, sondern auch vom Du haben. Es geht nicht an, daß auch zu Hause und im Urlaub noch Menschen an ihr hängen, die sie dauernd brauchen und verbrauchen, eben um der Menschen willen, denen sie nichts mehr geben kann, wenn man sie ausgeleert hat.

Also weg von zu Hause, in andere Gesellschaft, eine andere Stadt, andere Gegenden? Unbedingt! Wer im Leben steht und ihm gerecht werden will, muß lebendig, das heißt jung bleiben, begeisterungsfähig, aufgetan, jedem neuen Tag einen neuen Menschen entgegenbringen. Doch ist das mit dem Reisen allein nicht getan. Nicht wie viel man sieht, nicht was man erlebt, ist das Entscheidende, sondern was man aus dem Erschauten und Erlebten gestaltet. Es kommt, was wir einsammelten, uns nur zugute, wenn wir es in Stunden stiller Besinnlichkeit verarbeiten. Sein Gewicht und seinen Wert aber gewinnt es erst, wenn wir es wieder verströmen an die Gemeinschaft in Tagewerk und Feierabend. Das ist der Herzgedanke unserer Freizeitler, der Schulungswochen, der KdF-Feierstunden und -Fahrten.

Und gerade bei den Schulungen durften wir immer wieder erleben, wie bei allem Ernst und aller Hingabe an Vorträge und Arbeitsgemeinschaften das Kind in der Frau aufbricht, wie die Ältesten zu Sport und Spiel antreten, aufgeschlossen sind für Scherz und Schabernack, die den außenstehenden Beobachter kindlich dünken können, wären sie nicht von so viel heiterer Anmut umflossen, die Schiller als des Weibes höchste Tugend preist.

Ach, leider lassen wir uns so oft durch Müdigkeit und kleinlichen Ärger von ihr trennen. Doch fünf Minuten nur bei gelöstem Körper die Hände geruhsam im Schoße gefaltet, den Blick ziellos in die Weite gewandt, und der Feierabend findet uns bereit. Was soll er uns bringen?

Neue Eindrücke, wenn wir am stillen Schreibtisch oder am abgelegenen Standort schaffen, wenn die Arbeit eintönig oder zu stark rhythmisiert ist; schweigendes Versenken, so der Alltag allzu laut und heftig verlief; frohe Gemeinschaft, wenn man sie tagsüber und wochenlang entbehren mußte.

Wohl ist der Urlaub des Arbeitsjahres hohe Zeit; aber sein Glanz reicht, wie schön wir ihn auch gestalteten, nicht aus für die vielen grauen Tage und manche graue Woche; den muß der tägliche Feierabend und vor allem das Wochenende bringen. So falsch es wäre, nur für die Freizeit zu leben, so unrecht wäre es, sie zu vertrödeln. Mit 1½ bis 2 Tagen läßt sich bei kluger Einteilung allerhand anfangen; sie geben Zeit für körperliche Auflockerung und seelische Einkehr, für schöpferischen Dilettantismus und Natur- und Kunstgenuß, nur darf keines in Rekord ausarten. „Über" ist ein gefährliches Wort für die Frau; sie übernimmt, überlebt sich gerne und zerbricht daran. Freilich, gefährlicher noch als die Überfülle ist die Leere. Wie soll man eine Arbeitswoche durchhalten, wenn das Wochenende schwunglos, ohne Höhepunkt, ohne körperliche und seelische Erhebung verlief? Aber das Beste müssen wir dem Feierabend, dem Wochenende und dem Urlaub doch selbst geben: die innere Bereitschaft, uns von ihm segnen zu lassen, und dagegen kommt kein Programmwechsel, kein äußeres Mißgeschick auf.

Wie wollen wir unsere Freizeit gestalten?

So, daß jede freie Stunde zur Feierstunde wird, aus der wir auferstehen zur gläubigen und frohen Lebensbejahung. Das können wir, wenn wir nur wollen, und wir müssen es auch. Was würde aus der Welt ohne die Feierabendgnaden der Frau? Frau kommt von Freuen, sagt Walter von der Vogelweide. Erfüllt aber hat sich der Freizeit Sinn an uns, wenn wir aus ihr heimkehren und das Tagewerk wieder beginnen mit den Worten Paul Jägers im Herzen: „Das Beste liegt nie hinter uns, sondern immer vor uns!"

Im „Wirtschaftswunder"
(Fünfziger Jahre)

„Was macht eine Frau zu einer umworbenen und geliebten Frau, zum Mittelpunkt eines eigenen kleinen Reiches?

Die Welt hat sich geändert, die Anforderungen an uns Frauen sind gewachsen. Daneben hat uns unsere Zeit Erleichterungen geschenkt, von denen unsere Mütter kaum zu träumen wagten. Für uns alle, ob verheiratet oder nicht, ob berufstätig oder ‚nur' Hausfrau, gelten die gleichen Gesetze: Wir müssen in erster Linie Frauen bleiben, trotz modernem Tempo und vermehrter Pflichten. Das heißt, wir müssen lernen, unser Leben zu gestalten. Wir müssen lernen, mit unserer Zeit und unserem Geld sinnvoll umzugehen. Das gibt uns Raum für die schönen, so echt weiblichen Dinge des Lebens und die Möglichkeit, andere damit glücklich zu machen. Eine versorgte, abgehetzte oder ungepflegte Frau strahlt keine Anziehungskraft aus und schafft kein Heim. Die Frau von heute hat ein beträchtliches und meist sehr vielfältiges Aufgabengebiet zu meistern. Dieses Buch möchte ihr dabei helfen. Es zeigt neue Wege, Zeit und Geld vernünftig einzuteilen, die Hausarbeit mit einem Mindestmaß an Zeitaufwand zu erledigen, praktische Dinge selbst zu basteln und zu nähen, Wohnung und Möbel zu ver-

schönern, Gäste zu bewirten, Mann und Kinder glücklich zu
machen und bei all dem hübsch und gepflegt zu bleiben.

Sie werden sehen, es macht Ihnen Spaß. Ernten Sie fröhlich
die Früchte Ihrer Mühen, lassen Sie sich bewundern, verehren,
lieben. Aber gewähren Sie keinem Mann Einblick in Ihre Be-
triebsgeheimnisse, stöhnen Sie nie! Sie sind eine moderne Frau,
Sie machen das gewissermaßen aus dem Handgelenk – und lä-
cheln. Denn: Selbst ist die Frau!"

Anstandsregeln für eine verheiratete Frau
(1980)

– man soll stets nett gekleidet sein;
– sich nicht unordentlich oder nachlässig bekleiden (Schlafrock);
– man soll so aufmerksam gegenüber dem Mann sein wie dem
  Bräutigam;
– man soll das Ansehen hochhalten;
– man soll vor ihm nichts verbergen oder vertuschen;
– ihm keine Szenen machen;
– versöhnungsbereit sein;
– stets Zeit haben;
– seine Gesellschaft jedem anderen vorziehen;
– etwaige Streitigkeiten nicht nach außen tragen;
– keine größeren Ausgaben ohne sein Wissen machen;
– Fehler nicht austratschen;
– seine Briefe nicht öffnen oder stöbern;
– Geheimnisse wahren, Interessen teilen.

II

TAGESLÄUFE

„Laß Dir aber zur Probe nur eine 24 Stunden darstellen"

(1818)

von Bettine von Arnim

An Achim von Arnim

6. August 1818

Lieber Arnim, Dein Brief kam grade in einem Moment an, wo ich so recht überlegte, wie ich doch durch tausenderlei Dinge hin und her gezerrt würde; nun kamen Deine Klagen um Ähnliches, laß Dir aber zur Probe nur eine 24 Stunden darstellen; damit muß ich beginnen, daß ich den Abend vorher, es war am 14., während mich die Helvig besucht hatte, krank wurde, dreimal eine große Menge Galle ausbrach und vor Anstrengung ohnmächtig geworden bin. Die Köchin, die durch ihre unglückliche Lage mit 4 hungrigen Kindern oft ganz betäubt ist, wollte am Morgen früh einen Fisch abschlachten, ich stand dicht neben ihr, in demselben Augenblick hält sie mir ihre rechte Hand hin, die 2 vordersten Glieder der letzten Finger sind durchgestochen, grad zwischen den Knöcheln gelöst, der dritte Finger scheinbar auch, sie selbst hatte diese schreckbare Wunde weder gefühlt noch gesehen, ich selbst wie ich die weißen Knochen blutlos aus den ausgedürrten Fingern hervorstarren sah, mußte meine ganze Seele in einem Schrei aushauchen; als ich wieder zu mir selbst kam, stand sie noch ganz betäubt vor mir: fort fort zum Chirurg, schrie ich und drückte ihr die Hand zu die immer noch nicht blutete, so wie sie auf der Straße war, wurde sie ohnmächtig von fremden Leuten wieder heraufgetragen. Die Kinderfrau holte den Chirurg und die 4 Kinder hingen sich in großer Angst an mich; wir haben zum Glück einen sehr guten Menschen bekommen, der sie behandelt, sie hat die ersten Tage in fortwährendem Fieber gelegen, ihre Unbrauchbarkeit dauert zum wenigsten noch 3 Wochen, und da die Sehnen an beiden Fingern durch sind, so ist noch sehr die Frage, ob sie nicht steif bleiben. Ich habe den ersten Tag in Weinen und Jammern zugebracht, und das war mir gut, abends ging ich zur Erholung in Savignys Garten, müd und elend mußt ich mich nach Hause schleppen lassen, es war nach 10 Uhr, an der Haustür kömmt Dein Bruder: Guten Abend liebe Schwägerin, soeben bin ich angekommen – er läßt sich nicht abhalten mich herauf zu begleiten, und obschon ich ihm in wenig Worten auseinandersetze, wie sehr ich der Ruhe bedarf, so hält dies ihn nicht ab, mich noch 2 volle Stunden zu belästigen mit Fragen und Erzählen von tausend unbedeutenden Kleinigkeiten; ich hab kaum eine halbe Stunde mich zu Bett gelegt, so bricht Feuerlärm aus; und so kam der Tag herauf. Am andern Tag mußt ich für das Essen der Kinder sorgen, für mich und die Verdier hatte ich bei Savignys Köchin kochen lassen, diese aber hatte auf der Verdier Befehl Essen aus dem Speisehaus geholt, und es war keine Möglichkeit auch nur halb satt zu werden, ich ging gleich nach Tisch wieder hier rüber um Kaffee zu bestellen, da fand ich die lahme Köchin mitten im Fieber allein mit den 4 Kindern, die Kinderfrau hatte die Nachricht bekommen, daß ihr Kind im Sterben sei und war fortgelaufen; bei Nacht kam sie erst nach Hause, des andern Morgens um 7 Uhr brachte sie nun schon den Kühnemund ins Bett, um wieder zu ihrem Kind zu eilen; ich gestehe Dir, daß so groß meine Müdigkeit und Bedürfnis nach Ruhe auch war, so hatte ich doch nicht das Herz, einer Mutter die Pflege ihres Kindes zu wehren, aber ich rechnete doch zum wenigsten auf Dankbarkeit, mußte aber zu meiner großen Verwunderung sie des anderen Tages bei einem schrecklichen Zank mit der leichenblassen, ausgezehrten, unglücklichen Köchin betreffen, wobei sie eine Menge greulicher Schimpfwörter gegen mich und die Kinder ausstieß und der Köchin vorwarf, daß sie ihr die Arbeit tun müsse; es war drauf und dran, daß ich die Polizei holen ließ; Du kannst Dir denken, daß dabei die Last der Kinder auf mich fiel, denn die Person war wie eine Mördergrube, ich machte die Betten und kehrte die Stuben, reinigte und zog die Kinder an und war sehr kaputt; die Helvig kam angefahren und ließ nicht nach; ich mußte mit ihr spazieren-fahren, während die Verdier das Haus und die Kinder hütete; abends kam Dein lieber Bruder, der unter uns gesagt so aus-sieht, als ob er ein bißchen ausgeschwiffen habe. [. . .]

Nun adieu und danke Gott mit mir, daß meine Gesundheit noch besteht, und daß der Schreck aller Wahrscheinlichkeit nach nicht meinem Kinde geschadet hat, bleibe getrost noch so lange Zeit, als Du nötig findest, erträglicher ist mir, Dich jetzt noch eine Zeit lang zu entbehren, als Dich wieder in kurzem fortzulassen. Deine letzten Tage in Bärwalde werden Dir wahrscheinlich durch die Ankunft Deines Bruders versüßt werden, der Dich sprechen zu müssen behauptet.

Dein treues Weib Bettine

Häuslichkeiten einer Kaufmannsfamilie
(1832)

von Fanny Lewald

Die eine Häuslichkeit bildete die Großmutter. Sie hatte in der linken Seite des Hauses drei große Zimmer inne, in welchen sie mit ihrer Gesellschafterin und einer alten, anscheinend schweigsamen, aber dabei sehr beobachtenden und klatschhaf-ten Kammerjungfer lebte. Die Zimmer waren mit besonderer Berechnung auf Bequemlichkeit eingerichtet. Gardinen und Vorhänge hielten Licht und Zug ab, wenn dies nötig war, die Teppiche schützten gegen Kälte, und obschon sich viel neue Möbel in den Stuben befanden, war doch auch noch mancher Hausrat aus einer frühern Zeit in denselben aufbewahrt. Alte Bilder, ein paar alte Uhren, altes silbernes Frühstücksgerät und altes Porzellan gaben der Einrichtung zugleich ein behagliches und besonderes Ansehen, und ich war gar wohl damit zufrieden, in diesem Teil der Wohnung meinen eigentlichen Aufenthalt zu haben.

Ich schlief in dem Zimmer der Gesellschafterin, arbeitete, wenn ich es überhaupt tat, mit derselben in der Wohnstube der Großtante, frühstückte mit ihr, fuhr, wenn ich nichts anders vorhatte, am Mittag mit ihr aus und kam in der Regel erst von der Mahlzeit ab mit den übrigen Hausgenossen dauernd zusammen.

Die Sorgenfreiheit, die ich im Vaterhause in dem Grade nie gekannt hatte, und auch das ruhige materielle Wohlleben gefielen mir außerordentlich gut. Die Großtante, die gar keine Beschäftigung hatte und sich nur selten etwas vorlesen ließ, sprach gern von sich, von ihrer Vergangenheit, von ihrer Jugend, von ihren Geschwistern, von ihren Eltern. Ich bekam dadurch von meiner eigenen Großmutter zu hören, von meinem Großvater, und wie er schön und klug und liebenswert gewesen sei, als er um die Großmutter geworben, ja selbst von der Urgroßmutter erfuhr ich viel. – Wenn die gute alte Frau sich dann genugsam in den Tagen ihrer Jugend ergangen hatte, so erzählte sie von der französischen Invasion, von den Kriegszeiten, von der Belagerung von Breslau, von ihrer Flucht nach Troppau, kurz, sie erzählte eben, und ich hatte von Jugend auf meine größte Freude daran gehabt, erzählen, besonders aber alte Leute erzählen zu hören. Ohne im Entferntesten daran zu denken, daß ich es einmal brauchen könne, habe ich mancherlei von ihnen gelernt, was mir später gut zu Statten gekommen ist.

Die Gesellschafterin, welche alle diese Geschichten schon gar zu oft gehört hatte, und obendrein nicht das Interesse dafür haben konnte, das diese Mitteilungen mir einflößten, wurde oft ungeduldig dabei und war endlich sehr froh, wenn sie sich hie und da eine halbe Stunde oder gar einmal ausnahmsweise einen Nachmittag entfernen konnte, während ich bei der Großtante blieb und mich an ihrer Gesprächigkeit erfreute. Das stellte, ohne daß ich es beabsichtigte, auf die natürlichste Weise ein gutes Vernehmen zwischen mir und den beiden Damen her, und ich hatte dabei an den täglich wiederkehrenden Vorgängen in dem kleinen Staate mein Vergnügen, als ob ich die Darstellung davon in einem heitern Buch läse.

Früh, wenn die Großtante noch im Bette lag, gingen die Audienzen und die Cour schon an. Die Kammerjungfer Lore mußte berichten, wieviel Grad der Thermometer zeige, die Gesellschafterin, wie die Tante Lewald und sämtliche Enkel sich befänden. Dann kam die Tante selbst, der Mutter guten Morgen zu wünschen, und eines oder das andere der Kinder, das grade aus irgendeinem besondern Grunde an dem Tage ein spezielles Interesse erregte, wurde herbeigeholt. War die Großtante nun endlich aufgestanden und in den langen braunseidenen Schlafrock gekleidet, so kam das Frühstück an die Reihe. Ihm folgte der Friseur, welcher, ein wanderndes Intelligenzblatt, den Mund noch fleißiger gebrauchte als Kamm und Bürste und in der Regel kaum das Zimmer verlassen hatte, wenn der alte Kutscher zu der Beratung über das Ausfahren hereintrat. Das war eine der längsten Konferenzen. Wann gefahren, in welchem Wagen, zu welchem Tore hinaus gefahren und wer mitgenommen werden solle, – das war nicht schnell zu entscheiden, und der alte Pfeiffer, der „noch bei dem seligen Herrn gedient hatte" und daher alles besser verstand als jeder andere, und die Frau Pfeifferin, die für die Großtante Commissionen ausrichtete und immer wie eine vorsichtige alte Katze in den Fluren und Gängen und auf den Treppen umherschlich, hatten immer noch heimlich ihrer alten Herrin dies und jenes zu berichten, wovon an dem Tage niemand etwas erfuhr, was denn aber gelegentlich ganz unerwartet und nicht immer angenehm zum Vorschein kam, wie die in Münchhausens Trompete eingefrorene Musik.

War die Spazierfahrtsfrage erledigt, so kam die Pflegetochter des Hauses, die den Haushalt besorgte, sich zu erkundigen, ob das Befinden der Großtante etwa eine besondere Diät erfordere, und da dieselbe in frühern Jahren öfter an einem Bluthusten gelitten hatte, von dem sich noch hie und da kleine Anfälle zeigten, so gab es über das Nichtsalzen der Suppen und das Nichtwürzen der Compotte immer sehr viel Anweisungen und Empfehlungen, die glücklich die Zeit ausfüllten, bis ein entfernter Verwandter der alten Dame kam, dem das Geschäft oblag, ihre verschiedenen Uhren aufzuziehen und möglichst in Einklang zu erhalten. Damit aber war die Reihe der Besuche noch nicht zu Ende, und jeden Tag fand sich noch einer oder der andere ein, der nicht in die Liste der täglichen Erscheinungen gehörte. Heute kam Onkel Simon und morgen der ältere Onkel Lewald, denn es waren zwei von meines Vaters Brüdern in Breslau ansässig und beide verheiratet und in gleich guten äußern Umständen. Eines Tages war es der Hausarzt der Großtante, der alte Medizinalrat Wendt, der gern davon sprach, welch ein schöner junger Mann er gewesen sei, als er im roten gestickten Tuchfrack, en escapins und mit dem dreieckigen Hute unter dem Arme seine Praxis begonnen habe, und der – ein echter Damenarzt – immer im Voraus erriet, was seine alte Patientin zu hören wünschte und ihr immer die Anordnungen machte, welche mit ihren Tagesabsichten im Einklang standen. Die Hauptsache aber war, wir erfuhren in den stillen Stuben der Großtante nicht nur alles Erhebliche, das sich in der Welt und in der Stadt ereignete, sondern auch das Unerhebliche, und waren die Besuche vorüber, so wurde die tägliche Spazierfahrt gemacht, bei der immer wenigstens zwei verschiedene Mäntel in dem Wagen mitgenommen wurden, damit beim Aussteigen und Promenieren der Mantel und die Temperatur gehörig in Einklang gebracht werden konnten. Wir fuhren dabei dann viel in Magazine, es wurden Sachen besehen und gekauft, für die Enkel etwas mitgenommen, und wie der Morgen hingegangen war, so wurden auch der Nachmittag und Abend zugebracht, während die Kammerjungfer fortwährend an ihrem Nährahmen saß und fortwährend Battist-Taschentücher, die Liebhaberei ihrer Herrin, stickte, und die Gesellschafterin sich mühsam durch die langen, völlig müßigen Tage durchschlug, sehnsüchtig den Abend erwartend, an dem die Großtante stets in den Zimmern ihrer Tochter eine Zeitlang an der Geselligkeit teilnahm, die dort selten fehlte.

Den zweiten Haushalt machten der Onkel und die Tante mit ihren Kindern aus, die sie sehr viel um sich hielten, und auf welche eine Sorgfalt wie auf Fürstenkinder verwendet wurde. Daneben beschäftigte die Tante sich fast ausschließlich mit Lektüre. Im Reichtum erzogen, hatte sie niemals die Notwendigkeit irgendeiner Arbeit gekannt und früh die Möglichkeit besessen, sich nach freier Wahl einen sie unterhaltenden und fördernden Zeitvertreib zu suchen. Sie hatte Französisch, Englisch, Italienisch gelernt, Musik und Malerei getrieben, es auch ein wenig mit der Plastik versucht, vor allem aber sehr viel gelesen. Das war ihr jedoch im Grunde alles kein Selbstzweck, sondern eben nur ein Mittel gewesen, ihre Muße auszufüllen, und alle diese Studien waren seit ihrer Verheiratung, wie das meist zu geschehen pflegte, liegengeblieben. Indes sie hatte doch vielerlei Kenntnisse, nahm Teil an allem Geistigen, kaufte und las, was irgend in der Literatur Interessantes und Bedeutendes erschien und war dabei eine herzensgute, stets zum Lachen aufgelegte Frau, die in ihrer bequemen Korpulenz neben der großen magern, immer rührigen Großmutter etwas Behagliches hatte.

Während die alte Dame jedes Detail der Haushaltung mit einer Wichtigkeit und Nachdrücklichkeit behandelte, als hinge nicht nur das Wohl der Welt, sondern – was ihr unendlich wichtiger war – ihr eigenes Leben davon ab, hatte die Tochter fast gar keinen Sinn dafür und war herzlich froh, wenn die Pflegetochter ihr von dieser Sorge soviel als möglich abnahm. Sie liebte ihren Mann mit einem schönen Stolz auf ihn, sie liebte ihre Kinder mit Zärtlichkeit und ihre Mutter mit gelegentlicher und bisweilen sehr berechtigter stiller Ungeduld über deren Selbstsucht, und sie liebte dabei ihr sorgenfreies, bequemes Leben und eine gute Unterhaltung. Es war leicht mit ihr zu verkehren, leicht sie zufrieden zu stellen, sie kümmerte sich um die andern nicht eben viel, verlangte nicht viel von ihnen, und war dabei eine Frau von mancherlei Kenntnissen und mancherlei Interessen.

Den dritten Haushalt endlich hatte mein Onkel mit seinem Freundeskreis noch ganz für sich allein. Es existierte mitten in der allgemeinen Zimmerreihe eine Stube, die meines Onkels Stube hieß. Sie hatte einen großen Cylinderschreibtisch und andere auf das Bedürfnis eines Mannes eingerichtete Möbel, aber der Herr und eigentliche Besitzer dieses Raumes war in demselben nur selten einmal, und nur gelegentlich zu finden. Wenn er nicht bei seiner Frau und seinen Kindern war, für die er als ein ungewöhnlich zärtlicher Vater die größte Sorge trug, so traf man ihn sicherlich in zwei sehr kleinen dunkeln Stuben, welche das Ende der ganzen Wohnung bildeten und einen besondern Ausgang nach dem Hofe und damit nach der Straße hatten. Sie waren ringsum von oben bis unten mit Bücherborden bestellt und enthielten eine Bibliothek, die teils aus nationalökonomischen und statistischen Werken, hauptsächlich aber aus alten Provinzial-Chroniken, altdeutschen Gesangbüchern und ähnlichen für die altdeutsche Sprachforschung und für die Geschichte der Provinz bedeutenden Schriften bestand, für welche Professor Hoffmann von Fallersleben dem Onkel ein Interesse eingeflößt hatte.

Von einer hübschen Einrichtung, von irgendwelchem Comfort war in den beiden Zimmern, die diesen Namen kaum verdienten, keine Rede; dafür aber war den ganzen Vormittag Gesellschaft darin, und die Hausfreunde des Onkels: Hoffmann von Fallersleben, Professor Stenzel, Professor Frankenstein, Doktor Eppstein, Doktor Halling, Doktor Kalkstein, der treffliche Hausarzt Doktor Guttentag, und was es von nahen und entfernten männlichen Verwandten der Familie in Breslau gab, das kam, saß und ging von früh bis Mittag in den kleinen Stuben, ohne in der Familienwohnung vorzusprechen, in der dieselben Gäste einzeln oder auch in größerer Zahl am Abend zu erscheinen pflegten. Man plauderte, man frühstückte auch bisweilen, und da oft mehr Gäste als Stühle vorhanden waren, so saß man auf einem Pack Bücher, auf einer Bibliotheksleiter, auf einer Tischdecke, wie es sich eben traf.

„Um 12 Uhr aufstehen"
(1865–72)

von Hildegard Freifrau von Spitzemberg

17. Februar 1865 Abends der vielbesprochene kostümierte Ball bei Fürstin Kotschubey ... Gegen 12 kam der Kaiser mit dem übrigen Hof und danach der Zug der Masken. Sie führten die Märchen von Perrault auf, La belle au bois dormant, den Däumling, den Chat botté, Aschenbrödel, Peau d'âne etc ... Der ganze Zug, dessen sämtliche Kostüme sehr schön waren, tanzte hierauf ein Menuett. Besonders schön waren außerdem noch die Fürstin Liese Wolchonsky geb. Wolchonsky als Ägypterin, die junge Fürstin Mary Mestschersky als ägyptische Königstochter, die junge Marie Apraxin als Winter, die junge Leuchtenberg als Mond etc. Die Baronin Stieglitz als Maintenon mit einem fußhohen Fächer von Juwelen und Spitzen auf dem Kopfe war wenigstens auffallend genug. [...]

27. Februar Abends mit Wonne zu Hause geblieben; Carl und ich sind selig, daß der große Strudel aus ist, denn physisch und moralisch sind unsere Kräfte zu Ende. Wochenlang erst um 12 Uhr aufzustehen, weil man sich erst um 4 Uhr niederlegt, dabei nichts Ernsthaftes tun und seiner Häuslichkeit verlustigt gehen, das spannt so ab, daß man seine Ruhe erst recht schätzen lernt. [...]

14. Oktober Um 7 Uhr zu Tische zu Turgot, die alle Samstag Diners geben, welche sich zu einer Tanzerei bis 12 Uhr verlängern, wobei jedermann seufzt und ächzt, weil ewig und immer dieselbe kleine Gesellschaft dazu gepreßt wird. [...]

28. Oktober Carl und ich speisten um 3 Uhr mit einer Anzahl Herren aus der Bundesversammlung, meist Walliser, Tessiner und Graubündtner, auch der alte Oberst Dufour war dabei. [...]

22. Januar 1866 Montag verging ganz mit Vorbereitungen zum Diner, das um 6 Uhr stattfand. Präsident Knüsel, die Bundesräte Frey, Dubs und Schenk, Professor Lazarus und Ozerow waren die Geladenen. Allem nach ist das Diner ganz gelungen, die Herren blieben in sehr heiterer Stimmung bei Tee und Zigarren bis ½ 11 Uhr bei uns.

28. April Sehr drohende Kriegsberichte.

6. Juni Als wir um 7 Uhr heimkamen, fand Carl eine Depesche des Vaters, die ihn sogleich nach Stuttgart berief zur Vollführung einer Mission, wie wir uns vorstellen nach Wien! Das war ein Donnerschlag! Kaum hatten wir uns davon erholt, so folgte eine zweite Depesche, ich und das Kind sollen mitkommen, da Carls Abwesenheit einige Wochen dauern könne. Der Vater hatte mir, schon da ich in Stuttgart war, seine Absicht mitgeteilt, Carl im Falle eines Krieges mit dem Prinzen Friedrich ins österreichische Hauptquartier zu schikken, um dort Württembergs Interessen zu vertreten. Da nun in den letzten Tagen alle die Friedenshoffnungen, die der Kongreß erweckt hatte, wieder vernichtet worden sind dadurch, daß Österreich ihn zu beschicken sich weigert und die Holsteiner Stände auf den 10. einberufen sind, so hängt Carls Mission sicher mit obigem Plan zusammen.

7. Juni Unser schöner, ruhiger Sommer, auf den wir uns so freuten, ist nun recht gründlich gestört. Andererseits freue ich mich sehr für Carl, daß er Gelegenheit hat, in solch interessanter Zeit handelnd aufzutreten und dem Schauplatze der Weltgeschichte nahe kommt, anstatt hier müßig zuzusehen, was ihm eine Qual gewesen wäre. [...]

20. Januar 1867, Berlin Nachmittags fuhr ich zu der brasilianischen Gesandtin Mme. Araujo, die mich statt der kranken Doyenne bei den Herrschaften vorstellen muß.

26. Januar Samstag abend mein erster Ausgang zu Oubril; natürlich machte ich eine Menge Bekanntschaften, meist Diplomaten und deren Frauen.

29. Januar Dienstag abend zu Benedetti, abermals viele neue Bekanntschaften gemacht ... Gestern hatte ich Audienz bei der französischen und englischen Botschafterin.

1. Februar Die Königin Augusta empfing mich in Audienz.
– Nachdem gingen wir auf den Subskriptionsball im Opern-
hause, wo wir Diplomaten eine eigene Loge haben. Der große,
blendend erleuchtete Saal, reizend dekoriert mit Blumen und
Springbrunnen, die wogende buntgeschmückte Menge unten
und die dicht besetzten Logenreihen boten einen wirklich sehr
hübschen Anblick. Die ganze königliche Familie durchzog den
Saal zweimal in einer Polonaise.

2. Februar Endlich die große Cour ... Wir Diplomaten
mußten ewig lange im Rittersaale stehend warten, bis die Ma-
jestäten kamen und Cercle machten. Auch Bismarck in weißer
Kürassieruniform war anwesend und sprach mit mir. Dann
gings durch mehrere Säle voll Offiziere und Beamte nach dem
Weißen Saale, wo nach der Ankunft der Herrschaften ein sehr
genußreiches Konzert stattfand, in dem Wachtel und Niemann
sangen und nach dessen Ende man nach Hause eilte, so rasch
als es die Menge der Wägen vor dem Portale erlaubte. Das
Ganze ist, zum ersten Male gesehen, ein bunter, ganz hübscher
Anblick, aber sonst eine große Komödie beziehungsweise
Langeweile. Dabei muß man ewig lange stehen, mit der schweren Schleppe auf dem Arme auch kein Spaß. Ich saß beim
Konzert zwischen Frl. von Beust und v. Löhneysen, mit denen
ich mich ganz hübsch unterhielt. [. .]

20. Januar 1872 Samstag war Ball bei Bleichröder, der bis
½ 4 Uhr währte. Da ich Clara Bismarck hinführen mußte und
obendrein den Cotillon mit dem Chappuis ersetzenden neuen
Vortänzer Herrn von Schwerin tanzte, blieben wir bis zuletzt;
der Ball war schön wie immer, recht belebt, und die zweifel-
haften Elemente hielten sich vom Ballsaale wenigstens ziemlich
ferne, so daß man sich ganz unter Bekannten bewegte. [. . .]

19. Februar 1872 Montag aßen die Brüder Axel und Konrad
bei uns, und begleitete uns darauf Axel zu Prof. Lazarus, wo
eine zahlreiche, aber sonderbar zusammengewürfelte Gesellschaft war: Putlitzs, Krügers, Hammers, daneben viele ganz
unbekannte Juden und Literaten.

22. Februar Besuch der Königin von Württemberg in Berlin.
Später besuchte ich Bismarcks; der Fürst im Schlafrock kam

um 2 Uhr eben aus dem Bett und nahm seinen Tee! Nachher fuhr ich mit der Fürstin spazieren. – Carl aß an der Marschalltafel beim Kronprinzen, abends war Hofkonzert; ich kam an des Kronprinzen Tisch zu sitzen mit lauter Standesherren, so daß ich mich sehr mäßig unterhielt.

24. Februar Um 6 Uhr war Diner beim Prinzen August [von Württemberg], 28 Gedecke, nur Hof, Gefolge Oubril und wir; Bismarck führte mich zu Tische und saßen wir gerade der Königin gegenüber. Es war ein sehr glänzendes Diner und unterhielt ich mich recht gut. – Carl fuhr dann ins Schloß, ich nach Hause, mich zum vierten Male umzukleiden, holte ihn dann ab, und um 11 Uhr fand sich die Gesellschaft von Mittwoch auf dem Küstriner Bahnhof wieder, der Königin das Geleite zu geben; selbst die Kaiserin war wieder draußen. [...]

Die vier Tage waren recht nett und unterhaltend, aber es ist gut, daß es nicht länger dauert, denn solche Dienstleistung ist arg abspannend und ermüdend für Leib und Seele. [...]

10. März Als Kuriosum führe ich an, daß, wie aus diesem Buche hervorgeht, wir in den nun verflossenen siebzig Tagen des Jahres 1872 an einundvierzig ausgebeten waren, an neun bei uns Leute sahen, also bloß zwanzigmal allein zu Hause gewesen sind. Mir kommt das förmlich erschreckend vor; man merkt aber auch den Strudel, in dem man lebte, an dem Verbrauch an Kräften, Zeit, Geld und Kleidung, sowie an dem Wenigen, was man an seiner geistigen Fortbildung durch Lesen und Musizieren zu leisten imstande ist und wozu man in solchem Gehetze auch alle Lust und Fähigkeiten zu verlieren bedroht ist.

Ein Alltag
(1875)

von Marianne Weber

... Der Haushalt wird zunehmend schwieriger, weil Weber
sen. zu ganz unregelmäßigen Zeiten zum Essen kommt, die
Geselligkeit wächst, regelmäßige Einladungen der Abgeordne-
ten gehören zu den Berufspflichten des Vaters. Helene ver-
braucht täglich ihre ungewöhnlichen Kräfte bis zur Erschöpfung: Es wiederholt sich in zahllosen Briefen: „Abends ist mir
immer der Kopf so dumm." Als die Kleinkinderepoche vorbei
ist, pflegt sie sich mit 5–6stündigem Schlaf zu begnügen, dafür
überfällt sie am Tage oft unwiderstehliches Schlafbedürfnis. Im
Jahre 1875, als sie 31 Jahre alt ist und schon sechs Kinder geboren hat, beschreibt sie ihren Tageslauf folgendermaßen: „Um
6 Uhr wird also aufgestanden, etwas nach 7 Uhr gefrühstückt,
nachdem (der kleine) Max geübt hat. Nachdem er dann mit
Frühstück versehen zur Schule befördert ist, und auch die
Butterbrote für die andern und meinen großen Max gestrichen,
die Lampen gemacht, die Lebensmittel herausgegeben sind,
ist's ziemlich 9 Uhr geworden. Dann stecke ich die Kleine, die
sich bei mir um 6 Uhr noch eine Mahlzeit geholt hat, in ihr
Bad. Dann ist gewöhnlich der Vater Max bei seinem Frühstück, wenn ich herunterkomme. Ich trinke dann noch eine
Tasse mit, gucke geschwind in die Zeitung, weil ich sonst doch
gar nicht zum Lesen komme und suche noch ein kleines
Schwätzchen mit Max zu halten, den ich in dieser sitzungsrei-
chen Zeit ja sonst gar nicht zu sehen bekomme. Dann geht's
wieder in die Küche oder es ist sonst im Hause zu tun. Um
12 Uhr wird die Kleine gefüttert, und auch die Jungens bekommen eine Abschlagszahlung auf unser spätes Mittagessen
um 3 oder 4 Uhr. Um besagte Stunde essen wir. Vater Max
aber kommt meist viel später, wo ich dann nach Kräften noch
etwas für ihn zurecht braue. Um 7 Uhr Abendessen der Kin-

der. Bis Max (jun.) auch im Bett und unser Abendessen beendet, ist es neun Uhr geworden, und dann bin ich zu gar nichts Rechtem mehr zu gebrauchen, besonders wenn mein Mann nicht zu Hause ist. Und so vergeht der Tag und ich frage mich dann: Was hast du zustande gebracht außer für's liebe Essen und Trinken gesorgt und die Kleine gewartet?" [...]

Tagespensum eines Dienstmädchens um 1900

Es ist die Aufgabe der Hausfrau, Tages- und Wochenarbeitspläne für Dienstmädchen zu erstellen. Sie werden „Hausordnungen" genannt und in der Küche ausgehängt. Der Begriff „Hausordnung" zeigt einmal mehr, daß das Dienstmädchen nicht als Lohnarbeiterin, sondern als Teil der privaten Beziehungsstruktur des Haushalts angesehn wurde. Eine schriftlich fixierte Hausordnung entlastete die Hausfrau von der Aufgabe, täglich neu Anweisungen geben zu müssen.

„Eine Hausfrau, die sich durch beständige Selbstthätigkeit und Abhetzerei meist in schlechter Stimmung befindet, ist weniger wertvoll, wie diejenige, die bei ebenfalls geregelter Häuslichkeit durch Zutrauen an andere Kräfte auch gleichzeitig durch fröhliche Laune zum guten Ton des Hauses beiträgt."

Die hier beispielhaft zitierten Hausordnungen dokumentieren die damals als normal vorausgesetzte Arbeitsbereitschaft des Dienstmädchens von 16 Stunden täglich.

6 Uhr	aufstehen
6–6½ Uhr	Mädchenzimmer ordnen
6½–7 Uhr	Speisezimmer ordnen
7–7½ Uhr	Herren- und Wartezimmer ordnen
7½ Uhr	Herrschaften wecken
7½–8 Uhr	Korridor säubern und Kaffeetisch ordnen
8–8½ Uhr	Frühstücken, Betten auslegen

8½–9 Uhr	Tisch abräumen, Salon abstauben
9–10½ Uhr	Schlafzimmer ordnen, sowie Hinterkorridor, Schrankzimmer, Badezimmer, Vorbereitung zum Kochen
10½–11 Uhr	Küche aufräumen, Geschirr wegspülen, und Sachen einholen
11–1 Uhr	Kochen und Tisch decken
1–2 Uhr	Essen
2–3½ Uhr	Küche vollständig in Ordnung haben und Mülleimer entleeren
3½–5 Uhr	sich ankleiden, einkaufen für den nächsten Tag
5–7 Uhr	Nähen, desgleichen Stiefelputzen
7–8 Uhr	Betten abdecken, Schlafzimmer ordnen und Tisch decken
8–9 Uhr	Essen abtragen, spülen, Holz und Kohlen heraufholen
9–10 Uhr	ausruhende Selbstbeschäftigung

Jeden Mittwoch Nachmittag nach der Arbeit: frei für das Mädchen. Jeden Samstag ist Putztag.

Hausordnung einer Wilmersdorfer Akademikerfamilie.

„Halb fünf steh' ich auf ..."
(1982)

Akkordarbeiterin:

„Halb fünf steh' ich auf und koche Kaffee, dann gehe ich ins Badezimmer und mach' mich fertig, in der Zeit ist der Kaffee durchgelaufen. Na ja, und denn mach' ich den Frühstückstisch fertig, weil mein Mann ißt morgens richtig Frühstück, ne ... und wenn ich das fertig habe, dann weck' ich mein' Mann, dann steht der auf und frühstückt ... ja, denn mach' ich die Flasche fertig für mein' Jungen, und denn isses auch schon soweit, daß mein Mann fertig ist, daß ich den Tisch abräume – ich kann das nämlich nicht haben, wenn ich nachmittags nach

Hause komme, und der Tisch steht noch voll. Denn krieg ich gleich zu viel. Und na ja, denn muß ich den Jungen wecken, wenn er nicht schon wach is, das kommt selten vor, meistens muß ich ihn wecken, ja, denn will der die Flasche haben, dann trinkt er die erst, und wenn er die ausgetrunken hat, dann muß ich ihn anziehn. Und dann gehn wir aus'm Haus. Ich kann morgens so früh noch nichts essen. Na ja, und denn bringen wir den Jungen zu den Schwiegereltern, jedenfalls mein Mann, denn geh' ich zu Fuß weiter, bis zur Haltestelle, wo der Bus ist ... tja der Bus, manchmal wird geschlafen, manchmal ist auch viel los, wenn mal so'n Gesprächsthema is ... Ja, und ungefähr um viertel nach sechs, zehn vor halb sieben, sind wir bei der Firma ... fünf vor sieben, denn bimmelt es da, denn müssen wir ran ... Zehn nach halb, also zwanzig vor vier is Feierabend ... und denn geht's zurück in'n Bus ... Ungefähr viertel nach vier sind wir denn hier, also 16.15 Uhr sind wir hier. Denn geh' ich meistens einkaufen, so nachmittags zum Kaffee, weil ich Gott sei Dank Essen nicht mehr machen muß, früher mußt' ich noch Essen kochen, wenn ich nach Hause kam ... Ja denn komm ich nach Hause, zieh' mich aus, koche Kaffee, in der Zeit kommt denn auch mein Mann mit dem Jungen, er hat eher Feierabend, aber weil der Junge immer nach der Oma muß, holt er den, und ich geh' denn, wenn ich eingekauft habe, durch hierher, koch' schon Kaffee, daß der fix und fertig ist. Ja, und dann geht's ran, denn heißt es: aufräumen ... Ich muß meine Betten, die schlag' ich ja nur drüber, dafür mach' ich das Fenster denn auf, manchen Morgen, wenn ich später aufgestanden bin, bleibt ja alles so liegen, wie's is ... Das muß ich denn aufräumen und der Junge sein Zimmer ... Mein Mann, der saugt denn schon, das macht er ja, ja und die Stube. Die muß ich auch denn lüften, so aufräumen ... und was so anfällt. Das ist eigentlich der eine Tag. Bis abends um sieben, da gibt's Abendbrot, dann kommt der Junge ins Bett, wenn Sie dann Glück haben, schläft er. Jaa, und dann kucken wir meistens noch'n bißchen Fernsehen, ich stopfe, oder irgendwie mach' ich denn noch was ... Wenn's gar nichts Gescheites gibt im Fernsehen, dann hol' ich meine Nähmaschine her und nähe.

Und um neune herum geh' ich meistens ins Bett. Weil ich ja abends – wenn Sie das gemacht haben; es ist immer eine Hetze!"

„Putzen hat Grenzen"
(1978)

von Hannelore K.

Arbeitsalltag einer Professorin, Jg. 1915:

F.: *Und wie sieht denn heute so ein Arbeitstag bei Ihnen aus?*

A.: Nun, das fängt an zwischen acht und halb neun, dann werden meistens zunächst einige Verwaltungsfragen, die gerade anstehen, Kleinigkeiten erledigt.

Und wenn mein Teil des Praktikums für Entwicklungsphysiologie dran ist, dann geht es um halb neun mit dem Praktikum los, ist jemand anders dran, dann fallen bei mir andere Arbeiten an: Vorlesungsvorbereitung, Besprechungen mit Doktoranden oder Diplomanden, Besprechungen mit Assistenten, wissenschaftliche Fragen, Verwaltungsfragen und – soweit unterzubringen – auch Forschungsarbeit. Das ist zum großen Teil in den letzten Jahren in die Ferien verwiesen, und dann, so weit es geht, Lesen wissenschaftlicher Literatur, Zeitschriften oder Bücher, zwischendrin, dann irgendwann mal Mittagspause, mal Kaffee trinken.

F.: *Wieviele Stunden verwenden Sie auf die Lehre?*

A.: Also, ich habe im Sommer eine dreistündige Vorlesung, ich habe zwei Seminare. Sie sind einstündig angekündigt, aber wir reden halt solange wie es geht. Mal sind es dreiviertel Stunden, mal sind es anderthalb Stunden. Das ist unterschiedlich. Das macht fünf Stunden die Woche. Strenggenommen plus der Zeit, die fürs Praktikum notwendig ist. Ich komme, wenn ich zusammenzähle, reichlich auf meine acht Stunden. Zur Zeit eigentlich mehr als acht Stunden. [. . .]

F.: *Wenn Sie abends nach Hause kommen, halten Sie sich den Feierabend meistens frei oder beschäftigen Sie sich dann noch mit beruflichen Problemen?*

A.: Ganz unterschiedlich, wie mir zumute ist. Mal nehme ich Arbeit mit nach Hause, mal mache ich richtig Feierabend.

F.: *Kommt es oft vor, daß Sie sich noch Arbeit mit nach Hause nehmen?*

A.: So zwei Mal die Woche sicher. Und auch, wenn ich sage: fünf, sechs Uhr, ich bin müde, ich möchte mal eine Pause machen, ich mache nachher weiter, dann gehe ich nach Hause und mach zu Hause weiter. [...]

Haushalt

F.: *Wenn wir jetzt einmal darauf kommen, wie Sie das mit dem Haushalt machen. Haben Sie eine Haushaltshilfe?*

A.: Ich habe eine Putzfrau.

F.: *Und sonst das andere machen Sie alleine?*

A.: Ja, oder das bleibt liegen. Ich putz mich nicht zu Tode. Ich leg Wert darauf, daß eine gepflegte Häuslichkeit herrscht, aber Putzen hat Grenzen.

F.: *Man hört oft die Meinung, daß man als berufstätige Frau nicht beides machen kann: Im Beruf kann man nicht gut sein wie ein Mann und eine ordentliche Hausfrau kann man auch nicht sein. Was meinen Sie dazu?*

A.: Wenn man als Maßstab eben einen gutbürgerlichen Haushalt nimmt, wo alles blitzblank ist, man vom Fußboden essen kann und tägliche Mahlzeiten von drei Gängen auf den Tisch kommen und die Hausfrau das alles selbermachen muß, dann ist das einfach zeitlich nicht zu schaffen. Aber ich bin alleinstehend. Ich koch jedoch selber, weil ich das Restaurantessen nicht leiden mag.

F.: *Das machen Sie jeden Mittag?*

A.: Ja, aber nach gutbürgerlichen Maßstäben bin ich eine sehr schlechte Hausfrau. Manche Leute sagen, daß ich eine gute Köchin bin.

F.: *Freut Sie das, wenn Ihnen das jemand sagt?*

A.: Ach, wenn ich Gäste habe, und ich habe selber mal

was gemacht, dann freut es mich, aber ich kann nicht sagen, daß ich mich gewaltig anstrenge, um so ein Lob einzuheimsen, wenn ich keine Zeit habe, dann wird was gekauft und damit Schluß.

F.: *Wieviel Zeit bleibt Ihnen denn überhaupt am Abend oder am Wochenende nach Arbeit und Hausarbeit für Sie selbst?*

A.: Ja, das kommt drauf an: mal Briefe schreiben, mal Fernsehen, mal Theater, mal Lesen, dann kommen so zwei Stunden pro Tag doch raus. Wenn man all das zusammen nimmt.

F.: *Sind das auch so Ihre Freizeitbeschäftigungen: Lesen, Fernsehen, Theater?*

A.: Ja, und Schwimmen, Spazierengehen, ein bißchen Sport treiben.

F.: *Was machen Sie da?*

A.: Also Schwimmen und Wandern eigentlich, ein bißchen Gymnastik und Skilaufen. Ja, und Fotografieren: Pflanzen- und Landschaftsaufnahmen.

Tagesmutter – Tagesquoten
(1988)

An einem Wochentag im Sommerhalbjahr steht Dagny [Danielsen] um 5.00 Uhr morgens auf. 10 Minuten später putzt sie schon eifrig in ihrem Betrieb. Um 7.30 Uhr ist sie wieder in ihrer eigenen Küche. Ihr Mann ist dann gerade zur Arbeit gegangen. Sie weckt die Kinder, bereitet das Frühstück und belegt Brote zum Mitnehmen. Die Frühstückszubereitung wie auch der weitaus überwiegende Teil der Hausarbeit gehört zu ihrem Aufgabenbereich.

Die Kinder werden zwischen 8.00 und 8.30 Uhr auf den Schulweg geschickt. Gegen 9.00 Uhr wird das Tageskind, begleitet von seiner Mutter, gebracht. Dagny lädt zu einer Tasse

Kaffee ein, und die Erwachsenen reden über dieses und jenes. Ein Nachbar kommt herein, um kurz zu telefonieren, und erhält ebenfalls Kaffee. Er bemerkt scherzend, daß Dagnys Küche das Café der Nachbarschaft sei.

Gegen 9.30 Uhr sind beide gegangen. Dagny räumt auf, unterhält sich mit dem Tageskind, schmiert Stullen und sucht das Regenzeug heraus. Kurz vor 10.00 Uhr ist es Zeit, das Tageskind in den Park zu bringen. Unterwegs treffen sie ein paar andere Mütter mit Kinderwagen. Auf dem Weg vom Park begleiten sie einige Frauen, um einzukaufen.

Danach verwendet Dagny 1½ Stunden für die Hausarbeit. Sie saugt Staub, macht die Betten, wischt den Fußboden, wäscht ab, sortiert die schmutzige Wäsche. Nach Erledigung dieser Arbeiten gegen 12.00 Uhr greift sie zum Strickzeug und zur Thermoskanne und geht in den Hof. Auf dem Weg dorthin schaut sie nach, ob der ältere Nachbar seine Zeitung geholt hat. Das hat sie sich zur Gewohnheit werden lassen, nachdem er im Winter zuvor einen ernsthaften Unfall hatte. „Wenn wir dies nicht entdeckt und die Ambulanz gerufen hätten, würde er vermutlich heute nicht mehr leben." Draußen im Hof sind bereits einige Frauen, die meisten von ihnen mit kleinen Kindern. Die kleinsten Kinder, die noch nicht in den Kindergarten gehen, liegen im Kinderwagen oder krabbeln auf dem Rasen rum.

Um 14.00 Uhr sollen die Kinder aus dem Park geholt werden. Eine der Nachbarsfrauen geht hin, um ihre Kinder zu holen. Sie bietet an, Dagnys Tageskind mit in den Hof zu bringen. Ungefähr gleichzeitig kommen die älteren Kinder aus der Schule. Wie gewöhnlich bringen Dagnys Kinder Freunde mit, die mit ihnen zusammen auf dem Hof oder in der Wohnung spielen wollen.

Um 15.00 Uhr wird das Tageskind abgeholt. Dann ist es auch Zeit, das Mittagessen aufzusetzen, das gegen 16.00 Uhr fertig sein soll, wenn der Mann von der Arbeit zurückkommt. Nach dem Kaffee, der „Tagesschau" und der abendlichen Arbeit muß sie noch in den Betrieb, um ihre Tagesquote dort abzuarbeiten.

„Und der Mann steht a bisserl später auf wie ich"
(1983)

Die 36jährige Vollerwerbsbäuerin, die auf einem 14 ha-Betrieb wirtschaftet und drei Kinder (14; 13; 10 Jahre) hat, berichtet:

„Um sechse steh ich auf. Des ist halt auch verschieden, was mer halt für Küh hat. Wenn viel trocken stehen, dann steh ich a bißle später auf, so um sechse eben. Wenn's dann nauswärts geht (ins Frühjahr hinein, erg.), dann muß mer schon um halbe sechse aufstehen. Naja, dann deck ich da den Kaffeetisch und richt ihr Zeug her: Wenn's nimmer so kalt ist, dann tu ich da früh erst anschüren, den Ölofen, und stell den Wasserkessel hin und die Milch für die Buben, weil der einen Kaba trinkt, die Mädle trinken Kaffee. Dann deck ich noch schnell den Tisch und dann geh ich in Stall runter. (Jetzt hab ich momentan wieder a weng mehr Milch, da bin ich dann um sieben noch net fertig mitm Melken, drum deck ich vorher den Tisch. Wenn ich weniger hab, dan mach ich's erst, wen ich vom Stall reinkomm.) Um sieben geh ich rauf und schrei den Kindern. Der Kleinen mach ich immer noch ihre Tasse Kaffee selber, den Caro, ne, und na sag ich: Jetzt tut Ihr schön Kaffee trinken und dann komm ich nochmal und mach Dir (der kleinen Tochter, erg.) Dei Haar. Den Großen brauch ich nix mehr machen, und da geh ich dann nochmal vom Kuhstall rauf unterm Melken. Soviel Zeit hab ich schon, weil die Küh auch brav sind und still bleiben. Na gehen sie um halbe achte in die Schul fort. Da werd ich dann auch immer so fertig mitm Stall, ne. Dann geh ich rauf, und dann tu ich Kaffee trinken.

Naja, und der Mann steht a bissle später auf wie ich, des is auch so a schöne Untugend, und der macht dann nach mir sei Arbeit fertig, ne, macht den Stall fertig und füttert die Schweine ... Naja, und dann tu ich Kaffee trinken, danach na tu ich aufräumen, da innen, da schaut's immer am besten aus, weil mer da abends scho immer a weng reinwolln (in die Stube, erg.). Der liest, der andere tut basteln, wie halt des ist. Und da räum ich dann früh auf, wenn die Kinder fort sind, und dann die Küche. Abspülen tu ich immer meistens nachmittag, mal wird mittags auch net abgspült, na spül ich früh ab. Naja, na mach ich die Betten und dann hat mer zu waschen und aufzuräumen und dann tun wir amal Mais holen, mal Pfoschten (= Rüben) fahren. Da muß ich dann schon mit, allein tut er's net um die Welt, wenn's net sein muß. Dann tun wir amal die Schweine misten, weil des hab ich net allein angfangt, sonst müßt ich's auch noch allein tun! ... Und dann, wenn wir eine Stunde arbeiten, sind wir damit ja auch fertig. Naja, und wenn wir dann amal in den Wald gehen, des teilen wir uns halt ein, weil die Kinder auch oft erst um viertel drei kommen. Dann fahren wir mal früh zwei Stunden oder nachmittag, wie des halt ist. Naja, dann mach ich auch Handarbeiten, Flicken oder so, was mer halt im Winter so Arbeiten hat. Im Keller ham wir heuer a weng mehr Arbeit: Wir ham recht viel Kartoffel baut, jetzt ham wir denkt, wir können recht viel verkaufen, jetzt kaufen's keine. Faulen tun sie net amal, na müssen wir sie eben ausklauben, die schlechten und die angeschnittenen und die wo so aufgschabt sind zum Dämpfen und die zum Samen und die Großen zum Verkaufen. Da ham wir heuer schon a weng Arbeit ghabt ...

Die Kinder kommen um viertel zwei alle Tag ... na koch ich jetzt immer erst bis um eins. Wir essen meistens erst, wenn die Kinder kommen ... unsere Kleine, die kommt scho meistens a bissle eher. Die will immer, wenn's heimkommt, gleich die Hausaufgaben machen, daß sie fertig ist bis zum Essen, bis die anderen kommen. Und des paßt dann für mich auch. Da koch ich immer noch und sie sitzt da. Nach dem Essen und Spülen leg ich mich auch manchmal hin, wenn ich Zeit ab, weil des tu ich schon wegen der Gesundheit ... weil ich's brauch, wenn mer früh die Erste und abends die Letzte ist! Und der Mann legt sich Mittag auch a weng hin im Winter. Na denk ich, warum soll's ich net auch tun? Und die Arbeit lauft ja net davon ...

Dann bin ich da innen. Wenn die Kinder Hausaufgaben machen, tu ich Strumpfhosen stopfen, und wie des so ist . . . Naja, nachmittag, entweder ich arbeit mitm Mann oder ich tu flicken oder was mer halt im Winter macht. Abends fangen wir dann um dreiviertel fünfe, fünfe an. Da geb ich dann wieder Mais rein. Viertel sechse fang ich dann mitm Melken an. Da brauch ich dann bis halb, dreiviertel sieben, bis ich dann fertig bin. Naja, da is dann der Mann von Anfang an da, wenn er zuhaus ist. Da tu ich mich dann schon leichter. Na füttert er die Hälfte und die Kinder tun auch mal was helfreingeben. Wenn wir fertig sind, tun wir abendessen. Da wird's dann schon immer halbe achte meistens bei uns, und im Sommer noch später, da essen wir erst um halbe neune.

Und dann ist Feierabend, und dann tu ich auch nimmer die Welt, bin ich ehrlich, mal handarbeiten, wie häkeln oder so was, was halt notwendig anfällt. Das tu ich dann abends. Dann noch a bissle fernsehen und dann schlafen.“

III

HAUSARBEITEN

Die Wasch und Bügelstube.

„Sie können sich also denken, in welchem Wirrwarr ich lebte ..."
(1810–1817)

von Marie Helene von Kügelgen

Lilla an die Eltern

Dresden, 8. Oktober 1810.

... Ihren Geburtstag, teure Mutter, feierten wir in Lotzdorf. Mein Mann gab an dem Tage ein Vogelschießen, und unser kleiner Gerhard mußte im Namen der Großmutter schießen und schoß Scepter, Krone und Reichsapfel herunter unter dem allgemeinen Jubel: „Das ist für die Großmutter!" Die Bauernjugend stand in weitem Kreise herum, und ich traktierte sie mit Milch, Butterbrod und Kirschen, kurz, wir waren alle herzlich froh, und ich wünschte tausendmal, Sie, gute Eltern, möchten wenigstens aus der Ferne einen Blick in unsern frohen Kreis werfen können.

Tausend Verhinderungen waren schuld, daß ich Ihnen dies nicht einmal gleich schreiben konnte – ich verschob das Schreiben also auf meine Ankunft in Dresden, aber da kam ich aus dem Regen in die Traufe. Es waren die Einrichtungen aller Art für den Winter zu treffen, für die Kinder und für mich mußte die Garderobe in Stand gesetzt werden, und zu alledem kam ein Schwall von Freunden, die uns schon hier erwartet hatten, die uns ganz umzingelten, umringten und uns so aus uns selbst und aus unserm ruhigen Wesen herausrissen, daß ich abends erschöpft ins Bett sank und morgens länger als sonst schlafen mußte, um Kräfte zu sammeln. Und so sind uns jetzt die drei Wochen hingegangen, die wir wieder zurück sind. Unter diesen teils sehr liebenswürdigen Menschen sind mehrere von Sophiens Bekanntschaft, die also schon um deswillen auf meine Achtsamkeit, Hilfe und Freundschaft rechnen mußten. Zuletzt kam auch Goethe und war so freundlich, oft unser Gast zu sein. Sie können also denken, in welchem Wirrwarr ich lebte, da ich beinah alles selbst machen muß mit meinen drei Kindern und zwei Leuten. Überdem wurden Ausflüge zu Wasser und zu Lande unternommen, von denen ich mich nicht losmachen konnte, da sie teils uns zu Ehren geschahen, teils von uns selbst veranstaltet waren, um unsre Freunde mit Dresdens Umgebung bekannt zu machen. Jetzt fängt es an ruhiger zu werden, und ich komme mehr und mehr zu mir selbst. Wie oft ich aber im größten Gewirr und Geräusch der Gesellschaft meiner Eltern und Geschwister gedacht habe, das weiß Gott! [. . .]

Lilla an Dr. Volkmann.

Loschwitz, am 6. August 1817.

. . . Auch unser Leben hier, war bis jetzt nicht ruhig. Die vielen mitgebrachten Bilder meines Mannes ziehen einen Schwarm müßiger Menschen und bewundernder Liebhaber her, so daß das stille Winzerhäuschen oft mehr als ein Tummelplatz der Berliner und Dresdner beau monde, denn als das ruhige Asyl einer so lang getrennten Familie erscheint. Daß diese Damen und Herren weder die Höhe noch Abgelegenheit des Weinberges, weder Hitze, noch Regen noch Donnerwetter scheuen, um unsern Berg zu erklimmen, macht ja dem Künstler Ehre, aber der Frau des Künstlers wird es wohl niemand verdenken, daß sie wenig Freude daran hat, vormittags, mittags und abends bis acht bereit zu sein, ihr ganz fremde Menschen zu sehen und zu empfangen – denn wie gesagt, weder Hitze noch Regen, noch Donnerwetter, noch der Gedanke uns lästig zu werden, hält sie ab; sie glauben den Künstler zu ehren und thun es ja auch. So muß ich schon zufrieden sein und nur dankbar die Stunden zu erhaschen und zu genießen suchen, die uns rein und ungetrübt in häuslicher Stille zu teil werden. – In der Stadt hört dies mehr auf, doch da hat auch der Anblick des weiten hohen Himmels, der Berge und dieser ganzen paradiesischen Aussicht hier ein Ende.

Bürgerliche Hauswirtschaft
im frühen 19. Jahrhundert

von Louise Otto-Peters

[. . .] Es sah zur Zeit unserer Großmütter und Mütter gewaltig anders aus in Haus und Stadt und nun gar auf dem Lande wie jetzt. Fast alle, auch die einfachsten Bedürfnisse einer Haushaltung mußte man erst in dieser sich selbst bereiten. Die Wäsche ward im Hause gewaschen, Brod und Kuchen selbst gebacken, alle Vorräte für den Winter, Früchte vom einfachsten Dörren an bis zum kompliziertesten Gelée, Fleisch in den verschiedensten Zubereitungen, Butter und Eier – Alles ward durch eigene Hausarbeit für den Hausverbrauch bereitet und aufbewahrt, wobei das Letztere oft gerade so viel Mühe machte wie das Erstere. Ja, auch Seife ward im Hause selbst gesotten und Lichte wurden gegossen – Talglichte – lange Zeit hindurch der Hauptbeleuchtungsgegenstand.

Auch die Gastfreundschaft war eine andere, als die jetzige und es wurden andere Anforderungen an sie gestellt. Freilich ging es da viel einfacher zu als jetzt, man war genügsamer in Beziehung auf manche Delikatessen, die eben in Rücksicht auf den Transport viel schwerer zu beschaffen waren, genügsamer in Beziehung auf den Service, auf das Vielerlei des Geschirrs usw., welches jetzt z.B. zu dem einfachsten Abendbrot erforderlich. Aber man lebte damals eben viel mehr im Hause wie außer demselben, indeß jetzt das umgekehrte Verhältnis fast das herrschende geworden! Man suchte sonst sein Vergnügen *eben nur im Hause,* nicht in der Restauration, – eine Dame hätte im Winter nie eine solche betreten! War man einmal gastfrei, so sah man nicht nur eingeladene große Gesellschaften bei sich, sondern man empfing wer kam und setzte vor „was das Haus vermag" [. . .] Und dann erstreckte sich die damalige Gastfreundschaft auch nicht nur auf Besuche für den Abend oder Tag – man hatte so manchen für Tag und Nacht und zwar auf Wochen, Monate. Das Reisen war teuer und beschwerlich, wer da einmal kam von fernen Freunden und Verwandten, kam gleich auf längere Zeit – Studenten pilgerten bekanntlich zu Fuß „die Vetternstraße", um die Ferien billig hinzubringen, für jede Dame galt es einen ungeheuren Entschluß, wenn sie in einem Gasthaus einkehrte, sie zog darum die Familie vor, wenn sie sich auf einer Reise befand, die länger als einen Tag währte – und so fehlte es nie an Gästen, am wenigsten in solchen Familien, von deren Gastfreiheit man überzeugt war.

Am anschaulichsten kann man schildern was man im Elternhaus selbst erfahren und ich denke, so ungefähr wie bei uns ging es in den meisten Familien des Mittelstandes zu, wo das Haupt, der Ernährer derselben, das Nötige dazu verdiente und gewissenhaft verwendete. Mein Vater besaß ein eigenes Haus in Meißen und einen Weinberg in der Nähe, war – wie es nach römischem Muster hieß – „Senator" und Gerichtsdirektor. – Die Eltern, vier Töchter, eine Schwester der Mutter, zwei Schreiber und ein Dienstmädchen, bildeten einen Durchschnittshausstand von neun Personen, der bei einer großen Wohnung parterre und erste Etage eines Eckhauses von 14 Fenstern und ein paar Zimmern des dritten Stockes, schon ein ziemlich respektabler war und eben dadurch noch mehr, als er selten *ohne* auswärtigen Besuch war. Eine Kammer des Erdgeschosses hieß gar nicht anders als die „Studentenkammer", weil sie nur für junge Leute bestimmt war, da gab es Neffen usw., die sich darin niederließen, wenn sie Ferien oder in anderen Verhältnissen keine Stelle hatten; dann gab es wieder Nichten, die zu halben oder ganzen Jahren in unserer Familie sich vervollkommnen oder unterhalten sollten und die unser Mädchenzimmer mit teilten, dann wieder Freundinnen von Mutter oder Tante, die gern einmal einige Wochen sorgenfrei zubringen wollten – Vewandte und Freunde, die aus wahrer Freundschaft kamen und aufgenommen wurden oder um die schöne Gegend zu genießen, für welche dann besondere Gastzimmer bereitet waren. Natürlich vermehrte dies die Hausarbeit nicht wenig – aber alle weiblichen Hände mußten mit zugreifen und es ging, da eben die Mutter selbst das allerbeste Beispiel gab.

Vom frühen Morgen an war sie in der Wirtschaft tätig und dabei doch jeden Augenblick bereit, am Morgen kurze Besuche und Mittag und Abend Gäste zu empfangen – auch im Sommer, auf der Sommerwohnung, dem Weinberg, auch wenn wir nicht ganz da wohnten, sondern nur nachmittags hinausgingen. Gab es im Winter erst Tee und Backwerk, dann, am gedeckten Tisch eines anderen Zimmers, kalte Küche und Wein, so auch im Sommer, nur vorher schäumende Milch mit Backwerk und Obst. Man nahm eben was im Hause war – aber ein Blick auf diese Vorräte erscheint mir jetzt fast märchenhaft!

In großen Kellern lagerten ganze Kufen vom Rhein mit den besten Sorten gefüllt, daneben friedlich der sonst so verrufene Meißner in veredelter Gestalt, Stückgefäße von allen Größen und Werten und ganze Dutzende gefüllter Flaschen – den Weinkeller besorgte der Vater selbst. Daneben ein andrer Keller, wo auf besonderen Gestellen viele Scheffel Äpfel wohlgeordnet lagen, darunter die Kartoffeln, dann zwei riesenhafte Pökelfässer, wohlgefüllt mit Rind- und Schweinefleisch, das dann später, teilweis in den eigenen Räucherkammern auf dem Boden durch Holzrauch in den Essen, mit vielen Würsten noch eine zweite Zubereitung erhielt. In Gewölben des Erdgeschosses Buttertöpfe von allen Größen wohlgefüllt, zum Kochen für den Winter, Fässer und Krüge mit Gurken und Gemüsen, ganze Schränke voll Büchsen mit eingemachten Früchten, ganze Horten voll gebacknes Obst, Eier in Stellagen mit Löchern zierlich aufgestellt, andere vom Juli und August in irdenen Töpfen und Kalk wohl verwahrt – ein Erträgnis der eigenen Hühnerzucht – und dann, je nach der Jahreszeit, Wild vom kleinsten bis zum größten, Geflügel usw. Auch die Materialwaren wurden im Ganzen gekauft – Zucker und Kaffee mindestens nach $1/4$ und $1/2$ Zentnern und so alles. Da wirtschaftete es sich wohl hübsch und wenn Besuch kam, brauchte man nur aus Keller und Speisekammer zu holen, was gebraucht ward – allein alles dies vorzubereiten und zu erhalten erforderte doch keine geringe Mühe. Wie oft mußte man nicht allein im Keller nach den Äpfeln sehen, die mit den faulen Fleckchen heraussuchen, sie noch schnell zu verwenden. Nun, zum Glück gab die Mutter das Beispiel, daß solche Arbeiten wie ein Vergnügen betrachtet wurden. Wie hüllte man sich im Winter ein, um immer gern zu Zweien treppauf, treppab zu laufen und alles Nötige zu besorgen und herbeizuholen. Das Beste aber war, daß immer alles seinen stillen geräuschlosen Gang gehen mußte, daß nirgend Wirtschaftslärm sich hörbar machte, nie durfte von andern bemerkt werden, daß es viel zu tun gab. Da huschte man leicht und leise hin über die wollenen Deckenläufer in den Vorzimmern und Korridoren, da gestalteten sich die gemeinsamen häuslichen Arbeiten, gerade weil es so wenig Dienerschaft dabei gab, zu angenehmen Geschäften, von Frohsinn und heiterm Mädchengeplauder gewürzt. Da galt es als eine Ehre, ein Ruhm, Hausarbeiten zu bewältigen, die man eigentlich nicht nötig hatte, die niemand den weißen, feinen Händchen zutraut. Da freute man sich der Arbeit selbst und dann ihres Resultates, ja, es war ordentlich belustigend, mehr zu tun, als selbst von der Mutter angeordnet war, allein, ohne fremde Beihülfe und ohne daß jemand anders eine Ahnung davon hatte. Man spielte gern Heinzelmännchen und Aschenbrödel und zwar im vollsten Sinn des Wortes – denn man träumte sich aus so realistischen Geschäften gern in das Reich der Feen und der Romantik hinüber – man atmete im Küchenbrodem geduldig, weil man wußte, daß es draußen im Garten, auf dem Weinberg balsamische, reine Luft gab – die eigentliche Lebensluft, die man auch dann wieder frei und ganz genießen durfte, man hatte ja das ganze Köpfchen angefüllt von Romantik und Idealismus, voll Schiller und Jean Paul, und höher klopfte das Herz vor der Fülle von Poesie, die es in sich aufgenommen.

Ja, die Welt der Poesie war nie und nirgends über der Hausarbeit vergessen! Wenn man beisammen saß im Vorsaal oder in der „Kinderstube", die später, wo es keine Kinder mehr gab, sondern nur ich, als sieben Jahre jüngeres „Nesthöckchen" als die vorgehende Schwester, noch eine Zeit lang Schulkind war, zur Stube für häusliche Arbeit geworden – wenn man da Gemüse zuputzte oder Obst zum Einsetzen vorbereitete – es war eben nicht die hübscheste Arbeit, Johannisbeeren abzubeeren,

Bohnen zu schneiden, Schoten aufzubrechen, Pilze zu putzen usw. – aber da wurde dabei vorgelesen, das mußten sich die englischen wie deutschen Romanschriftsteller gefallen lassen: Walter Scott, Cooper und Bulwer, Wilhelm Hauff, Ernst Wagner, Henriette Hanke, Caroline Pichler, Rellstab, Sealsfield u. a., sie verloren nichts von ihrer Würde. Ihre Charaktere prägten sich uns nur um so lebendiger aus und ein, als man gleichsam zusammen mit ihnen lebte, von ihnen sprach in Ernst und Scherz. Ebenso ward vorgelesen bei der gemeinsamen Näharbeit – und es gab allerdings viel zu nähen in einer so großen und immer in gutem Stand gehaltenen Wirtschaft. Nähmaschinen und Geschäfte fertiger Wäsche gab es noch nicht, und es hätte in einer Familie mit Töchtern für eine Schande gegolten, Näharbeit, selbst die einer Ausstattung außer dem Hause fertigen zu lassen, während man doch gerade auf große Wäschevorräte hielt und diese als das notwendigste Fundament eines geordneten Haushaltes betrachtete.

Hier noch Einzelnes über hauswirtschaftliche Einrichtungen jener Zeit. – Es wurden vorhin beiläufig die Decken in den Korridoren usw. erwähnt. Ich muß bemerken, daß dies schon ein großer Fortschritt war. Bislang hatte die Sitte geherrscht, über die weißgescheuerten Dielen im Wohn- und Vorzimmer und auf den Treppen weißen Sand zu sieben, er wurde täglich am Morgen weggekehrt, um so den Schmutz mit zu entfernen, und wieder frischer darüber gestreut. Ich entsinne mich noch genau, daß meine Mutter unter den ersten Hausfrauen war, welche diese entsetzliche Sitte abschafften, aber daß sie noch lange in vielen Familien bestand. Wie das bei jedem Tritt knirschte und stäubte! welche Qual für Ohren, Nerven und Lungen! wie ungesund! und wie gefährlich auf den Treppen, zumal auf Steintreppen, vollends des Abends, wenn sie nicht erleuchtet waren! Es gehörte Talent dazu, die Treppen nicht hinabzufallen, und fast täglich geschah es, besonders den Kindern. Allein der Sand gehörte so lange zur Ordnung, bis man begann, die Treppen von Stein, statt sie zu scheuern, mit Ton zu überstreichen und ihnen dadurch ein freundlicheres Ansehen zu geben. Verschwand aber der Sand auch aus den Zimmern, die Brettdielen blieben und es gehörte zum Ruhm der Hausfrau, daß sie immer blendend weiß und fleckenlos aussahen, zur Qual der Kinder, keine Flecken auf sie zu machen, und zum Entsetzen des Hausherrn, daß sie so oft gescheuert wurden! Ja, man denke nicht, daß ein halbgroßes Zimmer etwa in einem halben Tag gereinigt war – das erforderte eine ganze Tagarbeit und mehr. Schon am Abend vorher wurden in der Regel die Fettflecken auf den Dielen mit Töpferton mittelst eines Hölzchen eingestrichen – eine Hausarbeit für Kinder – ich habe sie sehr oft selbst verrichtet! Dann ward das ganze Zimmer ausgeräumt bis auf die schweren Möbel, die, wenn sie elegant waren, an die Füße gewissermaßen Strümpfe bekamen, damit sie nicht vom Wasser litten. Die Scheuerfrau mit drei Fässern erschien dann so bald es tagte, kniete auf einem Scheuerbrett und verrichtete ihre Arbeit mit Scheuersand und Strohwisch und grauen Scheuertüchern, Diele für Diele. Hatte sie ihr Werk vollendet, was wie gesagt viele Stunden dauerte, ward Sand darüber gestreut und nachher wieder weggekehrt – aber trotz alles Lüftens blieb das Zimmer den ganzen Tag naß und mit jener Atmosphäre nassen Holzes angefüllt, die Zahnschmerzen und Gliederreißen aller Art erzeugte! – Kein Wunder, daß besonders den Männern solche Scheuertage ein Greuel waren und daß sie darum gern hinter ihren Rücken angesetzt wurden, d.h. wenn sie verreisten oder außer dem Hause zu tun hatten. Aber nun der Schrecken, wenn sie früher wiederkamen als berechnet und als man fertig war – da gab es in den friedlichsten Familien Verstimmung und anzügliche Reden über den „Scheuerteufel" usw., in andern kam es zu Donnerwettern, zu Streit und Zank! Ja, wer über viele Zimmer zu verfügen hatte, da konnte man sich noch einrichten und flüchten – es war immer ungemütlich, so oft aus der gewohnten Ordnung zu kommen, aber es war doch zu ertragen. Aber nun denke man, wer nur auf ein Zimmer angewiesen! Die Verlegenheit, wenn dann Besuch kam, die ganze üble Existenz, die Erkältungen! Und in Wohnzimmern wiederholte sich dieser Auftritt jede Woche – Freitag und Sonnabend waren die beliebtesten Scheuertage! Außerdem wurden die Zimmer täglich mit Sägespänen ausgekehrt, eine Prozedur, die auch drei verschiedenartige Besen erforderte; um das Scheuern weiter hinauszurücken, rieb man auch zuweilen die Dielen mit Sand und Sägespänen auf – *das geschah mit der bloßen Hand* – Scheuerbürsten und dergleichen gab es nicht.

Es dauerte lange, ehe man einzelne Zimmer zuerst im Winter mit wollenen Teppichen ausschlug, dann kam das Wachstuch dazu auf, später bohnte man die Dielen braun, dann lakkierte man sie, bis man beim heutigen Parkett angelangt. Wie viel ist nur dadurch an täglicher Hausarbeit erspart, wie sind die Scheuertage zur lächerlichen Sage geworden!

Auch die großen Wäschen – die andern Schreckenszeiten der Männer in den Familien – kommen nur noch in wenigen vor, und wo man sie noch veranstaltet, da ist die Schreckenszeit durch die Wasch- und Wringmaschinen und durch die Fortschritte nicht allein der Industrie, sondern auch der Humanität sehr abgekürzt. Die Waschfrauen der alten Zeit erschienen in der Regel schon früh um drei Uhr bei ihrer Arbeit, meist galt es erst aus selbstgesammelter Holzasche die Lauge zu bereiten, an deren Stelle wir uns jetzt der Soda bedienen, und so standen sie dann bis zum späten Abend im zugigen dumpfen Waschhaus bei ihrer beschwerlichen Arbeit. Nachher ging es auf den Bleichplatz, wo sie in der Regel zwei Tage und eine Nacht zubrachten, letztere oft unter freiem Himmel auf nasser Wiese, dicht am Wasser, und wenn die Wäsche gespült ward, so wateten sie oft stundenlang im Fluß, nachdem sie vorher den heißesten Brand der Mittagssonne ertragen. [. . .]

So lebte man denn Jahr aus Jahr ein in der Arbeit und dem Frieden der Häuslichkeit, wie einer anspruchslosen, ebenfalls meist an das Haus anknüpfenden Geselligkeit fort. Man hatte wohl auch Zeit zu Schlittenpartien und Bällen, man gab Gesellschaften und nahm Einladungen zu denen anderer Familien an, man huldigte dem Dilettantismus in der Kunst, man ging ins Theater und beteiligte sich wohl selbst an Liebhabertheatern und Wohltätigkeitskonzerten – man ging im Sommer in Gartenkonzerte und machte gemeinschaftliche Spaziergänge und Landpartien zu Fuß – wobei man sich oft mit „Semmelmilch" oder neuen Kartoffeln und Wein begnügte –, aber es jagte nie ein Vergnügen das andere, man genoß sie in Zwischenräumen, denn man fühlte sich doch verpflichtet bei so viel häuslicher Arbeit, mehr *im Hause* zu leben, als *außerhalb* desselben, die Freuden des Familienlebens wurden weder von Männern noch Frauen gering geachtet. Jene fühlten sich am Abend daheim wohler als im Wirtshaus, der Restauration, dem Klub – diesen wäre es nie eingefallen, den Gemahl in die Restauration zu begleiten, sie hatten die Überzeugung, daß sie damit nicht allein ihre Hausfrauenwürde, sondern überhaupt einen Teil ihrer weiblichen Würde aufgeben müßten – die Abende im Familienkreis waren für Eltern und Kinder doch immer die traulichsten und gemütlichsten.

Dabei verliefen denn die Winter nie so aufregend und nervenabnutzend, mit so viel durchschwärmten Nächten und raffinierten Genüssen, daß es dann im Sommer nötig geworden wäre, sich davon in einem Bade, auf Reisen und in Sommerfrischen zu erholen – man fragte einander nicht: „wo werden Sie diesen Sommer hingehen?" ... sondern man war glücklich, wenn man einen Garten am Hause hatte oder eine bescheidne, stille Sommerwohnung, ein Lusthäuschen in nächster Nähe. – In Bäder reisten nur die wirklich Kranken und von diesen auch nur die wohlhabenden und reichen – denn wenn auch die Preise des dortigen Aufenthaltes in keinem Verhältnis standen zu den gesteigerten der Jetztzeit, so war doch die Reise selbst zu teuer und man fühlte sich eben zu sehr an das eigne Haus gefesselt.

Das häusliche Glück – für Arbeiterfrauen
(1881)

Ordnung im Hause

Zeit ist Geld, sagt der Kaufmann, und jeder fleißige Arbeiter wird bestätigen, daß es wahr ist. Die Zeit ist ein kostbares Gut, jede Vergeudung derselben ist ein großer Verlust – auch für die Hausfrau. Will sie aber recht viel von dem kostbaren Gut der Zeit gewinnen, dann muß sie sich streng an Ordnung gewöhnen, Ordnung halten in allen Zimmern und nach einer bestimmten Ordnung ihre Arbeiten einrichten. Ohne Ordnung wird sie aber auch niemals ein angenehmes und gemüthliches Familienleben zu schaffen im Stande sein. Läßt sie nur einen Theil des Hauswesens in Unordnung gerathen, dann ist es mit der guten Laune des Mannes und auch mit ihrer eigenen Zufriedenheit ganz aus.

Um Ordnung zu halten, befolge die Hausfrau mit der größten Pünktlichkeit immer den Grundsatz: „Alles an seinem Ort und alles zu seiner Zeit." [. . .]

Alles zu seiner Zeit.

Die Zeit, wann jede einzelne Verrichtung im Haushalte geschehen solle, genau zu bestimmen, ist nicht möglich; wohl aber giebt es gewisse allgemeine Regeln, die durchaus beobachtet werden müssen, wenn die Hausfrau auch Ordnung in ihre Arbeiten bringen will. Alle Arbeiten werden ihr leicht, sie gewinnt für Alles die nöthige Zeit und Ruhe, sie wird nichts Wichtiges vergessen oder unterlassen und ihren Mann dadurch unzufrieden und mißmuthig machen, wenn sie diese Regeln befolgt. Die erste Regel ist:

1. Früh aufstehen und nicht eher zu Bett gehen, bis alle im Tage gebrauchten Sachen wieder geordnet an ihrer Stelle stehen.

Trägheit im Aufstehen bringt alle Tagesarbeit in Unordnung, entweder muß sie zu hastig und nachlässig geschehen, oder zum Theil unterbleiben. „Morgenstund hat Gold im Mund" gilt für die Hausfrau noch mehr wie für andere.

2. Alle täglich nöthigen Arbeiten müssen zu bestimmter Zeit geschehen und nicht auf eine andere Zeit aufgeschoben werden.

Nach dem Aufstehen sei das Auslegen des Bettes die erste Arbeit, dann folge die Besorgung des Frühstücks, darauf das Bettmachen, – Schuhputzen, – Lampenreinigen – und Auskehren nebst Lüften der Zimmer.

Diese Arbeiten müssen immer vor dem Beginn der Küchenarbeiten zur Bereitung des Mittagessens vollendet sein. Nach Tisch muß ohne Zeitvergeudung sofort gespült, Zimmer gekehrt und gelüftet werden, um die Zeit bis zur Besorgung des Abendessens für Waschen, Nähen, Stricken oder für andere nutzbringende Arbeiten frei zu haben.

3. In jeder Woche müssen bestimmte Tage für Waschen, Nähen, Stricken und Putzen festgesetzt sein.

Ein für alle Mal sei der Montag zum Waschen, der Dienstag zum Bleichen, Mittwoch zum Nähen und Flicken, Donnerstag zum Bügeln, Freitag zum Nähen, Stricken oder Stopfen, der Samstag zum Einkaufen und Putzen bestimmt.

Wird das Waschen von einer Woche auf die folgende verschoben, dann ist die Arbeit für eine Hausfrau, die keine Magd und keine Aushülfe haben kann, zu groß, alle übrigen Arbeiten müssen darunter leiden und die größte Unordnung im Hauswesen ist die nöthige Folge. Der Mann findet bei der Heimkehr von der Arbeit noch Bütten, Wäsche, Seifengeruch überall im Wege, findet das Essen nicht zeitig oder schlecht zubereitet und wird mißmuthig und bös gelaunt. Dasselbe tritt ein, wenn der Montag vertändelt und erst Dienstags mit dem Waschen begonnen wird, weil auch in diesem Falle Zeit und Ordnung für die übrigen Arbeiten mangeln.

Ausnahmen von obiger Regel dürfen nur im Nothfalle, bei Krankheitsfällen, oder zur Ausführung des vorn angeführten großen Hausputzes eintreten.

4. Die Ausgänge zum Einkauf und zu Bestellungen sollen so selten wie möglich und an bestimmten Tagen geschehen.

Ehe die Hausfrau einen Ausgang macht, überlege sie, ob sie auf demselben Wege nicht auch andere Geschäfte zugleich besorgen kann. Würde sie für jede fehlende Sache einen besonderen Gang machen, dann verlöre sie viele kostbare Zeit und würde dadurch alle ihre Tagesarbeiten und das ganze Hauswesen in Unordnung bringen.

Jugend in Dresden
(1900–1914)

von Julie Kaden

Fast ist es mir peinlich, den Mädchen späterer und sicher praktischerer Generationen zu erzählen, was ich damals alles noch *nicht* wußte. Ich denke jetzt besonders an Haushaltführen, Kochen, Nähen und jede Art praktischer Betätigung, wovon ich auch nicht die blasseste Ahnung hatte. Woher hätte ich sie allerdings auch haben sollen? In den letzten Schuljahren wegen Bleichsucht vom Handarbeitsunterricht dispensiert, zog ich meine von Frau Baumgarten angemessenen und aufs beste genähten Kleider an, ohne mir irgendeine Vorstellung zu machen, aus was für Teilen so ein Ding zusammengesetzt wird. Und mit meiner feinen, handgestickten Unterwäsche erging es mir genauso. Gewaschen wurden meine Sachen vom Hausmädchen, gebügelt von der Jungfer, durchgesehen und ausgebessert von Sissi; ich hatte nichts zu tun, als sie zu tragen. Im Hause gab es erst recht keine Tätigkeit, bei der meine Hilfe gebraucht wurde. Eine Köchin, ein Diener, eine Jungfer, ein Stubenmädchen und ein Hausmädchen – dieser Troß genügte natürlich, um das Haus in peinlichster Ordnung zu halten. Es wäre auch weder erwünscht noch schicklich gewesen, daß die kleine Tochter des Hauses selbst zum Besen oder gar zum

Scheuerlappen griff. Und noch weniger schicklich war es, daß sie, solange sie noch in die Schule ging, sich in der Küche herumtrieb, in deren Nebenräumen doch der Diener tätig war. So wäre ich, die ich täglich das gepflegteste Essen vorgesetzt bekam, rettungslos verloren gewesen, wenn einer von mir verlangt hätte, einen Haferflockenbrei zu kochen oder ein Spiegelei zu machen. Ich hätte ja zuerst gar nicht gewußt, wie ich in dem großen Herd Feuer machen sollte – und einen Gasherd daneben hatten wir, soviel ich mich erinnere, noch nicht.

Geht ein Mädchen bei den täglichen Arbeiten in der Wirtschaft der Mutter zur Hand, so wird sie das Abc der Kochkunst schnell beherrschen, ohne es je gelernt zu haben. Wird man aber mit 17 Jahren in einer großen Küche, in der allerhand dienstbare Geister tätig sind, als „Haustochter" neben eine perfekte Köchin gestellt – nicht, um dieser zu helfen, denn das ist ja nicht nötig, sondern um bei ihr das Kochen zu lernen –, so steht man einigermaßen hilflos und unglücklich da. Mit Unbehagen sieht man die Gesichter ringsherum sich zu einem unangenehmen Lachen verziehen, wenn man seine Unwissenheit durch eine Frage erkennen läßt. Selber mit anfassen darf man nicht, da die Köchin ja nicht riskieren kann, daß der Braten anbrennt oder die Nachspeise mit den vielen guten Zutaten verdirbt. Die „Mamsell" ist ja auch nicht als Lehrerin, sondern als Köchin engagiert und hat gar keine Lust, ihre Geheimnisse preiszugeben. So steht man, ohne viel zu lernen, mit baumelnden Armen in einer feindlichen Atmosphäre, verwünscht die Stunden und schielt auf die Uhr. Mir jedenfalls ging es so, und ich habe von den zwei Vormittagen, die ich jetzt eine Zeitlang jede Woche in der Küche zuzubringen hatte, nichts behalten als einen unangenehmen Nachgeschmack. Die Entscheidung, was ich als Beruf ergreifen könne, war wegen meiner restlosen Unentschlossenheit vertagt worden. So hatten wir im Familienrate entschieden, daß ich fürs erste meine Zeit zwischen Haushalt, Allgemeinbildung und Vergnügen aufteilen sollte. [...]

Taylorismus im Haushalt
(1920)

von Gustav Winter

Hat man sich davon überzeugt, daß der Taylorismus in jedem Betriebe, in dem hauptsächlich körperliche oder an deren Stelle maschinelle Arbeit geleistet wird, nutzbringend anzuwenden ist, dann wird es nicht wunder nehmen, wenn man erfährt, daß auch der Haushalt, also einer der kleinsten und manchmal sehr einfachen Betriebsformen, zu taylorisieren ist.

Aber man dürfte staunen, wenn man schon ganz oberflächliche Berechnungen darüber ansieht und die dabei zutage tretenden Ersparnisse an Geld, Zeit und Arbeit und die Verhütung von Gesundheitsschädigungen betrachtet. Gerade und ganz besonders im Haushalt, in dieser unkontrollierten Werkstätte, herrschen oft „Betriebsverhältnisse", die die Hausfrau keinem fremden Menschen zumuten würde. Was da von mancher Hausfrau an Übermaß von Kraftaufwendung, an Zähigkeit, Übermüdung, an Hast und Erschöpfung aufgebracht wird, ist oft unverantwortlich. Und es ist ganz besonders unverantwortlich, weil mindestens 50 Prozent davon unnötig, d. h. vollständig überflüssig sind.

Auch der ordentlichsten Hausfrau könnte und müßte man sagen, daß sie viel zu viel Zeit durch planlose Unordnung vergeudet. Wieviel Zeit wurde nicht schon vergeudet, als man den „verlegten" Kragenknopf, die Krawatte, die Handschuhe oder sonstige „Kleinigkeiten" nicht fand, wieviel Ärger gab es, weil man nicht rechtzeitig – Feuer machte, das Essen ansetzte, die Plättwäsche fortschaffte, den Einkauf besorgte, dies oder jenes dabei „vergessen" hatte usw.; wieviel Zeit wäre gewonnen, wenn man nicht – usw. vom – leider – notwendigen oder nicht notwendigen Schlangenstehen nach Marken, Lebensmitteln, Konfituren usw., gar nicht zu reden; Zeiten wurden vergeudet, Gelder verschwendet, Gesundheiten zerstört, alles durch den

Mangel an fremder oder eigener Organisation des kleinsten Betriebes: Haushalt; – alles wegen der unwissenschaftlichen Betriebsführung; alles, weil man sich nicht fragte: „ob dies nicht alles besser, einfacher, schneller, rentabler oder auch gefahrloser gemacht werden könnte." [. . .]

Gewiß ist es schon ganz nett, wenn man die Goetheworte befolgt: „Doch Ordnung lehrt euch Zeit gewinnen", oder sich so aufführt, daß Schiller sagen kann: „Und drinnen waltet die züchtige Hausfrau, vermehrt den Gewinn mit ordnendem Sinn", aber die „heil'ge Ordnung, segensreiche" macht es nicht allein und sie macht es ganz und gar nicht, wenn sie planlos, nur hier und da, also nicht gut organisiert, eingeführt ist.

Wohl ist es schon ganz praktisch, wenn eine Hausfrau ihr Tagwerk „nach der Uhr" vollbringt, aber großzügig und „große Überschüsse abwerfend" wird es erst ausgeführt werden können, wenn man planmäßig alle unnützen Handgriffe und Bewegungen bei den Arbeitsprozessen ausschaltet und sie durch nützliche ersetzt, wenn man geeignetere Werkzeuge und Hilfsmittel benutzt, wenn man alle benötigten Materialien rechtzeitig zur Hand, alle Hilfsmittel in gutem Stand hat, wenn man die praktischen Normalien und Spezialitäten benutzt, wenn man eben nach den Grundsätzen der wissenschaftlichen Betriebsführung arbeitet.

Wieviel ist z. B. während des Krieges für die Kochkiste und ähnliche thermophore Einrichtungen Propaganda getrieben worden und wie wenig Hausfrauen haben sich die Zeit und Feuerung sparende alte Neuigkeit zunutze gemacht? Man ist über den üblichen Einwand gestolpert, die Anschaffungskosten seien zu hoch. Trotzdem haben manche tüchtige Arbeiterfrauen sich eine ganz billige Kochkisteneinrichtung im Bett eingerichtet; sie hat sich außerordentlich bewährt. Aber weder die Zeitungsredaktionen noch die Ortskohlenstellen konnten für eine öffentliche Propagierung dieser praktischen und kostenlosen Ersparung unserer schwarzen Diamanten gewonnen werden. Mit dem üblichen überlegenen und „geistvollen" Lächeln wurden solche guten Ratschläge ad acta gelegt.

Überall kann man sparen und taylorisieren.

Es ist schon früher einmal das Beispiel der Waschfrau herangezogen worden, welche nach tayloristischen Begriffen die nasse Wäsche auf einem kleinen Wagen immer den noch freien Stellen der Wäscheleine zuschiebt, damit sie das ständige Bükken und Zurücklaufen vermeidet. In diesem Sinne wäre nun jede Tätigkeit der Hausfrau zu prüfen und zu reformieren.

Erstmalig hat eine Amerikanerin, Mrs. Frederic, den Versuch unternommen, den Haushalt tayloristisch zu reformieren und hat die anscheinend ausgezeichneten Ergebnisse in einem leider nur in englischer Sprache erschienenen Buche „Der neue Haushalt" veröffentlicht. [...]

Etwas drastisch beschreibt Frau Frederic, wie die ‚unwissenschaftliche' Durchschnittshausfrau vorgeht, wenn sie einen Kuchen backen will. Anstatt daß sie zunächst alles, was sie dazu braucht, sich auf den Tisch stellt, bevor sie anfängt, schlägt sie die Eier, dann läuft sie weg und holt den Zucker, dann unterbricht sie die Arbeit abermals, weil das Mehl fehlt und wahrscheinlich hat sie dann noch die Milch im Eisschrank vergessen. Wir sehen hier die Parallele mit dem Arbeiter in der Fabrik, der seine Zeit nicht mit Warten und Umherlaufen vertrödeln soll.

Für ihre Tagesarbeit hat unsere Amerikanerin ein genaues Programm ausgearbeitet, an das sie sich streng hält, und in dem auch genügend Zeit für unvorhergesehene Unterbrechungen, Besuche und dergleichen vorgesehen ist. Um dieses Programm aufstellen zu können, mußte sie erst regelrechte Zeitstudien vornehmen, da sie sonst die Zeitdauer der einzelnen Arbeitsbetätigungen nicht richtig hätte in Rechnung setzen können. So sehen wir in ihrer pünktlich zusammengestellten Zeittabelle:

Kind baden	15 Minuten
Badezimmer reinigen	20 ''
5 kleine Zimmer abstauben	30 ''
Silber polieren	10 ''

und außerdem gibt sie für die einzelnen Gerichte, wie Pfannkuchen machen, Eier auf die verschiedenen Härtegrade sieden usw. noch die genauen Zubereitungszeiten an.

Ein großes Kapitel ist den Küchengeräten, Reinigungswerkzeugen, der Wäsche- und Bügeleinrichtung und ihrer zweckmäßigen Form gewidmet. Außerdem führt sie eine genaue Liste darüber, wie lange die einzelnen Küchenvorräte reichen:

1/2 Pfund Kaffee	. . . .	1 Woche,
4 " Zucker	. . . .	1 " (!)
3 1/2 " Mehl	. . . .	1 "
2 1/2 bis 3 Pfund Butter	. . . . . .	1 Woche(!)
1 Pfund Speck	. . . .	2 Wochen usw.

damit sie rechtzeitig einkaufen kann, stets hat, was sie braucht und keine unnütze Zeit mit Warten auf das Fehlende verliert.

An Stelle des Kochbuchs führt sie ein Kartenregister mit alphabetisch geordneten Kochrezepten, worin die Lieblingsspeisen des Hausherrn auf rote Karten geschrieben werden können. Daneben führt sie noch ein ausgedehntes Kartenregister, das Handschuh-, Kragen-, Schuh- und Wäschegrößen der ganzen Familie enthält, – das Auskunft gibt über alle vorgekommenen Krankheitsfälle, deren Verlauf und Zeitdauer, – in dem man alle Geburts- und sonstigen Gedenktage für die ausgedehnte Verwandtschaft findet, – ja sie führt sogar ein Kartenregister darüber, wo die in Schränken und Schubladen aufbewahrten Gegenstände zu finden sind, von dem richtigen Gedanken ausgehend, daß man letzten Endes viel Zeit spart, wenn man das einmal richtig aufschreibt und dadurch vermeidet, daß man das ganze Haus umkehren muß nach jenen weißen Sommerhandschuhen, von denen man doch ‚ganz genau wußte‘, daß man sie in das oder jenes Fach gelegt hatte.

Zur Zeit übersetzt und verdeutscht ein praktischer Schriftsteller das ganze Büchlein und läßt es bei Julius Springer, Berlin, erscheinen; es dürfte trotz seiner Schwächen eine brauchbare Grundlage für die Taylorisierung auch des deutschen Haushalts bilden.

„Viel schöner stelle ich mir
eine Gemeinschaftsküche vor . . ."
(1930)

Ehemalige Textilarbeiterin, 20 Jahre:

Ich kann mich der glücklichen Lage erfreuen, ein schönes, sonniges Heim zu besitzen. Morgens wache ich, von der Sonne geweckt (wenn sie scheint), früh auf und gehe meinen Hausfrauenpflichten nach. Ich bin 20 Jahre alt und seit Januar 1928 verheiratet. Mit meiner Schulentlassung trat ich in den Produktionsprozeß als Fabrikarbeiterin ein und erlernte im 16. Lebensjahr den Stickerinnenberuf, welchen ich *bis zu meiner Ehe innehielt. Da ich nie im Haushalt tätig war, muß ich jetzt viele häuslichen Schwierigkeiten überwinden lernen.* Ist gegen 11 Uhr die Hausarbeit erledigt, so kann ich bis 4 Uhr die Zeit verbringen, wie es mir paßt. Wenn das Wetter gut ist, so fahr ich oft hinaus und nehme Luftbäder, natürlich muß die unvermeidliche Lektüre immer dabei sein. Ist das Wetter schlecht, so lese, schreibe oder lerne ich in aller Ruhe und Stille; ach, es wartet noch so viel Verbandsarbeit auf mich. Um halb 5 Uhr kommt mein Mann, wir speisen und jeder geht dann seinen eigenen Interessen nach. Ich habe gerade in dieser Zeit so viele Versammlungen, die ich *unmöglich* besuchen könnte, wenn ich noch einer *beruflichen* Beschäftigung nachgehen würde. Die Verbandsarbeit macht mir manchmal sehr viel Freude, denn die Hausarbeit *alleine* kommt mir kleinlich vor und *befriedigt mich nicht.* So versuche ich nun, Verbandsarbeit und Hausarbeit harmonisch zu verbinden. Ich versuche, mir mein Leben so vielseitig und interessant zu gestalten, daß es mir lebenswert erscheint.

Das Wochenende benutze ich zur Erholung und versuche, es mir und meinem Manne so nutzbringend wie möglich zu gestalten. Die Voraussetzung dafür – ein früher Arbeitsschluß am Sonnabend – ist leider nicht *allen* Arbeitsschwestern beschieden.

Besonders gerne wandern wir, um ein wenig das Häusermeer der Großstadt vergessen zu können. Gerade Sonnabend nachmittag und Sonntag verlebe ich ganz anders (und ich empfinde – besser) wie viele andere Menschen ... Baden, Wäsche und Wohnungsreinigen verschiebe ich auf andere Wochentage. Sonntags wird fast nie besonders gekocht, sondern ich koche Sonnabends reichlicher und habe dann am Sonntag auch meinen freien Tag.

Viel schöner stelle ich mir eine Gemeinschaftsküche vor, die preiswert, gut und schnell das Essen herstellt. Lächerlich kommt es mir immer wieder vor, wenn ich meine (für zwei Personen) wenigen Kartoffeln schäle usw. und ein Stockwerk tiefer oder höher macht jede Hausfrau dasselbe!!! *Im Zeitalter der Rationalisierung ein unbegreiflicher Zustand* und wieviel Werte gehen dabei verloren! Ich erziehe allerdings meinen Mann so, daß ihm *alles* schmackhafte Essen schmeckt, nicht *nur* das, was ihm ausgerechnet „seine Frau" bereitet! Ein Grammophon habe ich „leider" nicht im Hause, dafür aber Rundfunk durch Lautsprecher. Eine feine Sache; bei der Hausarbeit, beim Nähen, Stopfen und Handarbeiten höre ich gern Musik und gute Vorträge an. Ich bedaure nur tief, daß die Arbeiterschaft auf die Radio-Darbietungen so gar keinen Einfluß nimmt und daher so viel bürgerlicher Schmus serviert wird. Nachher wundern sich die Gewerkschaftsführer über mangelndes Organisations-Interesse gerade bei den Frauen. Wann wird mal ein gewerkschaftlicher Vortrag gefunkt, wann etwas, wobei die Arbeiterin sich auf ihre Klassenlage besinnt? Also auch hier Einfluß zu gewinnen suchen!

Verkürzen wir die Arbeitszeit auf vier oder sechs Stunden, wie es heute schon die Technik und vernünftige Bedarfswirtschaft erlauben würde, und dazu auskömmlichen Lohn – so steigert sich in uns das Gefühl: Mensch zu sein und kein Arbeitstier! Dann blüht auch in unserem Textilarbeiter-Verband ein *reges Frauenleben!*

Hausarbeitstag
(1948)

Gesetz über Freizeitgewährung für Frauen mit eigenem Hausstand, 27. Juli 1948 (NRW)

§ 1

1. In Betrieben und Verwaltungen aller Art haben Frauen mit eigenem Hausstand, die im Durchschnitt wöchentlich mindestens 40 Stunden arbeiten, Anspruch auf einen arbeitsfreien Wochentag (Hausarbeitstag) in jedem Monat.

§ 2

1. Der freie Hausarbeitstag wird mit dem Tagesdurchschnittslohn der vorangegangenen Lohnberechnungsperiode bezahlt.

2. Vor- und Nacharbeit der infolge des freien Hausarbeitstages ausfallenden Arbeitszeit darf nicht gefordert werden.

§ 3

1. Das Gesetz tritt mit seiner Verkündung in Kraft.

2. Entgegenstehende Bestimmungen treten außer Kraft.

Das Gewerbeaufsichtsamt Essen über die Auswirkungen des Hausarbeitstages, 18. Juli 1949

Bisher hat das Gesetz über Freizeitgewährung für Frauen mit eigenem Hausstand weitgehend keine Anwendung gefunden.

Besonders auffällig ist die Haltung des Einzelhandels; hier haben bisher auch zahlreiche große Kaufhäuser den Hausarbeitstag noch nicht gewährt, obwohl gerade in diesem Wirtschaftszweig die wenigsten Störungen zu erwarten sind, weil die Frage der Vertretung viel leichter zu lösen ist als beispielsweise in der Textilindustrie.

Dagegen haben die beiden großen Textilbetriebe des hiesigen Bezirkes den Hausarbeitstag sofort eingeführt, obwohl er einen empfindlichen Produktionsausfall bedeutet (20 Prozent der Textilarbeiterinnen haben Anspruch auf den Hausarbeitstag). Abgesehen davon, daß beispielsweise eine Spinnerin nicht als Weberin eingesetzt werden kann, ist auch die Vertretung der Weberinnen untereinander kaum möglich – nicht nur wegen der verschiedenen Webstuhltypen, sondern weil auch die Verantwortung für das Webstück erfahrungsgemäß am besten bei einer Person bleibt.

In der Bekleidungsindustrie wirkt sich der Hausarbeitstag ebenfalls ungünstig aus, weil zu wenig Springerinnen vorhanden sind; im allgemeinen ist die Abneigung der Arbeiterinnen gegen den Einsatz als Springerin groß und schwer zu überwinden. Verschiedene Betriebe haben diese Schwierigkeiten dadurch umgangen, daß sie die 5-Tage-Woche eingeführt haben.

In den kleinen Betrieben ist der Hausarbeitstag durchweg nicht gegeben worden.

Im übrigen haben einige Betriebsräte ihre Kolleginnen gewarnt, den Hausarbeitstag zu beanspruchen – mit dem Hinweis, daß bei schlechtem Geschäftsgang solche Kräfte womöglich zuerst entlassen werden.

Eine ältere Angestellte in gehobener Stellung erklärte, daß sie den Hausarbeitstag ablehne, weil er mit dem von ihr verfolgten Ziel der Gleichberechtigung der Frauen mit den Männern nicht zu vereinbaren sei, und weil er den Start der Frauen beim Wettbewerb mit dem Manne verschlechtere.

„Wirklich lustig ist nur das Hausfrauenleben"
(1989, BRD)

von Elsbeth Voigt

Pflücke den Tag

Eines der wenigen Zitate aus dem Lateinunterricht, das mir im Gedächtnis blieb, ist das „carpe diem" von Marc Aurel, dem Philosophen auf dem Kaiserstuhl. Vielleicht habe ich es deshalb nicht vergessen, weil mir auch in jungen Jahren schon einleuchtete, wie ungemein wichtig es ist, jeden Tag auszukosten, alles, was er bietet mitzunehmen, nichts von ihm ungenutzt zu lassen. Und eben diese Möglichkeit hat die Hausfrau!

Und mit dieser Feststellung beginne ich nun endlich meinen Lobgesang auf das Hausfrauenleben. Die Hausfrau hat die Möglichkeit der relativ freien Arbeitseinteilung und ist damit den meisten ihrer Schwestern, die in Lohn und Arbeit stehen, schon ein gutes Stück voraus. Die Einschränkung „relativ" besteht deshalb, weil auch in Haushalt und Familie bestimmte Pflichten zu bestimmten Zeiten erfüllt werden müssen. Auch wenn man ein ausgesprochener Morgenmuffel ist, sollte man sich aufrappeln und das Frühstück für den Rest der Familie richten, bevor diese zur Arbeit und Schule aufbricht. Auch wenn einem so ganz und gar nicht der Sinn nach Waschen und Bügeln steht, sollte man sich dazu durchringen, bevor die Kinder im Januar, in Ermangelung sauberer warmer Wintersachen, zu T-Shirt und kurzen Hosen greifen müssen. So gibt es ein ganzes Bündel von Arbeiten, die sich im täglichen, wöchentlichen, monatlichen Rhythmus wiederholen. Aber der Freiraum ist, dank der Möglichkeit der variablen Einteilung dieser Pflichten, dennoch immens groß:

Ich, als Hausfrau, kann das neue Buch schnappen, die Fenster, die ich an diesem Montagmorgen putzen wollte, Fenster sein lassen und endlich auf einer Decke liegend das langersehnte Sommerwetter genießen. Wer weiß schon, ob es bis zum nächsten Wochenende anhält?

Ich, als Hausfrau, kann am Mittwochmorgen die Picasso-Ausstellung besuchen und mir in Ruhe ein Bild nach dem anderen zu Gemüte führen. Meine arme berufstätige Nachbarin muß sich am Samstagnachmittag in die Schlange vor dem Museum einreihen, um dann – en masse – in Windeseile durch die Hallen geschleust zu werden, ein fragwürdiger Kunstgenuß. Ich erledige zur selben Zeit in aller Ruhe die Bügelwäsche, die am Mittwoch liegengeblieben ist. Ich, als Hausfrau, kann am frühen Nachmittag Tennis spielen, wenn die Anlage angenehm leer ist, und muß mich nicht am Wochenende um die begehrten Plätze „kloppen".

Ich, als Hausfrau, kann mit meinen Kindern zum Schwimmen gehen, wenn das Quecksilber des Thermometers die 30 Grad-Marke überschritten hat. Ich muß sie nicht vertrösten auf das Wochenende, an dem es – nach starken Gewittern am Freitagabend – wieder abgekühlt ist, so daß nur noch ganz unerschrockene Wasserratten sich in die unangenehm kühlen Fluten stürzen. Ich kann auch am Wochenanfang mit meinem Nachwuchs in den frisch gefallenen Schnee gehen, um den Tag mit Rodeln zu verbringen. Am Wochenende, wenn meine berufstätige Freundin mit ihrer Tochter dasselbe tun will, ist die weiße Pracht garantiert geschmolzen. Man sieht, als Hausfrau habe ich wirklich optimale Möglichkeiten, das, was sich mir und meiner Familie an Aktivitäten und Freizeitvergnügen bietet, mitzunehmen. Kein starres Zeit- bzw. Arbeitssystem engt mich ein. Wahrlich, Marc Aurel hätte seine helle Freude an mir!

Allen besserwissenden Kritikern sei gesagt: Auch ich kenne die Hausfrau, die montags wäscht, dienstags bügelt, mittwochs die Gartenarbeit erledigt, donnerstags putzt und am Freitag einkauft. Und nichts, weder der ausbrechende dritte Weltkrieg noch der angesagte Weltuntergang können diesen Plan ins Wanken bringen. Ein behördlicher Dienstplan könnte nicht schlimmer sein als solch ein starres Zeitkorsett. (Ich habe übrigens festgestellt, daß der gleiche Typ Hausfrau einen ebenso unflexiblen Speiseplan hat: montags Eintopf, dienstags Pfannkuchen, mittwochs Bratwurst, donnerstags Kartoffelpuffer, freitags Fisch, samstags Erbsensuppe und sonntags, im vierzehntägigen Wechsel, Rinder- oder Schweinebraten. Aber auf das Thema „Kochen" komme ich später zurück!)

Daneben existiert auch die Hausfrau, die trödelt, ohne jedes Konzept in den Tag hinein lebt, mit Schwätzchen hier und Kleinigkeiten da die Zeit totschlägt, um dann, wenn der Ehemann abgehetzt von der Arbeit nach Hause kommt, diesem noch einen Großteil der Hausarbeit aufzubürden. Das ist der Typ Hausfrau, bei dem ein Großteil der Mahlzeiten aus den ach so beliebten Dosenravioli besteht und deren Kochdevise im übrigen eine frappierende Ähnlichkeit mit dem Werbespruch einer deutschen Hähnchenrestaurantkette hat: „Heute bleibt die Küche kalt ...".

Wenn ich also davon spreche, daß die Hausfrau den Vorteil hat, ihre Arbeit selbständig einteilen zu können, setze ich gleichzeitig – auch bei allen noch folgenden Ausführungen – voraus, daß sie über ein gehöriges Maß an Kreativität, Flexibilität und Spontaneität verfügt und überdies Pflichtbewußtsein, ein gutes Organisationstalent und sehr viel Disziplin besitzt.

Keine Zeit für Langeweile

Meinen Exkurs über die unterschiedlichen Arten von Hausarbeit möchte ich kurz halten. Das Thema ist in Hauswirtschaftsbüchern und den Ratgebern der Hausfrauengewerkschaften mit Sicherheit besser aufgehoben. Das Spektrum der Hausarbeit reicht von der Verwaltung des Familieneinkommens über Kindererziehung, Krankenpflege, Gartenarbeit, Wäschepflege bis hin zu Kochen und Putzen. Dazu gehört außerdem die Pflege der Zimmerpflanzen, das Halten von Haustieren, die Gästebetreuung, das Einkaufen, das Gestalten der Wohnung und schließlich das Handarbeiten. (Auf einige dieser Arbeiten komme ich später unter dem Aspekt ihrer Kreativität noch zurück.) So grotesk diese Mischung auch anmuten mag – es kann sehr wohltuend sein, wenn verschiedenartige Arbeiten einander ablösen.

Wenn man sich stundenlang am Schreibtisch mit Zahlen herumgeschlagen hat, ohne jedoch herausgefunden zu haben, wie das zunehmend größer werdende Loch im Budget zu stopfen wäre, dann kann es geradezu ein Labsal sein, endlich zu Eimer und Wischer greifen und den Frust der vergeblichen Geistesarbeit an den Fenstern auslassen zu können. Angenehm ist auch der Wechsel zwischen leichter und schwerer körperlicher Arbeit. Hat man die Betten der ganzen Familie erst ab-, dann neubezogen oder im Garten das Kartoffelbeet umgegraben (und dabei bemerkt, daß die Knochen auch nicht mehr das sind, was sie mal waren), dann wird man es förmlich genießen, im Sessel sitzend, die längst fälligen Reparaturen an der Kindergarderobe vorzunehmen.

Auch der Wechsel zwischen kreativer und stumpfsinniger Tätigkeit ist wohltuend. Nachdem ich stundenlang Fliesen und Becken in Küche, Bad und Toilette geputzt habe und auch das Klo wieder zitrusfrisch duftet und proper strahlt, stürze ich mich mit Genuß auf die Planung eines anspruchsvollen, mehrgängigen Essens. Denn, wenn ich als Gastgeberin kulinarischen Gaumenschmaus bieten und dabei nicht nur in der Küche stehen will, muß das Menü detailliert und minutiös entworfen werden.

Summa summarum: Die vielen im Haushalt anfallenden Detailarbeiten geben der Hausarbeit als Ganzes ein höchst interessantes Gepräge. [...]

„Wenn ich bloß wieder arbeiten könnte"
(1971, DDR)

Meine Frau hat Krankenschwester gelernt, aber sie konnte die Lehre nicht abschließen, weil sie 4 Geschwister hatte, sie war die Größte und der Vater fuhr zur See, so gab es einige Probleme. Später hat sie mehrere Jahre als Hilfsschwester in Krippen und Heimen gearbeitet, und zur Zeit ist sie wegen unserer drei Kinder Hausfrau. Unsere Kinder sind sehr anfällig. Als meine Frau noch in der Krippe arbeitete, haben wir sie im Kindergarten gehabt und den Jungen in der Krippe. Nach zwei, drei Wochen waren sie alle krank, es war nichts zu machen. Wir haben da mit der Ärztin gesprochen, wir haben alle Möglichkeiten versucht, das ging sogar so weit, daß wir eins der Kinder in die Wochenkrippe geben wollten. Das haben wir eine Woche versucht, die zweite Woche war das schon nicht mehr drin. Sie sind auf ihre Art empfindlich, sie können sich nicht anpassen und sind sehr eigensinnig, vielleicht ein bißchen zu selbstbewußt, und das ist für Kinder in so einem Bereich nicht angebracht. Wir haben Nachbarschaftshilfe versucht, haben Verbindung mit anderen jungen Frauen, die zu Hause sind oder krankheitshalber zu Hause sein mußten, das waren alles Notlösungen. Meine Frau hat schon versucht, in Krippenheimen Nachtdienst zu machen, damit sie am Tag bei den Kindern sein kann, aber das ging wohl ein bißchen zu weit, sie ist ein paarmal zusammengeklappt und schließlich haben wir gesagt: „Jetzt ist Schluß." Doch ich höre jede Früh, jeden Mittag und jeden Abend von ihr: „Wenn ich bloß wieder arbeiten könnte." Es geht nicht allein um's Geld, man kann es brauchen, sicher, aber andererseits will sie unter Menschen, und sie sieht nicht ein, daß sie grundsätzlich zu Hause und nur die Hausfrau sein soll. Wir diskutieren schon viel abends beim Fernsehen, sie muß sich mal über andere Dinge auslassen als ausschließlich über das Familienleben. Das verhält sich wohl bei den meisten unserer Frauen so. Sie wollen arbeiten, sie sind selbstbewußt und meine besonders, sie sagt: „Ich will nicht abhängig sein." Das ist jetzt kein innerfamiliärer Streit, sondern ganz einfach das Bedürfnis, selbst etwas zu schaffen, sich selbst mal etwas leisten zu können. Sie ist immerhin 5 Jahre jünger als ich und ist mit unserem Staat gewachsen, sie hat die Einstellung, die unsere Bürger im allgemeinen haben.

Meine Frau ist Mitglied der CDU, aber ansonsten – bedingt durch die wenige Freizeit – gesellschaftlich nicht mehr aktiv.

IV

ERWERBSARBEIT

Ländliches Gesinde
(19. Jahrhundert)

von Hainer Plaul

Kein wesentlicher Unterschied zwischen den Geschlechtern existierte dagegen in bezug auf die tägliche bzw. wöchentliche Dauer des Arbeitsprozesses. Hierfür waren in erster Linie die Tätigkeit selbst (z.B. Haus- oder Feldarbeit) und der Arbeitsanfall in Verbindung mit äußeren Bedingungen (Sommer/Winter) bestimmend. Sofern ausreichend Beschäftigung vorhanden war, dauerte die tägliche Feldarbeit gewöhnlich „von früh Morgens bis spät Abends", also von Tagesanbruch bis zum Sonnenuntergang. Je nach Jahreszeit begann sie vom Frühjahr bis zum Herbst morgens um 5 oder 6 Uhr und endete des Abends um 18 oder 19 Uhr, im Winter reichte sie in der Regel von 6 oder 7 bis 17 oder 18 Uhr. Arbeitspausen waren Frühstück, Mittagessen und – allerdings nicht in jedem Falle – die Vesper. So wird beipielsweise im Jahre 1843 aus Eggenstedt mitgeteilt: „Die Arbeitszeit beträgt 8–10 und 12–13 Stunden; in der Erndte wird (bei 2 Stunden Mittag) um 3 Uhr angespannt und bis in die Nacht gefahren." An dieser Arbeitszeitregelung änderte sich im Verlauf des untersuchten Zeitraumes nichts. Alle Berechnungen und Beschreibungen legen gewöhnlich eine 10–12stündige Arbeitszeit pro Tag bei Feldarbeiten zugrunde. In dieser Hinsicht bestanden auch keine wesentlichen regionalen Unterschiede. Dies berechtigt auch dazu, wegen ihrer besonderen Anschaulichkeit und Detailbeflissenheit eine Schilderung wiederzugeben, in der über die Arbeitsverhältnisse im Jahre 1849 aus dem linkselbischen Teil des Merseburger Gebietes der Provinz Sachsen berichtet wird, was übrigens um so legitimer, als ausdrücklich vorangestellt ist, „daß das, was wir hier aussprechen, noch für einen weiteren Kreis gelten dürfte, als den Merseburger . . .": Im Sommer stehen die Feldarbeiter „etwa um 4 Uhr auf, . . . um 5 bis 5½ Uhr, im Winter wohl erst um 7 Uhr gehen sie an die Arbeit ... Um 8 Uhr wird gefrühstückt, ... um 11 Uhr wird Mittag gemacht, um 12 Uhr gegessen, ... um 1 Uhr geht es wieder an die Arbeit; um 4 Uhr wird gevespert; in kurzen Tagen wird dies nicht gestattet; um 7 Uhr Feierabend, im Winter natürlich früher ...". Während der Erntezeit galt diese Regelung freilich nichts: „Beim Gras-, Raps- usw. mähen, ... gehen sie wohl schon um 2 Uhr früh zur Arbeit, je nachdem sie dazu bestellt werden ... Überhaupt: die Ernte hat keine feste Zeit." Borchard berechnete in den achtziger Jahren die tägliche Arbeitszeit während der Ernte im Untersuchungsgebiet ebenfalls auf 17 Stunden. Sachkenner haben ermittelt, „daß zwölf Stunden Arbeit auch in der Landwirtschaft eigentlich das Maximum der Leistungsfähigkeit darstellt" und „daß die Ruhe des Winters nur in beschränktem Maße dazu dienen kann, dem Tagelöhner die Kraft zu außergewöhnlichen Anstrengungen während des Sommers zu verleihen."

Beim männlichen Gesinde, den Knechten und Enken, bzw. bei allen jenen Arbeitern, die für die Pflege des Viehs verantwortlich waren, kamen außerdem täglich noch etwa 4 Stunden Arbeitszeit hinzu. Eine 1893 durchgeführte Umfrage ergab, daß im Kreis Wanzleben die Arbeitszeit „für Kuhknechte im Sommer um $2\frac{1}{2}$ Uhr, für Pferde- und Ochsenknechte um $3\frac{1}{2}$ bzw. $4\frac{3}{4}$ Uhr" beginne, „im Winter 1 Stunde später." Ein Landarbeiter, der im Jahre 1911 seine aus persönlichen Beobachtungen und auf Grund eigener Befragungen gewonnenen Ergebnisse über „Die Lage der landwirtschaftlichen Arbeiter in der Umgebung von Braunschweig" mitteilte, berichtete in einem Exkurs, wobei er sich offensichtlich speziell auf die Verhältnisse „in der Magdeburger Gegend" bezog, daß auch zu dieser Zeit noch, „in der Provinz Sachsen ... die Feldarbeit meistens schon morgens um 5 Uhr" beginne: „Da die Pferde mindestens 2 Stunden vorher gefüttert werden müssen, so ist die Nachtruhe der Knechte dort schon um 3 Uhr morgens zu Ende. Auch der Arbeitsschluß der Feldarbeit ist abends eine Stunde später, um 7 Uhr, so daß die Knechte, wiederum mit einer Fütterzeit von 2 Stunden gerechnet, erst um 9 Uhr Feier-

abend haben." Aus dem Saalkreis der Provinz Sachsen berichtete ein Gutsbesitzer auch schon im Jahre 1849, daß ein
Pferdeenke sogar „von früh 2 Uhr bis Abends 8 Uhr in
Tätigkeit" sei.

Für das weibliche Gesinde, das zwar auch häufig zur Versorgung des Viehs und selbst bei Feldarbeiten, vor allem während der Ernte, und beim Dreschen mit herangezogen wurde,
in überwiegendem Maße jedoch in der Hauswirtschaft eingesetzt war, bestand im Grunde überhaupt keine feste Arbeitszeit. Dieser Dienstbote mußte praktisch ständig zur Disposition stehen: „Er teilt mit der Herrschaft um deswillen Dach
und Fach, damit er, so oft man seiner bedarf, schnell bei der
Hand sei", schreibt der Verfasser der „Licht- und Schattenseiten aller Berufsstände", Friedrich Richter aus Magdeburg. „In
Krankheits-, Unglücks- und sonstigen außerordentlichen Fällen darf er sich nicht weigern, Nachts zu Dienst zu stehen, wie
am Tage. Die ganze einmal im Hause eingeführte Lebensordnung muß er zur seinigen machen, möge sie ihm zusagen oder
nicht; also aufstehen muß er, frühstücken, Mittag essen, arbeiten, ausruhen, schlafen gehen, wie es die Herrschaft, nicht wie
er es gewohnt ist."

Arbeitszeiten der Bäuerin
(um 1900)

von Maria Bidlingmaier

Zur Vergleichung nun der Feldarbeit für die Bäuerinnen in
Kleinaspach und in Lauffen seien hier zwei typische mittlere
Betriebe beider Orte herausgegriffen, in denen die Kulturen –
nach Annahme! – mit demselben Durchschnittsfleiß gepflegt
werden sollen. (In Wirklichkeit treibt der Lauffener Betrieb
den Wirtschaftsboden mehr um, doch kann dies quantitativ
nicht erfaßt werden und muß deshalb in der Berechnung weg-

fallen. Dieser Faktor fällt auch gegenüber dem des Intensitäts-
grades der verschiedenen Kulturen nicht so ins Gewicht.)

In einem mittleren typischen Betrieb Kleinaspachs von
6,73 ha Größe wird etwa folgendes gebaut:

Forst	0,98 ha	=	12,25	Viertel	Morgen
Wiese	2,00 "	=	25	"	"
Frucht	2,20 "	=	28	"	"
Klee	0,72 "	=	9	"	"
Angersen	0,08 "	=	1	"	"
Kartoffeln	0,39 "	=	5	"	"
Kraut	0,04 "	=	1/2	"	"
Hopfen	0,04 "	=	1/2	"	"
Wein	0,28 "	=	3,5	"	"

An weiblicher Arbeit wird in ihm benötigt nach dem Gesetz
Intensitätsgrad · Fläche = Arbeitsgröße, ausgedrückt in Zeit =
1637 oder 1686,5 Stunden, je nachdem angenommen wird, daß
die Frau allein oder gemeinsam mit dem Mann den Boden lok-
kert, d. h. „felgt".

Der Lauffener Betrieb bewirtschaftet 5,36 ha. Er baut an:

Wiese	0,31 ha	=	4	Viertel Morgen
Frucht	2,04 "	=	26	"	"
Klee	0,69 "	=	8,75	"	"
Pferdezahn	0,24 "	=	3,40	"	"
Futterrüben	0,72 "	=	9	"	"
Angersen	0,48 "	=	6	"	"
Kartoffeln	1,01 "	=	13	"	"
Gemüse im Garten	0,04 "	=	1/2	"	"
Wein	0,55 "	=	7	"	"

Die Frauenarbeit beträgt bei dieser Ausdehnung der Kulturen
2294 bzw. 2459 Stunden.

Rechnet man den Feldarbeitstag zu 10 Stunden – denn vor
der Feldarbeit und nach der Feldarbeit hat die Bäuerin immer
noch die Erwerbsarbeit in Haus und Hof zu tun, außerdem
muß sie das gesamte Haus instandhalten und ihre Familie mit
dem Nötigen versorgen –, so ergeben sich für die

Kleinaspacher Bäuerin = 163,7 Tage oder
168,7 '' , für die
Lauffener Bäuerin = 229,4 '' oder
245,9 ''

Die Intensität der einen bäuerlichen Wirtschaft – Lauffens –
verursacht gegenüber der relativen Extensität der anderen Wirtschaft – Kleinaspachs – eine Steigerung der Frauenleistung, in
einem Zeitverhältnis ausgedrückt, um 65,7 bzw. 77,3 Tage.

Die hauptsächliche Verschiedenheit in der Arbeitsgröße
beider Frauen – weitaus nicht die ganze – bringt der unter-
schiedliche Besitz an Rebland.

Im Kleinaspacher Betrieb wird mit der Weinbergspflege gebraucht:

1637 bzw. 1686   Stunden,
ohne dieselbe 1196 ''   1214,5   '' ;

im Lauffener Betrieb dagegen

mit Weinbergspflege 2294 bzw. 2459   Stunden,
ohne Weinbergspflege 1412 ''   1514   ''

= 216 bzw. 300 Stunden mehr als in Kleinaspach.

Die Arbeitsgröße an beiden Orten nähert sich also ohne
Weinbau bedeutend. Sie ist freilich auch ohne ihn im Lauffener
Betrieb überragend.

Bei diesen Berechnungen sind die Wege nicht eingerechnet.
Um das Bild über die verbrauchte Zeit der Bäuerinnen im
Feldbau zu vervollständigen, müssen sie noch angerechnet
werden.

Nimmt man als Wegzeit der Kleinaspacher Bäuerin im Dorf
$1/2$ Stunde am Tage – hier sind vier Gänge eingeschlossen: morgens, mittag, mittags, abends – und etwa 200 Arbeitstage im Sommer, so vermehrt sich die Arbeitszeit um rund 100 Stunden.
Für die Weiler Bäuerin, die ihren Besitz fast unmittelbar am
Hause hat, beträgt die tägliche Wegzeit 15 Minuten, in 200 Arbeitstagen = 50 Stunden.

Die benötigte Gesamtfeldarbeitszeit der Kleinaspacher Bäuerin im Dorf beträgt also mit den Wegen 173,7 bzw. 178,6 Tage, die der Weiler Bäuerin mit den kürzeren Straßen 168,7 bzw. 172,6 Tage.

In Lauffen sind die Wege bedeutend größer; die äußeren Feldstücke sind bis zu einer Stunde vom Ort entfernt. Durchschnittlich müssen daher für den Tag bei vier Gängen 60 Minuten Wegzeit berechnet werden. Das macht für 200 Arbeitstage = 200 Stunden.

Die benötigte Gesamtfeldarbeitszeit der Lauffener Bäuerin umfaßt demnach mit Weg 229,4 bzw. 245,9 Tage. [...]

Die 77 Bäuerinnen mit voller Arbeitsentfaltung sind in den strengen Sommermonaten Juni, Juli, August, die zugleich das längste Tageslicht besitzen, im Feld durchschnittlich 14 Stunden tätig. Die kürzeste Arbeitszeit beträgt 10, die längste 17 Stunden (Wege sind mit eingerechnet). Der Gang ins Geld geschieht bei den meisten zwischen 1/26 und 6 Uhr. Den frühesten machen 2 Frauen morgens um 1/25, den spätesten macht eine Frau um 9 Uhr. Die Heimkehr erfolgt durchschnittlich um 8 und 1/29 Uhr, am frühestens um 7 Uhr – so bei 3 Frauen, am spätesten um 10 Uhr – so bei einer Frau.

Der Feldarbeit folgt voraus und nach noch die Erwerbsarbeit in Hof und Haus und die im Haushalt. Die gesamte Arbeitsbereitschaft der Bäuerinnen dehnt sich also noch weiter aus. Sie umfaßt durchschnittlich 17–18 Stunden; die kürzeste beträgt 15, die längste 19 Stunden. Das Frühaufstehen geschieht bei den 77 um 4 und 5 Uhr, das früheste bei einer um 1/24, das späteste bei einer anderen um 6 Uhr. Zu Bett geht die Mehrzahl zwischen 1/210 und 1/211 Uhr; acht davon tun dies bereits um 9 Uhr, zwei kommen später als um 11 Uhr zu Bett.

Zu diesen Zahlen liegt viel heimliches Seufzen der Bäuerin, viel tapferes Aufraffen aus der so nötigen Bettruhe, viel mühseliges Heimschleppen auf staubigen Landstraßen, viel vergossene Schweißtropfen in der Sommersonnenhitze, viel treues Ausharren in der pflichtmäßigen Arbeit, viel Groll gegen die Härte des Geschicks, viel Entkräftung und heimlich ertragene

Frauenbeschwerden. Denn die Arbeit geschieht noch neben, mit und während der Mutterschaft und der Aufzucht einer größeren Kinderschar.

Lehrerin in Westpreußen
(1887/1888)

von Friederike Grüzmüller

Volksschullehrerin zu Peterswalde in Westpreußen

Alle Teile Deutschlands sind bereits in der „Lehrerin" durch einen Artikel vertreten; heute bittet auch das vielverleumdete Westpreußen um ein wenig Gehör, damit es erzählen kann, daß die Zustände daselbst weit besser sind, als man gewöhnlich annimmt. Als ich Fr. Hardters Schilderung: „Aus dem Leben einer Volksschullehrerin" in der „Lehrerin" las, dachte ich: Nun, dagegen ist es bei uns in Westpreußen doch golden! Solche Zustände haben wir hier nicht. Das Verhältnis der Kollegen zu den Kolleginnen ist ein weit besseres als anderwärts, allerdings aus dem einfachen Grunde, weil Lehrermangel herrscht. Die ersten Lehrer haben lieber eine Kollegin zur Hilfe, als daß sie eine große Schule ganz allein verwalten müßten. Die Kollegen sind freundlich und gefällig gegen uns, die Schulen und Lehrerwohnungen befinden sich in gutem Zustande. Ich habe hier die zweite Lehrerstelle an der zweiklassigen Volksschule inne, und ich bin in derselben ganz befriedigt. Ich habe 67 Kinder zu unterrichten und zwar Knaben und Mädchen. Die Kinder sind gutmütig, leicht zu lenken und haben mich alle gern. Ich habe 540 M. Gehalt, Dienstwohnung, bestehend aus Stube, Kammer, Küche und Holzstall, dazu Deputatholz für meine Schule und für mich.

Auch mir schwebte einst als Ideal einer Lehrerinnenstelle diejenige an einer Oberklasse höherer Mädchenschulen vor, weil ich das Zeugnis für höhere Mädchenschulen mit Nr. 1 in Englisch und Französisch erhalten hatte. Allein dies Ideal war für mich unerreichbar, und nachdem ich ein Dutzend lange Nasen bei Meldungen an höheren Mädchenschulen eingesteckt hatte, beschloß ich, trotz meiner Eins in Englisch und Französisch, fein bescheiden an eine Volksschule zu gehen. Der Lehrermangel in Westpreußen kam mir dabei zu Hilfe, indem meine Bittschrift an die Königl. Regierung von Marienwerder sogleich berücksichtigt wurde. Es fehlt hier an Bewerbern um die zweiten Lehrerstellen, weil die Lehrer behaupten, eine Familie könne von dem Einkommen nicht leben und bei Kollegen, welche Kinder haben, trifft ja dies auch zu. Eine Lehrerin aber kann von dieser Einnahme ganz gut leben, zumal wir außer 15 M. pro anno Beitrag zur Lehrerwitwenkasse keine Abgaben haben, weder Staats- noch Kommunalsteuern. Wir kommen auf dem Dorfe mit dieser Einnahme weiter, als eine Kollegin der höheren Mädchenschule mit 1500 M. Wir brauchen an Kleidung wenig, die Lebensmittel sind wohlfeil, der Dienst ist nicht schwer, wir haben viel Zeit zu unserer eigenen Fortbildung, wir brauchen kein Brennmaterial zu kaufen. O, das ist ein reinliches Brennen mit lauter Kiefernholz; ich brauche mir nicht die Hände mit Kohlen zu schwärzen. Und welch ein behagliches Gefühl weckt es, wenn das Holz im Ofen so lustig flackert und so geschwätzig knistert! – Meine Kollegin Frl. Hardter ist allerdings sehr schlimm daran, weil sie von der Kocherei nichts versteht.

Ich habe in meiner Wohnung einen guten Herd mit drei Einhänglöchern und koche mir mein Essen selbst. Es bietet das Selbstkochen so viele Vorzüge, daß die kleinen Unbequemlichkeiten, welche das Feuermachen und Zubereiten der Speisen verursachen, gar nicht in Betracht kommen, zumal dann erst recht nicht, wenn man sich so einfache und doch nahrhafte Speisen bereitet, wie es bei mir der Fall ist. Es möchte eine Kollegin einwenden, in 1–2 Stunden könne man sich nicht erst das Mittagessen kochen. Ei, das geht sehr gut; ich genieße mittags eine Milchsuppe oder Gesundheitskaffee (ein sehr wohlschmeckendes Getränk aus geröstetem Hafer) mit Milch und koche mir meine Grütze erst gegen Abend im Stubenofen. Ich bin Vegetarianerin und habe daher mit dem Kochen nicht viel Arbeit. Aber auch den Kolleginnen, welche Fleischkost lieben, ist das Selbstkochen möglich. Ein Beefsteak ist sehr leicht zwischen 12 und 1 Uhr gebraten, desgl. eine Karbonade; Sauerkraut und Schweinefleisch können sie ja abends kochen. Dann kann man es den andern Mittag wärmen, bekanntlich schmeckt das Sauerkraut aufgewärmt noch besser als frisch gekocht. Es läßt sich schon einrichten, wenn man nur will und wenn man – überhaupt den Kochtopf anzufassen versteht.*)

Ich stimme den guten Badenser Bauern vollkommen bei, wenn sie sagen, die Lehrerin solle zu kochen verstehen. Es wäre wünschenswert, daß die Lehrerinnen etwas mehr von der Hauswirtschaft verständen, – nicht, weil sie einmal heiraten könnten (ich habe nichts gegen das Heiraten der Lehrerinnen, sofern Amors Pfeil sie zur Dienstunfähigkeit verwundet hat, aber ich rede hier doch nur von den im Amte verbleibenden), sondern den Lehrerinnen soll die Haushaltungskunst nicht fremd sein, einmal um unabhängig von fremden Leuten ihr Heim recht behaglich und praktisch einrichten und verwalten zu können, dann aber auch, um den erziehlichen Einfluß auf ihre Schülerinnen erhöhen zu können. Man kann Schule halten, kochen und auch Cäsar lesen oder Griechisch lernen. Das Zeitwort παιδεύειν und die Zubereitung von Buchweizengrütze mit Milch sind disparate Vorstellungen, die sich sehr wohl miteinander vertragen. Doch genug; meinen stellenlosen, tüchtigen Kolleginnen kann ich nur raten, an westpreußische Dorf-

*) In Elsaß-Lothringen bereiten sich die Volksschullehrerinnen alle ihre Mahlzeiten selbst. Jedenfalls sind es sehr wenige, die es nicht thun. Frau Pfarrer Michel, bekannt unter ihrem Schriftstellerinnen-Namen Marie Rebe, hat eigens für diese Lehrerinnen ein Kochbuch geschrieben, bei dessen Rezepten auf die kurzbemessene Zeit Rücksicht genommen ist: „Aschenbrödel." Kurze Anleitung zum Kochen für einzelne in der Zeit beschränkte Leute, insbesondere für Lehrerinnen. Diese Anleitung, zuerst selbständig erschienen, ist der Haushaltungskunde von M. Rebe, 2. Aufl., beigegeben. Gotha. Fr. Andr. Perthes. 1885.

schulen zu gehen. Gesuche sind nebst Zeugnissen an die Königl. Regierungen von Marienwerder oder Danzig zu richten. Mein anderer Rat an alle Kolleginnen ist, kochen zu lernen, überhaupt sich mit Haushaltskunde zu beschäftigen; dadurch werden sie doppelt und dreifach unabhängig und dadurch erhöhen sie ihre Leistungsfähigkeit als Erzieherin.

Innenansicht der Heimarbeit
(1905)

von Moritz Th. W. Bromme

Natürlich ist es nicht möglich, daß, wenn die Frau zu Hause noch durch Arbeit zum Lebensunterhalt beitragen muß, die Kinder so aufgepäppelt werden können, wie das sonst geschehen könnte. Am meisten muß sich die Mutter mit ihrer Fürsorge dem jüngsten Kinde zuwenden. An körperliche Wartung kann bei den Frühergeborenen wenig gedacht werden. Am wenigsten da, wo noch Hausarbeit verrichtet wird. Ich habe schon oft mit Groll die schweren Webstücke betrachtet, die in meiner Stube liegen und den Platz wegnehmen. Bei jedem Zuge, den meine Frau an ihnen tut, wirbelt eine Unmenge Staub auf, und so ist es kein Wunder, wenn der Organismus meiner Kinder schon frühzeitig mit Bakterien und Bazillen infiziert wird. Es ist traurig, aber was läßt sich dagegen tun? Die paar Groschen, welche die Frau damit verdient, werden so nötig zum Leben gebraucht. Selbstverständlich geht dadurch auch die ganze Wirtschaft zurück, weil sie nicht sorgfältig genug behandelt werden kann. Es verstaubt und verdreckt alles in kaum 2 Tagen und meine Frau hat dann wieder einmal bis nach Mitternacht hinein zu wischen und zu reinigen; denn sie ist ziemlich reinlich. Wo Dreck und Unordnung ist, gefällt es ihr nicht. Deshalb hat sie auch oft ihren Ärger über die Kinder, die ihre Ordnung oft in kürzester Frist wieder in Unordnung machen, wenn sie hinaus auf die Straße laufen und in 5 Minuten wiederkommen, wodurch sie natürlich Schmutz hereintragen. Dann schimpft die Mutter: „Nun hat man die halbe Nacht Schlaf geopfert und sich geplagt, rein für umsonst, jetzt könnte ich schon wieder mit Wischen und Reinemachen anfangen!" [...]

Als mein zweites Kind angekommen, war es, wie ich früher schon erwähnte, auch mit der Fabrikarbeit meiner Frau zu Ende. Dafür fing aber natürlich zu Hause das Stückeausnähen an. Ich habe manchmal geschimpft, denn es kam öfters sogar 2 Mal in der Woche vor, daß ich früh gegen 3 oder 4 Uhr aufwachte, und meine Frau saß immer noch in der Stube und nähte Faden- oder Schlußbrüche in der Ware aus. Für 4–6 Mark zwei Nächte Schlaf ohne die Tagesarbeit opfern, – das reibt doch auch die stärkste Natur auf. Und nun muß man bedenken: bei gewöhnlichstem Petroleumlampenlicht die feinen Webmaschen eine nach der anderen mit der Nadel durchziehen, – der Laie sieht die fehlerhaften Stellen ja gar nicht, – greift das die Augen an! Mitunter waren die Stücken so voller Fehler, daß sie die ganze Woche für 2 Mark arbeiten mußte, dann kamen auf die Stunde manchmal 2–3 Pfennige. Sie weinte manchmal darüber. Wieviele Flüche in die Stoffe von den Lippen meiner Frau mit eingenäht worden sind, ist nicht zu zählen. Wenn aber die Roben bei Herzog in Berlin oder auf Ballfesten und in Gesellschaften reden könnten, ihre Trägerinnen würden sie vor Entsetzen ausziehen müssen. Der Bissen würde ihnen an der reichbesetzten Tafel im Munde aufquellen. Wer ermißt diese Qual, am Tage und in der Nacht immer und ewig zu kratzen, zu nähen und zu sticheln, extra die häuslichen Arbeiten und die Kinder zu besorgen, um dann am Sonnabend einige Hungergroschen in die Hand gedrückt zu erhalten? Da ist es dann auch kein Wunder, wenn die Kinder manchmal zerrissene Unterkleider tragen müssen. Da ist es auch kein Wunder, wenn oft erst die Betten Abends kurz vor dem Schlafengehen gemacht werden, obwohl ich oft erregt darüber geschimpft habe. Unzählige Male habe ich angeordnet, daß die Betten gleich früh gemacht werden sollen. Und doch geschah es oft nicht, und nur wegen der geschilderten Umstände. Die Frau wurde darob mißmutig, ließ ihren Ärger und ihre Wut an den Kindern aus und stets erfolgte dann eine Kollision zwischen uns. Aber sie behielt dabei immer das Oberwasser. „Ich muß arbeiten, daß ich durchkomme, die Kinder brauchen wieder alle Kleider und Schuhe, das Bett ist noch zu bezahlen, auch der Sofatisch, auch das und jenes. Sonntags kommen die Leute gelaufen und wollen Geld haben, Du bekümmerst Dich nicht drum, die ersten Jahre mußte ich sogar noch für den Hauszins sorgen. Du läufst die Woche 3, 4 und 5 Abende in Partei-, Verbands- oder Konsumvereinssitzungen, und alles kostet Geld; mir machst Du nichts weis. Wenn ich mir da andere Männer bedenke. Die helfen ihrer Frau viel mehr als du, sehr selten bekommt man von Dir einen Eimer Wasser geholt. Da kommst Du Abends heim, redest nicht mit mir, gibst kurze grobe Antworten, schreibst, liest, bis Du einschläfst und mir dann die halbe Nacht hindurch wieder eine Kugel voll Öl verbrannt hast. Das nennst Du Ehe. Die Partei und Deine guten Freunde, denen doch meist die Falschheit aus den Augen schaut, die gehen vor. Sogar die Schuhe muß ich Dir noch putzen, wenn ich nicht haben will, daß Du ungewichst gehst. Dafür wird man kurz und grob behandelt." Solche Gardinenpredigten (ich habe freilich gar keine Gardinen, sondern nur Vitragen) mußte ich öfters anhören. Wenn es mir dann gar zu bunt wurde, gab es Krach. Manchmal zeterte sie auch über die Kinder: „Solche miserablen Bälge hat im ganzen Orte niemand, aber sie können ja auch machen, was sie wollen, ihr Vater läßt ja alles zu," hieß es dann. Wenn ich mich dann einmal aus Ärger an den Kindern vergriff und sie durchbläute, so fuhr die Mutter wieder dazwischen und schrie mich an: „Du willst sie wohl zuschanden schlagen und sie zum Krüppel machen?", doch dann kochte ich vor Wut, warf ihr nicht gerade liebenswürdige Ausdrücke an den Kopf und fraß schließlich meinen Ärger in mich hinein, der mich noch nervöser machte. Einige Tage mied man sich dann, danach war wieder alles vergessen. Freilich so dumm wie ein Nachbar war ich nicht. Dieser, ein bayrischer Handarbeiter, hat mehrmals seine ganze Wirtschaft in der Wut und im Suff demoliert. Das gab es bei mir nicht, ich trank auch nie mehr als ich vertragen konnte. [...]

Öfters, wenn ich von der Arbeit kam, traf ich meine Lebensgefährtin schon weinend an. Wenn es himmlische Mächte geben sollte, so muß sie sie kennen gelernt haben; denn sie hat ihr Brot oft schon mit Tränen gegessen und mehr als einmal in kummervollen Nächten weinend in ihrem Bette gesessen, wenn sie z. B. die liebe lange Nacht hindurch wegen Kindergeschreies nicht schlafen konnte. So ein Konzert wirkt, wenn es Nächte durch stundenlang anhält, geradezu nervenzerrüttend. Es ist deshalb nicht zu verwundern, wenn der Gummilutscher ständig als Beruhigungsmittel dient. Alles ruht auf den Schultern der Mutter: „Mama, ich muß mal trinken," „Mama, ich muß mal raus," so geht es weiter. Früh soll die Frau dann ausgeschlafen haben. So verzweifelt sie manchmal und schreit dann die Kinder an wie ein Feldwebel die Rekruten. Aber auch wenn sie Nachts still sind, hat die Frau doch keine rechte Nachtruhe. Denn es schlafen zwar 3 Kinder in einem Bett, ein Knabe schläft mit mir, aber die zwei kleinsten mit der Mutter, selbst wenn diese hochschwanger ist. Es ist einmal nicht anders möglich. Man schafft nicht früher ein Bett an, bis die allerhöchste Not da ist. Denn bar bezahlen kann man es doch nicht. Dabei sind meine Betten nicht etwa zweischläfrige, sondern sie sind nur 90 Zentimeter breit. Und selbst das Stroh dafür ist heute ziemlich teuer geworden, denn leider habe ich es auch noch nicht zu Matratzen gebracht, obwohl durch Stroh viel mehr Schmutz und Staub entsteht. Auch meine wollene Decke, die ich in der Heilanstalt benutzte, kommt als Zudecke sehr zu statten. Im Winter kommt mein alter Überzieher noch drauf. So ist das Elend beim Schlafen besonders groß. In dem einen Bett schlafen, wie schon gesagt, die 3 Mädchen im Alter von 10, 7 und 5 Jahren. Solange ich in der Heilstätte bin, haben sie es freilich besser, da brauchen sie nur zu zweien zu schlafen. Wie oft hat es mich aufs tiefste geschmerzt, daß meine Frau stets und ständig bei den Kindern zu Hause sitzen muß und sich gar nichts bieten kann. Andere gehen Sonntags nachmittags spazieren, sie muß in ihrem Loche bleiben. Oft schon hat sie gejammert: „Ich lebe schlechter wie ein Zuchthäusler oder wie ein alter Hund." Wenn die Spaziergänger vorbeiziehen, dann schaut sie wehmütig durchs Fenster. „Die hat schon wieder ein neues Kleid; unsereins kann sich nicht rechtschaffen einen Rock zulegen!" Wenn ich sie auffordere, einmal mit zu irgend einer Parteiveranstaltung zu kommen, dann heißt es wieder: „Ich hab nichts anzuziehen; in der Fahne, wo ich schon 50 Mal gelaufen bin, gehe ich nicht und laß mich anklotzen, wie ein aus dem Käfig entflohenes Tier." Tatsächlich hat sich meine Frau während den 10 Jahren unserer Ehe, abgesehen von einem Rock und 2 bis 3 Blusen, noch kein neues Kleid schaffen können. Ich selbst war natürlich auch nicht in der Lage, ihr eins zu kaufen. Bei mir ist das bequemer; wenn ich einen Anzug abgezahlt habe, was natürlich auch bald zwei Jahre dauert, dann nehme ich mir einen neuen, wiederum natürlich auf Kredit. [...]

Viel habe ich über meine Häuslichkeit nun nicht mehr zu sagen. Nun noch eins: wie in den Klassen des Mittelstandes so ist auch beim Arbeiter der Waschtag ein kritischer Tag im Hause. Meine Frau litt auch hier wieder darunter, während der Werktage diese Arbeit nicht verrichten zu können, um jede freie Minute der Erwerbsarbeit widmen zu können. Alle 14 Tage, spätestens drei Wochen wird deshalb ein Sonntag dazu benutzt. Sonnabend abend fängt die arme Frau schon mit der Sache an und wäscht bis Mitternacht. Früh um 4 Uhr, spätestens $1/_2$5 Uhr steht sie dann schon wieder am Bottich, um noch etwas fertigzubringen, bevor die Kinder erwachen. Will eins derselben trotzdem zeitig heraus, so wird die Mutter böse, weil sie dann von der Arbeit weglaufen muß. Geschieht es dennoch, so müssen sie wenigstens, nur mit dem allernotdürftigsten bekleidet, auf der Küchenbank sitzen bleiben, bis alle zur Stelle sind; dann wird schnell Kaffee getrunken, die Kinder werden gewaschen und angezogen, und nun gehts wieder über die Wäsche her. Mit einer kurzen Unterbrechung zur Bereitung der Mittagsmahlzeit, ist dann meine Frau unausgesetzt bis zum Abend tätig, um endlich totmüde ihr Lager aufzusuchen.

Wenn ich an solchen Sonntagen Versammlung habe, zieht gewöhnlich schlecht Wetter am ehelichen Himmel herauf, ebenso schlechtes wie bei der Erörterung von Finanzfragen.

Arbeitszeit der Angestellten
(Weimarer Zeit)

von Susanne Suhr

Die Arbeitszeitfrage spielt für die weibliche Angestellte eine
größere Rolle als für ihren männlichen Kollegen. Für sehr viele
weibliche Angestellte beginnt nach der Berufsarbeit noch eine
häusliche Nebenarbeit, die meist unterschätzt wird. (Wir machen weiter unten darüber noch genauere Angaben.) Diese
häusliche Nebenarbeit – die nicht nur Hilfe im elterlichen oder
eigenen Haushalt umfaßt, sondern mindestens Instandhaltung
der eigenen Garderobe – kommt für den männlichen Angestellten überhaupt nicht in Frage. Außerdem bedeutet die
Länge des Arbeitstages für den wenigstens zu gewissen Zeiten
stärker labilen Organismus der Frau eine größere Belastungs-
probe. Das gute Aussehen und die Gepflegtheit, die bei der
weiblichen Angestellten heute mehr, als man es gern zugibt, zu
einem berufswichtigen Faktor geworden sind, hängen von der
Dauer der Arbeitszeit ab. Je stärker und langandauernder die
Frau in den Beruf gespannt ist, desto mehr braucht ihr Körper
einen Ausgleich in genügender Freizeit – mehr als der Mann,
der körperlichen Anstrengungen – weniger gehemmt – gewachsen ist. Wie die gesetzlich geregelte Arbeitszeit in Wirklichkeit gehandhabt wird, davon gibt unsere Erhebung ein
Bild.

Die Arbeitszeit der weiblichen Angestellten

Es arbeiteten wöchentlich:	Zahl der Angestellten	in Prozent
unter 48 Stunden	1592	28
48 "	1683	30
bis 50 "	692	12
" 52 "	708	13
" 56 "	719	13
" 60 "	180	3
über 60 "	56	1
Insgesamt	5630	100

Von 5630 arbeiteten 2357, fast die Hälfte, über die Normalarbeitszeit. Von ihnen standen

47 Proz. im Alter von unter 20 Jahren
31 Proz. im Alter von unter 25 Jahren
10 Proz. im Alter von unter 30 Jahren
9 Proz. im Alter von unter 40 Jahren
3 Proz. im Alter von über 40 Jahren

Von 5630 Befragten arbeiteten also 42 Proz., fast die Hälfte, regelmäßig über die normale Arbeitszeit von 48 Stunden, nur 58 Proz. hatten die ordnungsgemäße wöchentliche Arbeitszeit. Wenn man noch die Überstunden, die Wege von und zur Arbeit und die Arbeit im Hause hinzurechnet, so stellt sich der Arbeitstag der weiblichen Angestellten auf weit mehr als zehn Stunden. Gewiß mag in den Tarifen die offizielle Arbeitszeit anders, günstiger geregelt sein. Wie die Dinge aber in der Praxis, nicht auf dem Papier, aussehen, davon geben viele Fragebogen ein Bild: „Die offizielle Arbeitszeit beträgt 8 Stunden", schreibt eine Verkäuferin, „Geschäftszeit beträgt 9 Stunden, auch steht uns morgens und mittags eine halbe Stunde Vesper zu, aber das ist in einem öffentlichen Geschäft meist nicht durchzuführen, abends wird es dann $^1/_2 8$ bis $^3/_4 8$, so daß wir in Wirklichkeit 9 bis 9½ Stunden arbeiten." Oder: „Man kann seine Arbeitszeit erst dann beschließen", schreibt eine Kontoristin, „wenn das tägliche Pensum erledigt ist. Dabei wird es dann $^1/_2 6$ bis 6 Uhr abends. Es heißt ganz einfach, wenn Arbeit da ist, muß sie weggeschafft werden". [. . .]

Zu dieser Tatsache einer außerordentlich langen Arbeitszeit, die die Kräfte der weiblichen Angestellten über das auf Dauer erträgliche Maß hinaus einspannt, kommen noch die Überstunden. Wieviel weibliche Angestellte sind gezwungen, dieses Plus an Arbeitszeit und Arbeitskraft zu leisten? Von 5647 Befragten in unserer Erhebung leisteten jährlich

regelmäßige Überstunden

bis zu 100 Stunden	. . . . .	1381 Angestellte =	24 Proz.
bis zu 500 Stunden	. . . . .	159 Angestellte =	3 Proz.
nur zu gewissen Zeiten	. . . .	794 Angestellte =	14 Proz.
vor Festen, Inventuren	. . .	2334 Angestellte =	41 Proz.
keine Überstunden leisteten		3313 Angestellte =	59 Proz.
	Summe:	5647 Angestellte =	100 Proz.

Nur wenig mehr als die Hälfte, also 59 Proz., sind zu keiner Mehrarbeit verpflichtet. Für die übrigen besteht der Zwang für die Überarbeit, für mehr als ein Viertel der Befragten als regelmäßige Leistung. „Es bleibt zwar immer viel zu wünschen", schreibt eine 29jährige Kontoristin aus der AEG, „aber ein Wunsch bleibt besonders: schafft die Überstunden für weibliche Angestellte ab". Eine unter Tarif bezahlte Tabelliererin an einer Hollerith-Maschine, die ständig zu einer großen Überstundenleistung gezwungen ist, fragt an: „Kann mich mein Arbeitgeber zwingen, Überstunden oder gar Nachtschicht zu machen?" Eine erschütternd große Anzahl weiblicher Angestellter klagt in ähnlicher Weise. Das Bild der von Sonne und Jahreszeit ausgesperrten, nur für karge Abendstunden und nicht einmal für alle Sonntage aus den großen Geschäftshäusern in die freie Luft entlassenen Angestellten wird durch diese Überarbeit noch mehr verdunkelt. Verteilt sich diese Überbelastung gleichmäßig auf alle Angestellten? Nach den Altersgruppen lassen sich keine wesentlichen Unterschiede feststellen, alle Jahrgänge sind gleichmäßig mit Überarbeit belastet, die älteren etwas mehr als die jüngeren, fast ein Drittel der über 25 Jahre alten sind zu regelmäßigen Überstunden verpflichtet. Dagegen spielen die Überstunden in den verschiedenen Fachgruppen eine sehr ungleich große Rolle.

Die Überstundenarbeit in den Fachgruppen
(Ausgewertete Fragebogen 5647)

	I. Zahl der Befragten	II. Regelmäßige Überstund. leisteten: Prozent	III. Überstund. z. gewissen Zeit. leisteten: Prozent	IV. Keine Überstd. leisteten: Prozent	Prozent	Von den in II u. III enthalt. Angest. erhielt. keine Bezahl. f. geleist. Überstd.: Prozent
Einzelhandel . . .	1297	27	27	46	= 100	45
Genossenschaft .	2001	23	18	59	= 100	43
Großhandel . . .	489	34	11	55	= 100	50
Industrien all.Art	586	37	4	59	= 100	43
Private Vers. . . .	82	20	—	80	= 100	50
Behörden	359	38	—	62	= 100	65
Sozialversich. . .	217	28	—	72	= 100	52
Angest.b.Anwält.	54	43	—	57	= 100	52
Sonstige Betriebe	532	19	1	80	= 100	56

Wieder zeigt sich, daß im Einzelhandel die geringste Zahl der Angestellten ohne Überstunden zu finden ist, allerdings ist hier natürlich die unregelmäßige, zeitweilige Mehrarbeit ebenso häufig wie die regelmäßige – Inventur, Weiße Wochen, Goldener Sonntag und ähnliche farbige Ausnahmetage rauben der Verkäuferin einen Teil ihrer Freizeit. Aber auch im Großhandel, in der Industrie, bei den Anwälten und in den Behörden ist die Überarbeit an der Tagesordnung. Bei den Behördenangestellten sind die regelmäßigen Überstunden sogar am zahlreichsten. Allerdings erhalten sie manchen entsprechenden Ausgleich durch Freizeit, besonders in den kleineren Städten, wo die Kommunalbehörden außer dem freien Sonnabendnachmittag öfter auch den Mittwochnachmittag freigeben. Auch die Urlaubsverhältnisse liegen bei den Behörden günstiger. Aber auf der andern Seite mußten nach unserer Erhebung gerade die Angestellten bei den Kommunalverwaltungen, den städtischen Einrichtungen und den städtischen Werken die meisten Überstunden leisten. Und wie wird dieses Mehr an Arbeitszeit und Arbeitskraft entschädigt? Von 2334 in unserer Erhebung erhielten

entsprechende Bezahlung	. . . . .	1055 =	44 Proz.
Weihnachtsgratifikation	. . . . . .	55 =	2 Proz.
entsprechende Freizeit	. . . .	180 =	8 Proz.
keinerlei Entgelt	. . . .	1083 =	46 Proz.
	Summe	2373 =	100 Proz.

Aber dieser unglaublich hohe Prozentsatz unbezahlter Überarbeit wird in vielen Fachgruppen noch übertroffen: Bei den Behörden wird sogar 65 Proz. der Überstundenarbeit umsonst geleistet, auch die Angestellten der Sozialversicherung, der Anwälte, der Privatversicherung erhalten noch nicht einmal die Hälfte der Mehrarbeit bezahlt. Genossenschaften und Industrie erweisen sich noch als die „Großzügigsten", weil sie sogar 43 Proz. der Überstunden vergüten! Verschiedene Genossenschaften gelten die Mehrarbeit ab durch einen vollen freien Tag pro Monat. [...]
Es erhielten im letzten Jahr an Urlaub:

keinen	. . . .	555	Angestellte =	10 Proz.
bis zu 6 Tagen	. . . . .	860	'' =	15 Proz.
7–12 Tage	. . . .	2128	'' =	37 Proz.
13–18 Tage	. . . . . .	1690	'' =	30 Proz.
mehr als 18 Tage	. . . .	429	'' =	8 Proz.
	Summe	5662	'' =	100 Proz.

Diese Tabelle gibt auf den ersten Blick keinen ungünstigen Eindruck, aber es ist immerhin nicht gerade viel, daß 42 Proz. der Befragten weniger als 9 und zwei Drittel weniger als 12 Tage Urlaub haben. Und auch dieses Urlaubsquantum erhält noch eine andere Beleuchtung, wenn man in Betracht zieht, seit wieviel Jahren ein großer Teil dieser Angestellten in ihrer jetzigen Stellung tätig ist.

	Zahl der Befragten	bis 20 J. Prozent	bis 25 J. Prozent	bis 30 J. Prozent	bis 40 J. Prozent	über 40 J. Prozent	Prozent
bis 6 Tage	860	76	19	3	2	—	= 100
" 12 "	2128	45	39	9	5	2	= 100
" 18 "	1690	12	39	25	18	6	=100
" 24 "	346	3	19	28	35	15	= 100
" 30 u. mehr	83	4	1	5	45	45	= 100

Sieht man sich die Urlaubszeiten in Beziehung zu den Alters-
klassen an, dann entfallen die sechs Urlaubstage naturgemäß
überwiegend auf die jungen Angestellten, 12 Tage hat schon
ein wesentlich kleinerer Teil Junger und 18 Tage haben nur
noch 10 Proz. der unter 20 Jahre alten. Wenn man sich verge-
genwärtigt, daß die übergroße Mehrzahl der weiblichen Angestellten entweder von der Schule aus oder mit der Zwi-
schenstation einer kurzen beruflichen Vorbildung einer Handelsschule in ihren Beruf kommt, ohne eine Ruhe- und Atem-
pause, dann erscheinen diese wenigen Tage im Jahr, die dem
jungen, reifenden Menschen als „schöpferische Pause" gewährt
werden, allzu armselig. Bezeichnend ist, daß die Urlaubsdauer
ihre größte Höhe bei den Dreißig- bis Vierzigjährigen erreicht
und bei den über 40 Jahre alten wieder absinkt: auch diese
nicht zufällige Erscheinung in unserer Erhebung ist ein Beitrag
zu dem schweren Los der älteren Angestellten.

Die Urlaubsverhältnisse in den Fachgruppen
(Ausgewertete Fragebogen 5662)

	Zahl der Be- fragten	Es erhielten Urlaub						Prozent
		keinen Prozent	bis 6 Tg. Prozent	bis 12 Tg. Prozent	bis 18 Tg. Prozent	bis 24 Tg. Prozent	bis 30 Tg. u. mehr Prozent	
Einzelhandel . .	1124	9	20	44	24	3	—	= 100
Genossenschaft .	2005	8	21	43	27	1	—	= 100
Großhandel . . .	496	13	16	34	33	4	—	= 100
Spedition u. Schiff	30	10	3	37	40	7	3	= 100
Industrien all. Art	602	10	14	37	34	5	—	= 100
Private Versich. .	82	8	6	40	40	6	—	= 100
Behörden	359	6	1	11	33	26	23	= 100

	Zahl der Be-fragten	Es erhielten Urlaub						
		keinen Prozent	bis 6 Tg. Prozent	bis 12 Tg. Prozent	bis 18 Tg. Prozent	bis 24 Tg. Prozent	bis 30 Tg. u. mehr Prozent	Prozent
Sozialversich. .	217	15	6	24	38	17	—	= 100
Angest. b. Anwält	54	5	4	17	55	17	2	= 100
Sonstige Betriebe	533	7	6	33	37	17	—	= 100

In den einzelnen Fachgruppen sind die Urlaubsverhältnisse im großen und ganzen nach der Altersgliederung orientiert, die sechstägige Urlaubsdauer ist am stärksten im Einzelhandel und in den Genossenschaften vertreten, den beiden Gruppen mit der Mehrzahl der jungen Angestellten. Am günstigsten liegen die Urlaubsspannen bei den Behörden, allerdings zählt man hier nach Kalendertagen statt nach Arbeitstagen. Vielleicht wirkt sich auch die Angliederung an die Beamtenverhältnisse im Urlaub aus.

Von den 555 Angestellten, die keinerlei Urlaub erhielten, war die Mehrzahl weniger als ein Jahr in ihrer derzeitigen Stellung. Über 10 Proz. waren dagegen seit fünf, acht, zehn Jahren in ihrer Stellung, ja in einzelnen Fällen waren Angestellte seit fünfzehn und zwanzig Jahren in ein und derselben Stellung beschäftigt – ohne im vergangenen Jahr einen Urlaub gehabt zu haben! Wieviel dumpf ertragenes Alltagselend, wieviel Entsagung spricht aus diesen Berichten!

[...] Auf jeden Fall zeigt sich, daß für Zerstreuung, Erholung, Reisen, Bücher usw. nur ein sehr geringer Teil, in vielen Fällen überhaupt nichts bleibt. Zahlreiche Fragebogen sprechen gerade hier unaufgefordert eine ausführliche Sprache. Ins Theater oder ins Kino konnte die Hälfte aller Befragten überhaupt nicht gehen. Wovon denn? lauten in vielen Fällen die Antworten. Noch geringer ist die Zahl derer, die in ihren Ferien verreisen konnten. Wir geben hier die Zahlen von 5678 Befragten: Es konnten ins Theater gehen: einmal im Monat 38 Proz., zwei- bis viermal und öfter 13 Proz., gar nicht 49 Proz. Es konnten während ihrer Ferien verreisen: 47 Proz., nicht verreisen: 53 Proz. Viele Angestellte betonen, daß sie ins Theater nur durch Vermittlung von Bekannten gehen können – aber die Hälfte kann überhaupt nicht Geld oder Zeit dafür erübrigen. Die Ferienreise können die meisten Angestellten nur dann ermöglichen, wenn sie das ganze Jahr darauf sparen und auf alle übrigen Vergnügungen verzichten. Häufig führt die Reise nur zu Verwandten oder in die nächste Umgebung der Stadt, manche „Reise" ist eine Wanderung mit Zeltlager und Jugendherberge. Für viele hört das Reisen auf, wenn sie für Verwandte sorgen müssen. Eine Angestellte, die für drei Kinder von Verwandten mit zu sorgen hatte, konnte nach 15jähriger Tätigkeit das erstemal verreisen. Eine andere schreibt, „bis zum heutigen Tage mußte ich meine Ferien geteilt nehmen, sogar in halben Tagen". Die meisten verheirateten Angestellten schreiben: „Reisen? Solange ich verheiratet bin, nein, vorher ja". Es ist nicht einmal die Hälfte, die es ermöglichen kann, einmal im Jahr die so nötige Ausspannung durch eine Reise zu genießen.

Erfreulicher als man vermutet, ist das Kapitel Sport, es ist schon bezeichnend, daß hier die Fragen fast von allen präzise beantwortet wurden. Von 5678 Angestellten trieben 62 Proz. mehr oder minder regelmäßigen Sport. Den Hauptanteil an den Sportarten trägt erstaunlicherweise der Wassersport, vor allem Schwimmen, aber auch Paddeln und Rudern. Vielleicht mag hier die große Zahl der Berlinerinnen, die ja in einer Stadt mit idealen Wassersportverhältnissen leben, den Prozentsatz beeinflussen. Erst weit danach folgt die Gymnastik mit rund einem Viertel der sporttreibenden Angestellten, fast ebenso viel Angestellte turnen regelmäßig. Verhältnismäßig gering erscheint die Zahl der Wanderfreunde, es ist noch nicht ein Zehntel der Sportausübenden. Es folgen noch Leichtathletik, Radeln und Ballspiele – Tennis als eine der teuersten Sportarten können sich die wenigsten leisten. Auch hier beim Sport zeigt sich, daß die Angestellten der Betriebe mit frühem Büroschluß viel mehr zum Sport kommen. Sie sind deshalb vielmehr sportausübend als die Verkäuferinnen. An den 28 Proz., die keinen Sport treiben, sind wieder in erster Linie die Verkäuferinnen von Einzelhandel und Genossenschaften am stärksten beteiligt. Etwas über 1000 Angestellte oder ein Fünftel der Befragten gehören einem Sportverein an.

Die Ausgaben für den Sport halten sich in sehr mäßigen Grenzen, von denen, die die Ausgaben nennen, gibt die Hälfte nur ein bis zwei Mark im Monat aus, ein Fünftel kann drei und vier Mark aufwenden, die übrigen allerdings auch fünf und sechs Mark. Jedenfalls geht aus der Erhebung hervor, daß die jüngere Generation leichter und lieber etwas Geld für Sport erübrigt als für Theater und Bücher.

Teilzeit – Geteilte Zeit
(1988)

Gelernte Buchhalterin:

Frage
Stehen Sie jetzt mit dem neuen Bildschirm mehr unter Zeitdruck?
Antwort
Das kann ich jetzt momentan nicht sagen, es könnte sein, es könnte sein, daß man, wenn die Maschine streikt, daß man dann unter Zeitdruck steht. Ja, das ist leider so. Und wenn da viel los ist, der muß ihnen ja erst eine Antwort geben. Also der muß jetzt erst sein Okay geben, sonst können sie gar nichts machen. Ja, das könnte schon sein, daß wir unter Zeitdruck geraten, das ist wahrscheinlich sicher, denn sie könnten ja, sie könnten ja, ich meine, sie können früher kommen, daß sie sagen..., jetzt schreib ich mal flott, oder so, geht ja, können ja sich, ... und das können sie jetzt nicht. Sie können eingeben und, sie können sich da noch so viel Mühe geben, und der Computer spielt da nicht mit, denn das geht schön bei dem eins nach dem anderen.
Frage
Standen sie als Halbtagskraft mehr unter Zeitdruck als als Ganztagskraft?

Antwort

Oh ja, ich würde das schon sagen ... wie ich das vorhin gesagt hab', sie müssen in einem halben Tag ganz schön – oder sie müssen allerhand arbeiten. Dann ist es ja so, daß morgens, sagen wir mal, die Arbeitsleistung ja noch besser ist wie mittags, ja und daß sie, sagen wir mal, nach Tisch oder so ... nachläßt. Ich glaub', das ist auch bewiesen. Daß man so, würd' ich schon sagen, sein Hoch morgens hat, das ist ganz logisch. Morgens ist viel mehr los, mittags, das fängt schon mit den Telefongesprächen an und so, das wird mittags bedeutend ruhiger. Und insofern ist morgens auch nur Aktion. Man ist auch ausgeruht, man kann also da richtig voll einsteigen, und gegen Mittag läßt man schon nach. [...]

Frage

Nehmen Sie Berufsarbeit heute leichter als zu der Zeit, als Sie ganztags arbeiten gegangen sind?

Antwort

Ich weiß es nicht ... Das kommt auch auf den Posten an, den man hat. Ich hatte eine Zeitlang als Halbtagskraft sehr viel zu tun. Ich hab' mir Arbeit mit nach Hause genommen usw., ich hab' das also sehr ernst genommen, die Arbeit. Was ich vielleicht vorher nicht gemacht hab', vielleicht spielt da auch das Alter eine Rolle. Und ich mein' ..., ich nehm' meinen Beruf, kann ich nur sagen, ernst. Ich laß es halt jetzt ein bißchen langsamer angehen, will ich mal so sagen. Langsam ..., daß ich sag', ich arbeite weniger; ich denke, das arbeitest du heute, und dann ist das erledigt. Da war mal eine Phase, wo man halt so viel zu tun hatte, daß man also über die Zeit hinaus noch was tun mußte. Das würd' ich heute wahrscheinlich nicht mehr machen. Den Posten, den man hat, daß man den voll ausfüllt, daß die mit einem zufrieden sind, aber auch nicht mehr, also das muß sein. Insofern hab' ich mich geändert, ja, das geb' ich zu ... Gut, es geht auch mal fünf Minuten länger, wenn man mal was machen muß. Aber früher hab' ich halt schon mal ... noch eine Stunde drangehängt. Das mach' ich also nicht mehr. Weil man dazu auch erzogen wird, von der Arbeit her, grad jetzt mit den Stechkarten, also keine Gleitzeit, das ist jetzt ein großer Unterschied. Daß die also (Überstunden, d.Verf.) zahlen oder, das gibt es überhaupt nicht, nein. Sie kriegen also nur angekreidet, wenn sie zu spät kommen, wenn sie länger bleiben, ist das ihr Bier usw., und aus dem Grund sagt sich jeder, ich komm' und ich geh' pünktlich. Also man wird dazu erzogen, und es klopft ihnen auch keiner auf die Schulter und sagt, meine Güte, sie waren ja den Monat *fünf* Stunden länger da, als sie überhaupt mußten. Wenn man jeden Morgen zehn Minuten oder mehr als zehn Minuten länger ist oder mittags bleibt, das summiert sich. Und aus dem Grund heraus – also das ist jetzt nicht nur meine Ansicht, so entwickelt sich das allgemein, gell. Und je größer – hinzu kommt auch –, je größer ein Betrieb ist, desto, man kann sagen, desto unpersönlicher wird das alles. Nicht unter den Kollegen, sondern das ganze Drumrum, ja. Da ist man, wie man so schön sagt, man hat seine Personalnummer, und dementsprechend ist man da auch gelistet, aber mehr nicht. Im kleinen Betrieb geht es ja menschlicher zu, ja, menschlicher, würde ich sagen.

Frage

Und geht das den Teilzeitkräften nur so, also mit dem pünktlich Schluß machen, oder geht es den Ganztagskräften auch so?

Antwort

Auch. [...]

Frage

Wenn Sie nach Hause gekommen sind, geht Ihnen dann Ihre Berufstätigkeit noch nach, oder denken Sie bis zum nächsten Tag nicht mehr daran?

Antwort

Nein, ... das lernt man alles. Ich hab' eine Phase gehabt, da hatte ich sehr viel zu tun und hab' mich auch engagiert, aber – wenn ich mich ins Auto setze, dann ist das alles vergessen, dann denk' ich dran, daß ich beim Co-op einkaufen muß, ... gut, vielleicht mal am Abend, daß man sich noch mal drüber unterhält, wenn mal irgendwas war, dann – gut, das ist jetzt was Neues, ich unterhalt' mich jetzt mit meinem Mann, Bildschirm oder so, weil er mit mir da drüber reden kann, weil er selber damit zu tun hat, aber und über die Kolleginnen ..., aber über die Arbeit als solche nicht mehr. Also manchmal wundere ich mich – dann hab' ich das ganze Wochenende überhaupt nicht an den oder den gedacht, gell, man kann dann abschalten, also, so wie mir mein Mann erzählt, kann er das sogar, gell, daß er zu Hause abschalten kann. Kann nicht jeder.

Frage
Wofür haben Sie jetzt persönlich mehr Zeit, seit Sie halbtags arbeiten?

Antwort
Das kann ich schlecht sagen. Ich geh' ja halbtags arbeiten, um mittags mich um meine Kinder zu kümmern und den Haushalt. Insofern von mehr Zeit kann da nicht die Rede sein.

Frage
Jetzt im Vergleich zur Voll-Berufstätigkeit?

Antwort
Naja, wo ich voll berufstätig war, war es ja so, daß ich den ganzen Tag gar nicht zu Hause war und da hatte ich ja nicht die Arbeit, die ich heute hab'. Ich möcht' fast sagen, wenn Sie so wollen, hatte ich früher weniger zu tun wie heut. Wir sind zusammen heimgekommen in der Regel, und da hatten wir – der eine hat was zu essen gemacht, der andere hat halt gesaugt oder was auch immer, und da war man in einer Stunde fertig, gell. Das geht ja, das kann man gar nicht vergleichen heute.

Frage
Und jetzt, wo die Kinder größer sind?

Antwort
An meiner Arbeit hat sich nichts geändert, die wird höchstens *mehr*.

„Die Dinge klappen allerdings nur mit einer strengen Einteilung"
(1971, DDR)

von Ursula W.

35 Jahre alt, verheiratet, 4 Kinder – Maschinenschlosserin, Gewerkschaftsvertreterin, Studentin:

Meine Entwicklung begann eigentlich 1950, als ich die Grundschule verlassen hatte. Ich lernte Maschinenschlosser im Stahlwerk, bin als Schlosser auf die Werft gekommen und habe nach Abschluß der Lehre ein halbes Jahr als Schlossergeselle gearbeitet im Schiffbau und mich qualifiziert zum Materialwirtschaftler. Ich habe dann geheiratet, inzwischen sind aus unserer Ehe vier Kinder hervorgegangen, das Jüngste ist 2, die Älteste ist 16. Zur Zeit bin ich in der Neptun-Werft als hauptamtliche Mitarbeiterin der Gewerkschaft und kümmere mich vorwiegend um die Qualifizierung und den Einsatz unserer Frauen. Wir haben 1200 Frauen im Betrieb. Ich studiere allerdings außerdem an der Fachschule in Wismar mit dem Ziel, als Ingenieur-Ökonom abzuschließen, und habe die Absicht, dann noch ein vierjähriges Hochschulstudium anzuhängen und so eben meine Entwicklung zu vervollkommnen.

Mein Mann ist in der Seewirtschaft tätig, er ist Schiffsingenieur. Er ist allerdings viel auf Reisen, auch sehr viel im Ausland, so daß dann natürlich die Zeit für mich besonders schwer wird. Aber ansonsten kann ich das sehr gut schaffen, ich habe mich noch nie über Zeitmangel beklagt. Für Handarbeiten und für Wochenendfahrten bleibt immer was.

Die Dinge klappen allerdings nur mit einer strengen Einteilung. Ich habe eine sehr fleißige, lobenswerte Tochter im Alter von 16 Jahren, wenn die aus der Schule kommt, ist das erste: Schularbeiten, und dann macht sie mir die Wirtschaft, also das, was ein Mädchen von 16 Jahren machen kann: abwaschen,

staubsaugen, Schlafzimmer undsoweiter. Das gründliche Sau-
bermachen wird der Mutter zum Wochenende überlassen. Der
Junge ist in der Schule sehr gut, Schularbeiten erledigt er so
nebenbei, und der hilft mir sehr mit dem Einkaufen. Viel Arbeit bleibt natürlich am Feierabend mit den beiden Kleinen,
die sind 2 und 4 Jahre, da muß die Mutter sich drum kümmern.
Aber ich teile mir gern die Arbeit mit meinem Mann, so daß
das unbedingt zu schaffen ist.

Es gibt für meinen Mann nichts, was er nicht mit erledigt,
ich kenne das einfach nicht. Er hat gewollt, daß ich studiere,
also hat er auch den Willen gehabt, mir zu helfen. Und er tut
es, wo er kann. Morgen haben wir Bergfest, das heißt, ich habe
die ersten zwei, zweieinhalb Jahre meines Studiums hinter mir.
Und in der gesamten Zeit, wenn ich mich auf irgendwelche
Klausuren oder Abschlüsse vorbereitet habe, ich konnte das
ganze Wochenende sitzen und konnte dann beruhigt zum
Unterricht gehen, mit gutem Gewissen und gut vorbereitet.
Mein Mann hat sich um die Kinder gekümmert, wenn es sein
muß, macht er die Wäsche, kocht er das Essen, er geht
einkaufen, also, wie er es eben ermöglichen kann. Natürlich,
die Kinder müssen mit ran, das ist klar. Und ich bemühe mich
selbstverständlich, ihn in dieser Arbeit nicht allein zu lassen.
Was ich selber machen kann und schaffen kann, das tue ich
sowieso.

Wir Frauen haben nicht mehr soviel Zeit, uns völlig unserem Mann zu widmen. Mancher verlangt vielleicht, daß man
jede Woche zu ihm kommt, für mich wäre das unmöglich, mir
reicht alle 14 Tage. Und es wirkt sich wohl eher auf den Mann
aus, wenn eine Frau berufstätig ist und obendrein studiert, als
daß es sich auf die Kinder auswirkt. Für die Kinder hat man
immer Zeit. Ich will damit sagen, daß sich das Verhältnis zwischen Mann und Frau verändert hat, der Mann selber will
nicht mehr unbedingt eine Frau haben, die ausschließlich sexy
ist, sondern er legt Wert auf eine kluge Frau. Insofern hat sich
das Verhältnis doch zu Gunsten der Ehe verschoben. Die
Liebe ist eben anders geworden, ich würde sagen, sie ist schöner geworden. Durch das steigende Selbstbewußtsein der Frau,

durch ihre Qualifizierung, dadurch, daß sich Mann und Frau gegenseitig besprechen und ihre Probleme bringen, der Mann die aus seinem Betrieb, die Frau welche aus ihrem Betrieb, auch gesellschaftliche Probleme oder im Zusammenhang mit der Erziehung der Kinder, alles wird gemeinsam behandelt. Dadurch ist eine größere Harmonie in der Ehe zu verspüren. Und so etwas wächst auch, das macht sich bemerkbar im Verhältnis zueinander.

Unsere Kleinen sind tagsüber hier in Rostock in der Kinderkrippe bzw. eine in der Krippe und eine im Kindergarten. Die sind sehr gut versorgt, es gefällt ihnen, sie gehen gern hin, keine schreit. Sie freuen sich natürlich auch, wenn sie pünktlich abgeholt werden, das ist selbstverständlich. Aber soviel kann man den Kindern zu Haus gar nicht geben, wie sie im Kindergarten bekommen. Die Kleine war gerade mal 2 Jahre, da konnte sie Gedichte aufsagen, Lieder singen und alles. Ich sehe das bei uns im Block, da sind einige Frauen zu Hause, deren Kinder waren alle nicht soweit. Die Vorschulerziehung ist wirklich sehr gut. Mit den Horten gibt es allerdings noch Schwierigkeiten, da müßte einiges verbessert werden.

Ich muß ehrlich sagen, unsere größeren zwei Kinder waren gewollt, die letzten zwei waren ungewollt [...]

Ich hoffe, daß wir uns inzwischen auf diesem Gebiet so weit qualifiziert haben, daß nicht noch ein Kind dazukommt. Es würde auch gar nicht zum Studium passen. [...]

Es gibt ja generell die Möglichkeit, daß die Frau zwei Arbeitstage in der Woche für's Studium frei bekommt. Trotzdem fühle ich mich manchmal erschöpft, und zwar dann, wenn es zum Wochenende geht, oder jetzt kurz vor den Semesterferien. Wir sehnen alle die Zeit herbei, wo wir nicht mehr so intensiv studieren müssen und uns 8 Wochen erholen können. Aber die Erschöpfung ist meistens, möchte ich sagen, sonnabends schon vorüber. Wenn man sich morgens im Haushalt richtig ausgetobt hat, ist man abends doch wieder frisch, fernsehen, sonntags geht's an den Strand, und montags ist man wieder fit.

„Aber die Unabhängigkeit, die würde ich nie mehr aufgeben"
(1978, BRD)

von Marlene E.

Arbeitsalltag einer Rechtsanwältin:

F.: *Arbeiten Sie tatsächlich so viel?*

A.: Ja, im Schnitt schon.

F.: *Wann fangen Sie denn z. B. morgens an?*

A.: Ich fange um 9.00 Uhr an und bin in der Regel nicht vor halb zehn abends zu Hause, wobei ich eine Stunde Mittag mache. Und wenn es ganz schlimm wird, dann fange ich morgens um acht Uhr an. Dann muß es aber schon schlimm sein, weil ich morgens nicht so gut arbeiten kann. Im Rahmen des Möglichen kann ich aber schon mal nachts arbeiten und dafür nachmittags gehen. Wenn ich natürlich den Kalender voll habe, kann ich das nicht.

Aber insgesamt sind die Anforderungen sehr hoch.

F.: *Ihre Kollegen arbeiten auch so viel?*

A.: Ja. [. . .]

F.: *Wenn Sie so abends nach Hause kommen, beschäftigen Sie sich dann auch noch mit beruflichen Problemen oder versuchen Sie abzuschalten und sich für anderes freizuhalten?*

A.: Ich habe im Gegensatz zu den männlichen Kollegen zwar zuhause einen Riesenschreibtisch und auch ein Diktiergerät, aber ich bemühe mich krampfhaft darum, jede berufliche Einflußnahme in meiner Privatwohnung zu vermeiden, d.h. ich habe noch nicht einmal meine private Telefonnummer im Telefonbuch drin. Für Mandanten, die mich am Wochenende jagen, bin ich unerreichbar. Ich versuche, zwischen Wohnung und Büro streng zu trennen. Wenn ich am Wochenende arbeiten muß, dann arbeite ich hier. Ich habe zuhause kaum Fachbücher und bemühe mich sehr, meine Wohnung als Refugium zu betrachten.

F.: *Sie nehmen auch keine Akte mit nach Hause?*

A.: Manchmal nehme ich sie übers Wochenende mit nach Hause, wenn das Wetter sehr schlecht ist oder etwas routinemäßig da ist, aber das ist nicht viel.

F.: *Ist es Ihnen denn schon mal passiert, daß ein berufliches Ereignis Sie nachts nicht schlafen ließ?*

A.: Nein, und das liegt daran, daß ich schlafe wie ein Stein. Wenn das nicht wäre, wäre ich vielleicht auch schon durchgedreht. Das Tempo, die Anforderungen sind sehr hoch. Manchmal im Bett denke ich schon nach, wie ich etwas machen soll, aber dann habe ich auch wieder eine optimistische Art, und denke, daß mir schon was dazu einfallen wird, dann schlafe ich eben ein. [...]

Diese Berufstätigkeit und der damit erzielte Verdienst, das gibt einem eine ungeheure Freiheit. Ich bin zu allem bereit, aber ich würde die Unabhängigkeit, die dadurch bedingt ist, nie wieder aufgeben. [...]

F.: *Wie bewältigen Sie denn so Ihren Haushalt?*

A.: Ich lebe mit meiner Mutter zusammen, wir haben ein relativ großes Haus, da habe ich einen Schlafraum, einen Wohnraum und ein Bad. Und ich lebe schlicht und ergreifend unter Ausnutzung meiner Mutter.

F.: *Sie machen also keinen Handschlag im Haushalt?*

A.: Also ich revanchiere mich immer mit allen möglichen Dingen. Ich mache allerdings kaum einen Handschlag im Haushalt. Ich mache nur was, wenn meine Mutter verreist ist, dann muß ich mit der Zugehfrau klarkommen. Aber sonst geht das auch nicht.

Wenn also das Abendessen abends nicht auf dem Tisch steht, dann esse ich oft gar nicht, dann gehe ich einfach so ins Bett. Dann hole ich mir was zu trinken, lese was, in der Hoffnung, daß meine Mutter bald kommt, und wenn nicht, dann gehe ich ins Bett.

F.: *Man hört ja oft, daß man als berufstätige Frau nichts richtig machen könne. Man ist nicht Hausfrau, aber im Beruf leistet man trotzdem nicht so ganz dasselbe wie ein Mann. Teilen Sie diese Meinung?*

A.: Das ist eine Organisationsfrage. Bei Freunden kann ich das sehr gut beobachten, da sind beide Anwälte, 3 Kinder und das ist absolut eine Frage der Organisation. Sie macht ihren Job phantastisch, hat den Haushalt so durchorganisiert, daß sie abwechselnd zwei Zugehfrauen hat, dann hat sie immer noch Zeit, sich mit ihren Kinder zu befassen. Der Mann ist allerdings auch sehr einsatzbereit. Es gibt ja Leute, die machen aus allem ein Problem, aber sie können m.E. eine sehr gute Hausfrau sein.

Also ich müßte eine Vollhaushälterin haben.

F.: *Sie sagten, Sie sind sportlich sehr interessiert, beschäftigen Sie sich damit in der Freizeit?*

A.: Ja, ich bin auch sehr bewegungshungrig, ich spiele Tennis und zwar Mannschafts-Turniertennis und habe da viel Spaß. Ich bin sogar in zwei Vereinen.

F.: *Machen Sie noch andere Sportarten?*

A.: Ich laufe Ski und schwimme.

F.: *Wieviel Zeit wenden Sie denn dafür in der Woche auf?*

A.: Im Sommer, also hauptsächlich findet das ja an den Wochenenden statt. Ich würde sagen, so 6, 7 Stunden.

F.: *Müssen Sie in der Woche dafür trainieren?*

A.: Ja, sollte ich. Das tue ich dann meistens auch.

F.: *Ja, und was machen Sie sonst noch so in Ihrer Freizeit?*

A.: Ich gehe viel ins Theater, auch so in der Umgebung, ich lese noch relativ viel, weil ich eine Nachteule bin, kann ich das. Politische Literatur, aber auch Belletristik. Mein Lieblingsbuch ist der „Don Quichotte" und solche etwas abwegigen Dinge. Dann habe ich sehr viele musikalische Interessen und gehe gern in Konzerte.

Freundschaft und Ehe

F.: *Sie sind ja nicht verheiratet, darf ich Sie fragen, ob Sie einen festen Freund haben?*

A.: Ja.

F.: *Sind Sie relativ viel mit dem zusammen? Ich frage das deshalb, weil ich wissen muß, ob ich Ihnen bestimmte Fragen stelle oder nicht.*

A.: Im Rahmen der Möglichkeiten: mein Freund ist Golfer, ich spiele Tennis, diese Sachen müssen auch noch absolviert werden. Aber ins Theater fahren wir dann doch zusammen, in den Urlaub auch. Wenn es sich zeitlich machen läßt.

F.: *Konflikte gibt es also selten?*

A.: Nein, das kennen wir nicht. Einer gibt mal *die* Anregung, der andere jene. Da bin ich auch unkompliziert. Wenn ich nun unentwegt an die Nordsee müßte, dann würde ich das nicht machen. [. . .]

Sehnsucht nach ganz normalen Tagen
(1984, BRD)

von Else Meyer

Als ich erwache, ist es noch stockfinster.

Es ist kein normales Erwachen, etwa so, wie man aufwacht, wenn ein ganz normaler Tag vor einem liegt, noch halb im Schlaf, noch nicht ganz begreifend, daß die Nacht schon herum ist und ohne einen klaren Gedanken.

Nein, mein Erwachen ist etwas Urplötzliches, ein von einer Sekunde zur anderen Hellwachsein, und Gedanken jagen durch meinen Kopf mit einer Klarheit, die mich erschreckt und ängstigt.

Ich kann die Uhr in der Dunkelheit nicht sehen, aber ich weiß, daß es nicht später als fünf Uhr dreißig ist.

Ich weiß es mit einer Sicherheit, die unheimlich ist, die ich körperlich spüre wie einen dumpfen Schmerz.

Um diese Zeit mußte ich sonst aufstehen.

Ich liege ganz still und versuche, ruhig zu atmen. Es gelingt mir nicht.

Obwohl ich weiß, daß das Fenster geöffnet ist, habe ich das Gefühl, keine Luft zu bekommen. Kalter Sehweiß sammelt sich auf meiner Stirn, zieht über mein Gesicht, den Hals herunter und bricht dann auf meinem ganzen Körper aus.

Mit einer hastigen Bewegung richte ich mich auf und knipse die Nachttischlampe an.

Mir fällt ein, wie unangenehm mir sonst dieser Moment des Lichtanmachens war. Meist drehte ich mich dann noch einmal herum, schloß die Augen und gab mich noch einige Minuten der Illusion hin, daß mich das Licht eigentlich gar nichts angehe.

Sonst, ja, das war bei einem normalen Erwachen, wenn ein ganz normaler Tag vor mir lag.

Jetzt besteht kein Unterschied zwischen dem Dunkel und der plötzlichen Helligkeit.

Meine Augen waren schon vorher im Finstern weit geöffnet und reagieren nicht auf das Licht, und mein Körper ist angespannt in dieser bedrückenden Wachheit, die nichts mit Ausgeschlafensein zu tun hat.

Über meinen schweißnassen Rücken kriechen kalte Schauer.

Ich lege mich wieder zurück und ziehe die Decke hoch bis über die Schultern.

Es ist fünf Uhr fünfunddreißig.

Ich bin erst fünf Minuten wach und fühle mich so zerschlagen, als hätte ich mich stundenlang schlaflos herumgewälzt. Wie gut würde es sein, wieder einschlafen zu können, denke ich. Bis neun oder zehn Uhr, oder nein, warum nicht bis Mittag?

Mein Gesicht verzieht sich zu einem Lächeln. Es ist kein normales Lächeln, sondern ein Lächeln, das meine Gesichtszüge verkrampft und mir weh tut.

Es hat so viele Male in meinem Leben ein normales Erwachen vor einem ganz normalen Tag gegeben, wo ich mir Mühe geben mußte, nicht wieder einzuschlafen.

Jetzt aber, wo ich den ganzen Tag schlafen könnte, ohne daß es auch nur irgend jemanden interessieren würde, jetzt kann ich nicht mehr einschlafen.

Und ich weiß das mit derselben Sicherheit, wie ich vor wenigen Minuten die Uhrzeit wußte.

Jetzt ist es fünf Uhr vierzig.

An einem ganz normalen Tag würde es jetzt allerhöchste Zeit für Zähne putzen und duschen.

Ich liege steif in meinem Bett und rühre mich nicht.

Es wäre vielleicht besser, aufzustehen, anstatt hier herumzuliegen und zu warten. Warten auf nichts Bestimmtes, sondern einfach nur darauf, daß es später wird.

Während ich noch darüber nachdenke, wird mir klar, daß es vollkommen gleichgültig ist, wann ich aufstehe.

Der lange leere Tag liegt vor mir, egal, ob ich ihn im Bett oder woanders verbringe.

Fünf Uhr fünfundvierzig.

Für die Dusche wäre es schon fast zu spät. Zumindest müßte ich mich jetzt sehr beeilen.

Ich weiß, daß diese Gedanken unsinnig sind. Denn um diese Zeit würde ich mit Sicherheit längst unter der Dusche stehen, und der Wasserstrahl würde auf meiner Haut prickeln, die Müdigkeit verschwinden lassen und ein angenehmes Gefühl in mir bewirken.

Ich empfand es oft, dieses angenehme Gefühl am Morgen, eine Viertelstunde nach dem Aufstehen.

Aber wieviel Lebensfreude wirklich in diesem Gefühl steckte, war mir nie bewußt. Das weiß ich erst jetzt, wo ich nicht mehr aufzustehen brauche.

Die Freude auf meine Arbeit, auf meine Kollegen, war etwas so Selbstverständliches gewesen, daß mir nie der Gedanke kam, eines Tages könnte es all das für mich nicht mehr geben.

Entlassen. Arbeitslos. Ohne Hoffnung, Arbeit wieder zu bekommen. Oh ja, das alles gab es.

Ich wußte es seit langem, und ich hatte diese Entwicklung nicht mit Gleichgültigkeit betrachtet.

Aber was es wirklich bedeutet, wie total es einen Menschen aus seiner gewohnten Bahn wirft, das hatte ich nicht gewußt. Erst auf dem Arbeitsamt hatten sie mir grausam klar gemacht, in welcher Situation ich mich befand.

Allein die Tatsache, eine Frau zu sein, machte eine Aussicht auf Arbeit schon fast unmöglich.

Daß ich keinen erlernten Beruf hatte, machte die Angelegenheit noch aussichtsloser.

Aber das größte Hindernis, Arbeit wieder zu bekommen, bestand für mich darin, fast fünfzig Jahre alt zu sein.

Sie hatten von einem auf den anderen Tag eine alte nutzlose Frau aus mir gemacht, und sie scheuten sich nicht, mir das auch immer wieder genau zu erklären, so als hätten sie Sorge, ich würde vielleicht nicht begreifen, daß die Lage nun einmal so war.

Es ist kurz vor sechs Uhr.

Jetzt würde ich vor meinem geöffneten Kleiderschrank stehen und den vorletzten sauberen Pulli herausholen.

Abends würde ich unbedingt die Waschmaschine in Gang setzen müssen. Warum wartete ich nur immer so lange, bis nichts mehr sauber war?

Ein unangenehmer Kloß steigt in meine Kehle.

Ich möchte gern weinen. Aber meine Augen bleiben trocken.

Es wäre ein sinnloses Weinen, ohne jede Erleichterung, ohne jeden Trost, aber auch ohne jeden Grund.

Für mich würde es keinen vorletzten Pulli mehr geben. Sie lagen schon jetzt alle sauber gewaschen und zusammengelegt im Schrank. Und um einen Schrank voller sauberer Wäsche und Pullis weinte man nicht.

Aber in dem Gedanken an all diese sauberen Sachen in meinem Schrank liegt für mich ein tiefer Schrecken.

Wäsche waschen war für mich immer etwas, das nebenbei läuft, abends zwischen einkaufen und aufräumen, ein notwendiges Übel sozusagen, an das man keinen überflüssigen Gedanken verschwendet.

Jetzt, da es zu einer Hauptaufgabe für mich geworden ist, zu einer Beschäftigung, um die Zeit totzuschlagen, ist es zu einer traurigen und so sinnlosen Bedeutung herangewachsen.

Sechs Uhr fünfzehn.

Um diese Zeit schenke ich mir sonst meine zweite Tasse Kaffee ein. Eine Zigarette neben mir im Aschenbecher sorgt für vollkommenes Wohlbefinden.

Es würde jetzt Zeit sein, die Brote zum Mitnehmen zu streichen. Natürlich hatte ich am Abend zuvor in der Eile vergessen, etwas Vernünftiges einzukaufen. Nur noch ein an den Ecken vertrockneter Rest Käse war da.

Na egal, ich würde schon nicht verhungern. Nach Feierabend mußte ich daran denken, etwas zu besorgen.

Ein ganz normaler Tag.

Ich brauche nur aufzustehen und meinen Kühlschrank zu öffnen.

Wurst, Käse, Eier, alles ist da. Nichts habe ich gestern vergessen, einzukaufen. Ich hatte viel Zeit, um lange zu überlegen, was ich alles brauche.

Doch ich sehne mich nach meinem Käserest mit den vertrockneten Ecken, und es graut mir vor diesem Kühlschrank, in dem alles so frisch und appetitlich liegt.

Sechs Uhr fündunfzwanzig.

Jetzt müßte ich rasch den Frühstückstisch abräumen, meine Brote einpacken und den Mantel anziehen.

Halt! Meine Brille fehlt noch, wie jeden Morgen.

Wo habe ich sie nur abends wieder liegen lassen?

Daß ich mir auch nie angewöhnen kann, meine Brille an einen festen Platz hinzulegen.

Ich habe mir oft vorgestellt, wie schön das wäre und wieviel Aufregung ich mir am Morgen dadurch ersparen könnte.

Jetzt sehe ich meine Brille ordentlich neben dem Buch liegen, in dem ich noch bis in die Nacht hinein gelesen habe, und ich bin todunglücklich darüber.

Ich weiß jetzt, daß das allmorgendliche Suchen nach meiner Brille für mich dazu gehörte, zu einem ganz normalen Tag.

Jetzt, gegen sechs Uhr dreißig würde ich die Brille gefunden haben.

Im Wohnzimmer auf der Couch, zwischen Lehne und Sitz, verdeckt durch ein paar Zeitschriften, die ich noch durchgeblättert hatte, im Bad auf dem kleinen Arzneischrank, weil ich die Gebrauchsanweisung meines neuen Kreislaufmittels lesen mußte oder auch im Schlafzimmer in meinem Bett, wo ich eigentlich noch den Artikel über Krebs lesen wollte und darüber eingeschlafen war.

Jetzt würde ich noch einen letzten, hastigen Rundgang durch meine kleine Wohnung machen, nachsehen, ob alles in Ordnung ist und das Licht überall ausschalten.

Mir würde durch den Kopf gehen, daß ich unbedingt einmal wieder mit dem Staubsauger durch die Zimmer gehen müßte.

Auch das schmutzige Geschirr in der Küche ließ sich nicht mehr übersehen.

Bis zum Wochenende war noch zu lang, ich würde ein oder zwei Abende opfern müssen.

Ich liege immer noch unbeweglich in meinem Bett.

Das Aufstehen ergibt wirklich keinen Sinn.

Meine Wohnung ist blitzblank sauber. Das Geschirr ist abgewaschen, und ich habe nichts, aber auch absolut nichts zu tun, um das es sich lohnen würde aufzustehen.

Es gab zu viele normale Tage in meinem Leben, wo ich all diese Dinge irgendwann nebenbei in Eile erledigte, ohne besonders darüber nachzudenken, um sie jetzt noch zu einer Wichtigkeit erheben zu können.

Ich mache mir in einer schrecklich realistischen Art klar, daß es wahrscheinlich nie mehr diese ganz normalen Tage für mich geben wird, und jetzt rinnen mir doch die Tränen über meine Wangen.

Ich mache mir nicht die Mühe, sie fortzuwischen. Sie werden von allein wieder trocknen.

Und ich weiß, daß sie mir keine Erleichterung, sondern mich noch ein kleines Stück mehr in diese so hoffnungslose Verzweiflung bringen werden.

Wie sehr habe ich sie geliebt, diese ganz normalen Tage.

V

„VIELERLEI ANSPRÜCHE":
DIE EIGENE ZEIT UND DIE WÜNSCHE DER ANDEREN

Leere Zeiten
(1833)

von Fanny Lewald

Bei uns im Hause nahm das Tun und Treiben den gewohnten
Gang. Wir frühstückten in der Vorstube, unsere Eltern küßten
uns zum guten Morgen, sie saßen am Fenster auf dem
Fenstertritt, die vier kleinen Schwestern gingen, von dem
Hausknecht begleitet, in die Schule, die Brüder in ihre
Kollegien, der Vater an sein Geschäft, meine Schwester an die
Besorgung der ersten Haushaltsgeschäfte. Und ich? Ich hatte auf
der Welt Gottes nichts zu tun, ich hatte auch keinen Plan.

Endlich besann ich mich, daß ich mich in mein Zimmer hin-
aufbegeben könne, um mich neu einzurichten. Ich räumte die
Bücher, welche man mir während der Reise geschenkt hatte, in
das Schränkchen, vor dem meine Mutter so oft mit mir ge-
kniet, als ich noch ein unordentliches Kind gewesen war, das
sie mühsam zur Ordnung gewöhnt. „Unserer lieben Fanny
von ihren Eltern zu ihrem achten Geburtstage", stand darin
auf einem angeklebten Blatte geschrieben. Welch eine Ewigkeit
war das her, seit diesem achten Geburtstage! Heute, wo dieser
achte Geburtstag mehr als vierzig Jahre hinter mir liegt,
kommt er mir lange nicht so entfernt vor, als in meinem zwei-
undzwanzigsten Jahre. Die Zeit schrumpft für die Phantasie
zusammen, je länger man in ihr gelebt hat; der Jugend erscheinen die einzelnen Jahre, wie dem spätern Alter die De-
zennien, und auch dann erfährt der Einzelne das Schicksal des
ganzen Menschengeschlechtes.

Ich war mit den paar Büchern bald an Ort und Stelle, ich
ordnete meine Briefe, ich besah und durchstöberte alle Papiere
in meinem Schreibtisch, ich las weinend die Breslauer Stamm-
buchblätter durch, brachte meine Kommode, den Kleiderschrank, den Nähtisch in Ordnung – nun war ich fertig und
was nun?

Da kam es mit einem plötzlichen Entschlusse über mich, ich mußte vorwärts!

Müßiges Leiden habe ich nie ertragen können, und das Gefühl der schweren Undankbarkeit, deren ich mich gegen die Meinen schuldig machte, indem ich meine Heimkehr zu ihnen so unwürdig beging, brachte mich zur Besinnung. Sie waren ja völlig schuldlos an allem, was mich beschwerte; und was hatte ich denn zu ertragen im Vergleich zu Heinrich, der aus Liebe zu den Seinen einen weit schwereren Schmerz mit sich selber abmachte und heiter und dankbar anerkannte, was ihm an Liebe entgegengebracht wurde? Ich wollte nicht geringer sein als er, ich wollte mit mir fertig werden, still für mich leiden, was ich nicht ändern konnte und tun, was mir oblag.

Aber das war das Schlimme, es lag mir eben gar nichts ob! Nicht einmal die Wirtschaft hatte ich zu führen, wie bei meinem Austritt aus der Schule, denn ich sollte jetzt in den Haushaltsbesorgungen mit meiner Schwester Monat um Monat abwechseln und den ersten Monat noch in Freiheit genießen. Das war eine schlimme Freiheit für mich, und fast hätte ich mich nach meinem alten Stundenplan mit seinem strengen Reglement zurückgesehnt.

Ich fing natürlich bald wieder an, zwei Klavierstunden die Woche zu nehmen und eine Stunde täglich zu üben. Ich hatte auch wöchentlich zwei Zeichenstunden, machte gelegentlich verschiedene Versuche, nach der Natur zu zeichnen, aber der Unterricht war schlecht. Ich traf zwar die Personen leidlich, die ich zu zeichnen unternahm, indes ich gelangte zu keiner Durchbildung und zu keiner Freiheit in der Sache. Ich hatte deshalb von meinem Zeichnen ebensowenig wahres Vergnügen, als von meinem Klavierspielen, und die Lust an der Musik wurde mir dadurch vollends genommen, daß ich genötigt war, zwei von meinen kleinen Schwestern in derselben zu unterrichten, die bei redlichem Willen noch viel talentloser waren, als ich selbst.

Somit begann nun für mich jenes Leben, das die Mädchen in unseren bürgerlichen Familien fast überall führen: Ich konnte tun, was ich wünschte, aber ich wußte nicht, was ich mit mir und mit meiner Zeit beginnen sollte.

Ich war im Vaterhause, hatte keine Nahrungssorge und keine notwendige Tätigkeit außer den Näharbeiten für die Familie, an denen es natürlich bei einem Hausstande von achtzehn Personen niemals fehlte. Wir hatten einige Jahre vorher bei einer besonderen Lehrerin das Ausbessern und Feinstopfen erlernt, ich nähte auch nicht ungern, denn alle Menschen, die mit einem starken Tätigkeitstriebe begabt sind, gewinnen Freude an jeder Arbeit, bei welcher irgend etwas zustande kommt. Aber den ganzen Tag nur nähen und stricken und ausbessern, das konnte, sollte und wollte ich nicht. Mit meinen alten Umgangsgenossen fühlte ich mich eben in jenem Zeitpunkt nicht wie sonst verbunden, ich hatte also kein augenblickliches Interesse, das mich an sich zog, und so blieb mir denn nichts übrig als ein Nachsinnen über dasjenige, was zu vergessen mir sehr nötig gewesen wäre, um mich gesund zu erhalten.

„Eine verborgene
Liebesmühe soll es bleiben"
(1876/1894)

von Betsy Meyer

An Hermann Haessel

Juli 1876

Wenn Sie wüßten, wie ich an diesem Jenatsch arbeiten muß! Jeden Morgen von 9 bis halb 1 Uhr jede Zeile eines Kapitels umwenden und betrachten mit Conrad, den eine wahre Leidenschaft erfaßt hat, das Buch bald gedruckt zu sehen und zwar als Muster von Korrektheit – und Nachmittags, wenn er fort ist, muß ich es erst ins Reine bringen und jede seiner Notizen an Ort und Stelle schreiben. Ich konnte noch kaum unsre nächsten Verwandten einmal besuchen und das Nötigste in meinem kleinen Haushalt hier einrichten. Gut, daß wir diese peinliche Korrektur wenigstens unter meinem breiten Kastanienbaum am See machen können.

Der Setzer dauert mich oft, der die nicht leichte Arbeit hat, unsre Korrektur richtig zu lesen. – Wenn er nur so gewissenhaft arbeitet wie wir! Ich hoffe aber wirklich, wir werden zuletzt Alle an dem Buch unsre Freude haben! [...]

5. Sept. 1876

Hier endlich, verehrter Herr, der Vertrag. Glauben Sie ja nicht, er sei aus Saumseligkeit bis jetzt liegen geblieben. Er lag schon längst ganz ruhig und regelrecht auf meinem Schreibtisch; aber ich durfte ihn nicht absenden, bis das Manuscript fertig in Ihren Händen lag.

Conrad wollte nicht mit der Ablieferung seiner Arbeit auf einen bestimmten Tag gebunden sein, da ja jedes ganz unverschuldete unvorhergesehene Hinderniß dieselbe verzögern konnte. Das Schlimmste aber: den Jenatsch in dem skizzenhaften Zustande, wie ihn die Literatur gebracht, als Buch publiciren zu müssen, das wollte er am wenigsten riskieren. –

Nun, Gott Lob sind wir ohne Störung fertig geworden! Letzten Sonntag konnte ich zum ersten Male seit 4 Wochen wieder jeder drängenden Schreibaufgabe ledig zu meinen Geschwistern gehen und einen Spaziergang mit ihnen machen. –

8. Oct. 1894

[...] Von *„Mühe"* habe ich bei der Revision von meines Bruders zwei größern Gedichten *nichts* gespürt. Wie gern durchsah ich sie wieder! „Liebesmühe" ist, wie jeder weiß, nicht drückend. Möchte es keine *„verlorne"* sein! Nein, sie ist es gewiß nicht, denn beide Dichtungen haben solch' einen lichten Glanz der Schönheit, daß es sich hundertfach verlohnt, kleine unklare Stellen, die ihn trüben, wegzutilgen.

Auch eine *verborgene* Liebesmühe soll es bleiben. Mein Ehrgeiz ist der, daß niemand merke, daß eine andere Hand, als die meines Bruders selbst, die bessernde Feile führte. Übrigens führte er in diesen Dingen immer die Hand seiner Schwester – so kommt es diesmal aufs Selbe heraus.

Pflichten einer Gattin
(1881–1894)

von Theodor Fontane

Thale a. H. 27. Juni 81 [Montag]. Hôtel Zehnpfund.
Meine liebe Frau.

Heute früh hatte ich ein paar Zeilen erwartet; ich find es aber andrerseits natürlich, wenn sie ausbleiben. Du hast jetzt eine ziemlich starke Correspondenz: George, Martha, ich, dazu wünsch ich Dir von Herzen, daß meine Abwesenheitswochen Dir Gelegenheit zu kl. Ausflügen etc. geben, die vielleicht unterbleiben, wenn ich da bin. Das Ordnen der alten Briefschaften ist außerdem anstrengend und zeitraubend. [...]
Das erste Drittel meines für Stilke bestimmten Aufsatzes hab ich heute durchcorrigirt und ich schick es Dir morgen, so daß Du's am *Mittwoch* früh in Händen hast. Wenn es Deine Zeit erlaubt, so bitt ich Dich, es wo möglich am Mittwoch noch abzuschreiben, denn am Donnerstag früh soll schon das *zweite* Drittel in Deinen Händen sein. Nur *so* kann ich die Geschichte bis zum Sonntag oder Montag früh zwingen, denn ich muß ja doch Deine Abschrift auch noch wieder durchsehn.

Thale a. H. 22. Juni 83. Hubertusbad.

Liebe Frau.

[. . .] Du schreibst befriedigt über die verhältnißmäßig viele Zeit, die Dir jetzt zur Verfügung steht und schiebst es auf meine Unpünktlichkeit oder doch auf meine sonderbare Tages-Eintheilung. Ich glaube, daß es Dir dabei wie so oft geht: Du hast ein richtiges Gefühl oder machst eine richtige Beobachtung, und nur in der Motivirung oder Erklärung bist Du nicht glücklich. Daß ich um 3 und um 10 esse, kann wirthschaftlich unbequem sein, frißt aber Deine Zeit nicht weg. Daß diese doch mitunter weggefressen wird, liegt einfach darin, daß ich vielfach Anliegen an Dich habe, die natürlich wegfallen, wenn ich nicht da bin. ,Bitte, besorge mir das', ,bitte, mache doch den Besuch', ,bitte, lies mir doch was vor', ,bitte, schreibe mir doch was ab', – so geht das oft tagelang; das ist aber nicht Unpünktlichkeit. Ich *bin* unpünktlich, aber bei dem stillen, zurückgezogenen Leben, das wir seit Jahren führen, spielt die Unpünktlichkeit keine Rolle. Sie kann sich einfach nicht zeigen. [. . .]

Nordernei 13. Aug. 83. Marienstraße 3.

Liebe Frau.

Heute früh erhielt ich Deine dritte Karte, die von Sonnabend dem 11. Es freut mich, daß Du im Ganzen mit der Arbeit einverstanden zu sein oder sie wenigstens als Arbeit zu aestimiren scheinst. Ich glaube der Schluß des 12. Kapitels (das in *dem* Moment eintreffende Bouquet und Karte von Egon) ist ein guter Coup. Du hast Dich übrigens wieder mit Ruhm bedeckt; Du mußt es ja in 3 höchstens 4 Tagen abgeschrieben haben. *Das* könnte *ich* nun wieder nicht! [. . .]

8. 8. 1884

Meine liebe Frau.

[. . .] Morgen will ich an Scherz und Lübke schreiben und die letzten Petöfy-Kapitel lesen. Denn es ist nun Zeit, daß mit dem

Druck der beiden Bücher Ernst gemacht wird. Findest Du wohl noch Zeit und *Lust* (aber nur *dann*; denn ich will Dich in Deiner Reconvalescenz nicht mit solchen Geschichten quälen) den Scherenberg-Aufsatz auf *halbe* Bogen zu kleben, so wie ichs in der Regel mit den ‚Wanderungen‘ mache? Wenn Du, Friedel und George euch drin theilt, so kann es nicht lange dauern. Es ist aber keine Lebensfrage, da ich durchaus nicht weiß, ob ich *hier* noch zum Corrigiren komme; bleib‘ ich bei Kräften u. Stimmung, so schreibe ich lieber an meiner Novelle weiter. [...]

25. 7. 1891

An Mete Fontane:

[...] Mama schreibt Roman ab; es oder er scheint ihr nicht recht zu gefallen; ich kenne das schon und es schadt auch nicht viel; Romane, die beim Abschreiben zugleich die Verstimmung tilgen, also nebenher noch eine Art ‚Mottentod‘, – *die* giebt es nur selten. Meine Bücher verlangen ein freies Gemüth. –

Berlin 24. April 96. Potsdamerstraße 134. c.

Meine liebe Mete.

[...] Mama ist seit ein paar Wochen schreibefaul und versichert, sie wisse nicht was sie schreiben solle, denn sie erlebe nichts. Dies ist grundfalsch. Aber bekanntlich ist bei Mama alles Stimmungssache, sie sieht die Dinge nie, wie sie sind, sondern immer nur in der ihrer persönlichen Gemüthsverfassung entsprechenden Farbe. Und mitunter sind die Gläser so beschlagen oder verräuchert, daß sie gar nichts sieht.

Neubrandenburg Augusta-Bad 13. Juli 97.

Meine liebe Mete.

[...] Mama sitzt fest am Schreibtisch und packt Blatt auf Blatt; ich bewundre den Fleiß, aber nicht die Stimmung; sie leidet unter einer kolossalen Langenweile, deren zu Tage treten weder schmeichelhaft noch fördersam für mich ist, auch nicht durch die Resignation in die sie sich kleidet. Denn diese Resignation hat weniger von einer weichen Wehmuth als von einer stillen aber starken Verzweiflung. Schriebe ich *noch* einen Roman – allerdings undenkbar – so würde ich einen Abschreiber nehmen, coûte que coûte. [. . .]

„Ins Krankenhaus wollte ich sie ooch nicht geben"
(20. Jahrhundert)

von Berta H.

Wenn wir Ferien hatten, wissen Se, was wir machen mußten? Nach Feld, Roggen ernten, mit acht Jahren. Aber feste. Vater mäht mit der Sense, wir machen schöne Bunde, Mutter bindet ein' hinterher. Alles im Akkord. Mein Vater war ein flotter Arbeiter, immer tüchtig, immer tapfer. Und Kartoffeln buddeln. Das erzähl ich noch, denn kommt der Mietstaler dran. Um fünfe uffstehn, ach, Mutter! Neben uns waren die Polen, das war so 'ne Bande, die haben gleich die Sträucher mitgerissen und rin in die Kiepen, mit 'm Sand. Die hatten denn auch so viele Marken in der Tasche, die schafften wir nie. Haben die geschummelt, Mensch! Und wir Dusseln, wir haben immer schön vollgemacht die Kiepen mit Kartoffeln. Nach Hause gekommen: Ach Vater, guck mal, ich hab heute wieder offene Hände. Da konnte man richtig was reinlegen zwischen Finger, solche Wunden. Der Sand reibt doch, hat auch noch geregnet, wa? Denn hat Vater Pech genommen, heiß gemacht am Talglicht und ringemacht in unsere Wunden. Ich darf gar nicht dran denken!
1915 kam ich aus der Schule. Meinen Mietstaler hab ich schon mit dreizehn gekriegt. Sind drei Mark gewesen, damit

ich auch hinkam, für ein ganzes Jahr war ich richtig gekauft, wa? War das Kurzwarengeschäft in Z., gibt's heute noch. Ich hab ein schönes Zimmer gehabt, alles, was recht ist. Wenn nachher der August kam, konnte ich die Weintrauben aus'm Fenster pflücken. Da war ich anderthalb Jahre bei Bergmanns. Ich wär am liebsten da geblieben, aber ich wollte meiner Schwester in Berlin einen Gefallen tun. Ihr Mann war eingezogen, und nu kriegt sie ein Kind und schreibt immer, ich soll kommen, sie graut sich allein. Und meine Mutter will es auch so haben. Nun haben die Bergmanns geheult, und ich ooch geheult, und die Kinder haben geheult, ich hab doch alles gemacht für sie, gebadet, gekocht, das ganze Haus saubergemacht, alles.

Bei meiner Schwester bin ich ein Fabrikmädel geworden. Da hab ich Granaten gedreht, damit sich die Soldaten konnten totschießen. Noch verrückter, wa? Ach, das kann man gar nicht alles erzählen, das ist ein Roman! Denn bin ich zu Schwarzkopf, die haben Treibriemen gemacht, ganz große Treibriemen für die Schiffe, wissen Se, die wurden geklebt. Die Luft da drinnen! Die Leute sind umgefallen. Wer was hatte an der Lunge oder am Herz, der ist kaputtgegangen. Ich war auf der Männerabteilung, ich hab lieber mit Männern gearbeitet, von Frauen halte ich nicht soviel, wissen Se. Denn ging ich an die Stanzmaschinen, und das war ganz interessant. Ich war für alles zu gebrauchen. Heute sind die Leute faul geworden, die reißen ja auch keine Betten mehr. Ist nicht mehr, daß man zum Federnreißen zusammenkommt, die ganze Nachbarschaft, bis nachts um zwölfe, und denn noch Kaffee und Kuchen hinterher. [...]

Großmutter hat'ne Pension gehabt von ihrem Mann. Davon haben wir gelebt. Und ich hab immer gearbeitet, hier mal und da mal. Ich hab viel bei die Leute geholfen. Kartoffeln buddeln, später sammeln hinter die Maschine und nachts dreschen. 1934 starb meine Schwiegermutter. Die war inzwischen verheiratet in Berlin, mit 'nem Bollmann, der arbeitete im christlichen Zeitschriftenverein. Denn ist sie krank geworden, und mein Mann ist ins Krankenhaus gefahren zum Professor. Vierundfünfzig war sie, noch jung, wa? Wenn Sie sie noch draußen haben wollen, hat der Professor gesagt, es kann sich nur noch um Tage handeln. Klar müssen wir die Mama nach Hause holen, hab ich gesagt, ich kannte sie kaum. Ach, wenn ich dran denke, wie die hier ankam! Weiß wie der Kalk an der Wand. Und wie lang das noch gedauert hat, acht und 'ne halbe Woche. Hab's wirklich mit Liebe gemacht. Will mal sagen, sie ist bei lebendigem Leibe verfault, an Unterleibskrebs. Alle Tage Morphium. Wenn ihr mir einen Eimer voll gebt, sagt sie, dann wird's vielleicht besser mit die Schmerzen. Hier hatte ich sie zu stehn, unter'm Fenster. Nun kam der Frühling, wa, nun hatte ich lauter Knollen im Garten, Schneeglöckchen und Krokusse. Die pflanze ich nun in die Töpfe und stell sie ins Fenster. Die waren so schön gewachsen, da hat sie sich so darüber gefreut.

Dann kam mal der Pastor, sagt zur Krankenschwester: Wissen Sie, Sie müssen jetzt auch mal Nachtwache schieben, Frau Schäfer kann ja nicht mehr. Blau war ich immer. Hab immer nur Schorle-Morle getrunken. Schnaps dazwischen gegossen, daß keiner was merkt. Man lacht vielleicht darüber, 's ist mir aber sehr, sehr ernst gewesen. Fragen Sie nicht, wieviel Kölnischwasser ich verspritzt habe. Das Zeug, das da rausgekommen ist, waren ja nur noch Hautfetzen. Und hinten lag die Großmutter, die hatte ihren Schenkelhalsbruch. Ja, ja, die mußte den Abend noch in Garten gehn, Äppel rappen. Ich sage, Großmutter, laß das sein, ist schon so neblig. Nee, ist sie raus – und ausgerutscht. Ach ja, kein Mensch hat mir geholfen. Der Doktor sagt: Wir müssen Sandsäcke füllen, wir müssen das Bein strecken. Nun war die Großmutter aber so schwer, und denn noch die Sandsäcke. Ins Krankenhaus wollte ich sie ooch nicht geben. Heute, um Himmels willen, da findet sich doch kein Mensch mehr, der das macht, heute geht's gleich ab ins Pflegeheim, ist doch so.

Schwiegermutter starb denn. Da kam der Bollmann aus Berlin. Weiß ich noch wie heute. Das Ende war schrecklich, will gar nicht darüber sprechen. Der Bollmann, was ihr Mann war, der hatte schon vorher eine andere, der wußte ja, es war nischt mehr zu machen, hat er sich gleich die nächste geholt. Hieß genauso Minna, war genauso alt, hat alles hingehauen bei dem Bollmann, wa? Und ich hab seiner Frau die Augen zugedrückt. Der Pastor hat gesagt: Das kann Ihnen keiner nicht danken, wieviel Liebe Sie geopfert haben. Wenn Großmutter morgens meine Hände gekriegt hat, sagt sie: Berta, reib mir wieder schön ein, wenn du bei mir bist, ist mir wohler. Da hat sie meine Hände gestreichelt . . . Ach, die Großmutter! Die war sehr alt, wie sie gestorben ist, und spaßig war sie. Naja, schon ein bißchen umnachtet. Hat auf einmal das Federbett auseinandergerissen. Du lieber Gott, denke ich, was machst du denn, Großmutter, du hast ja's ganze Bett kaputtgerissen! Nun lag sie wie Frau Holle im Bette und hat sich gefreut. Und ich war so traurig, nun holen Sie mal die ganzen Federn wieder zusammen!

Nachts ist sie auf die Straße gelaufen, im Hemde, wa? Ihre Eltern haben in W. gewohnt, da wollte sie noch hin. Die haben aber gar nicht mehr gelebt. Doch, hat sie gesagt, die sind da, ich geh jetzt los. Barfuß, im Hemde. Hab ich sie immer wieder zurückgeholt. Und so kalt draußen, kein Mensch auf der Straße, nur wir beide, ich kann Ihnen sagen! Aber sie ist wenigstens nicht stur gewesen, sie ist mitgekommen.

Heiligabend neununddreißig hat sie sich von mir verabschiedet, sehn Se, da war sie wieder ganz klar. Großmutter, sag ich, willst du noch was haben für die Nacht? Ich will dich noch auf Wiedersehn sagen, meine Tochter, sagt sie. Großmutter, sage ich, ich sag doch immer gute Nacht. Na ja, sagt sie, heute ist das anders. Ich danke dir schön für alles Gute, was du mir getan hast . . . Denn hat sie, denn hat sie noch gesagt: Komm, lieber Herrgott, deck mich zu und bring mich nun zur Ruh . . . Und denn war's aus mit der Großmutter. [. . .]

Und denn kam meine Mutter nachher. Die hat hier in der Stube gewohnt, hat auch am Fenster geschlafen, wie meine Schwiegermutter. Das kann ich doch nicht machen, sie in ein Altersheim geben. Zwei Jahre hat sie noch gelebt, denn stand ich ganz alleine da. War mein Haus auf einmal leer. War doch schon Krieg. Meine Schwiegermutter hat schon vierunddreißig gesagt: Der Krieg ist noch nicht reif. Der wird schon noch reif werden, sage ich, verlaß dich drauf. [...]

Ja, ja, ist alles sehr schwer gewesen, nach diesem ollen dummen Krieg. Statt vorwärts ist man rückwärts gegangen. Man war gerade am Aufbaun vorm Krieg, da war wieder alles kaputt. Nun hatte ich erst mal vier Männer zu wohnen, die waren ausgebombt. Einer hat mich denn gefragt: Kann ich nicht meine Braut herholen, die hat auch kein Dach überm Kopf. Und denn kamen die eigenen Enkel dazu, jedes Jahr ein Enkel von Anna. Die Anna hat's auch schwer gehabt. Ihre Mutter hat ihr nichts beigebracht, hat nur gesagt: Setzt euch hin, Kinder, seid ganz still, sonst fällt der Kuchen im Ofen zusammen. Das war die Mutter von unserer Anna. Aber was man nicht kann, muß man lernen, man muß schwibbe sein, wa? Die Anna hat denn die ganze Entwicklung im Dorf mit-gemacht. Für Kindergarten hat sie gekämpft und daß eine Schule kommt und eine Wäscherei. Ich hab nicht gedacht, daß wir das schaffen. Ich hab das Wasser noch mit Eimer und Ketten getragen, über 'ner Stange aufm Rücken, wir haben ja keine Wasserleitung gehabt. Ja, ja, ist ein ganzer Roman. Aber ich geh noch immer gerade, sehen Se. Das ärgert mich so, wenn die Jugend so krumm und schief daherlatscht. Unser Bernd, der läuft jetzt schön graziös, hat er sich angewöhnt beim Mili-tär. 1952 haben die Jungen eine Neubauernstelle zum Acker dazugenommen, fingen mit ein Kuhgespann an. War eine große Umstellung mit viel Krieg und Krach. Die Anna immer schwanger. Einmal ist sie verunglückt, beim Holzabladen. Ich hab sie wieder hochgekriegt, aber da war mir, als ob ihre letzte Stunde geschlagen hätte. Ich habe ihre acht Kinder großgezo-gen, und eins ist gestorben, wie's ein paar Wochen war. Die Anna ist im Kuhstall gewesen und denn auf'm Feld. Jetzt fährt sie die neuen Mähdrescher. Das hat sie alles nur machen kön-nen, weil die Oma da war. Aber die Anna hat's schwer gehabt. So viele Kinder, so viele Sorgen, wa? Der Älteste war einmal halbtot, mit'm Motorrad. Die Anna ist nachts ins Krankenhaus gelaufen. Und zu Hause der halbfertige Weihnachtsbaum. Die Puppen haben keine Köpfe gehabt, nur neue Kleider, die

Köpfe hat die Fabrik erst im Januar geliefert. Nun haben sie alle einen richtigen Beruf und verstehen nicht mehr, wie schwer wir's gehabt haben.

Jetzt seh ich nicht mehr viel, ich laß mir vorlesen, von der Anna oder der Roswitha. Durch's Fernsehen hört man ja auch was. Ein blödsinniges Gefühl ist das, wenn man sich vorlesen lassen muß, und selber hat man doch auch lesen gelernt, nicht? Aber in die Volkssolidarität gehöre ich noch nicht. Warum soll ich denn bei die Alten sitzen? Vor unserer Haustür ist mein Platz. Hab das ganze Feld vor die Augen und hinten den Wald. Und Jugend ist auch immer da.

Stillzeiten
(1984)

I.

Stillzeit.

(1) Stillenden Müttern ist auf ihr Verlangen die zum Stillen erforderliche Zeit, mindestens aber zweimal täglich eine halbe Stunde oder einmal täglich eine Stunde freizugeben. Bei einer zusammenhängenden Arbeitszeit von mehr als acht Stunden soll auf Verlangen zweimal eine Stillzeit von mindestens fünfundvierzig Minuten oder, wenn in der Nähe der Arbeits-stätte keine Stillgelegenheit vorhanden ist, einmal eine Stillzeit von mindestens neunzig Minuten gewährt werden. Die Arbeitszeit gilt als zusammenhängend, soweit sie nicht durch eine Ruhepause von mindestens zwei Stunden unterbrochen wird.

(2) Durch die Gewährung der Stillzeit darf ein Verdienst-ausfall nicht eintreten. Die Stillzeit darf von stillenden Müttern nicht vor- oder nachgearbeitet und nicht auf die in der Ar-beitszeitordnung oder in anderen Vorschriften festgesetzten Ruhepausen angerechnet werden.

(3) Die Aufsichtsbehörde kann in Einzelfällen nähere Bestimmungen über Zahl, Lage und Dauer der Stillzeiten treffen; sie kann die Einrichtung von Stillräumen vorschreiben.

(4) Der Auftraggeber oder Zwischenmeister hat den in Heimarbeit Beschäftigten und den ihnen Gleichgestellten für die Stillzeit ein Entgelt von 75 vom Hundert eines durchschnittlichen Stundenverdienstes, mindestens aber 0,75 Deutsche Mark für jeden Werktag zu zahlen. Ist die Frau für mehrere Auftraggeber oder Zwischenmeister tätig, so haben diese das Entgelt für die Stillzeit zu gleichen Teilen zu gewähren. Auf das Entgelt finden die Vorschriften der §§ 23 bis 25 des Heimarbeitsgesetzes vom 14. März 1951 (Bundesgesetzbl. I S. 191) über den Entgeltschutz Anwendung.

II.

Frau D.:

„Das ist übrigens auch noch ein Punkt, wo ich mir im Klaren darüber war, daß ich nach 8 Wochen nicht mehr stillen konnte, das ließ sich mit meiner Arbeit gar nicht vereinbaren. Das hab ich sehr bedauert, ich hatte nämlich gut Milch, und sie ist auch voll gestillt worden ... mein Chef hatte auch gesagt: ‚Ja, machen Sie das‘, aber ich weiß selber, weil ich sehr selbständig arbeite, daß es arbeitsmäßig nicht vereinbar war. Das ging nicht, ich hätte rausgemußt aus der Arbeit, es war für mich dann die Frage: Kannst du den Streß durchhalten? Ich hätte rausgemußt zur Tagesmutter, wieder zurück und die eine Stunde, also ich weiß auch nicht. Ich hab gesagt, machen wir's mit Abpumpen, dann kriegt' ich die Brustentzündung, dann war's auch sowieso vorbei. Es war eigentlich schade, das hat wahrscheinlich auch irgendwo dieser ganze Streß bewirkt, daß ich wußte, ich muß nach 8 Wochen wieder arbeiten, das wirkt sich alles aus, seelisch und so.“

Frau L.:

„. . . ich still zwar noch, aber das war mir dann zu stressig, ich
mußte zu schnell arbeiten. Ich konnte meine Kollegen nicht
bitten, mir was abzunehmen, obwohl sie das manchmal gemacht haben. Aber die haben eben selber genug zu tun, und
das hieß aber, ich mußte entsprechend schneller arbeiten,
damit ich um drei Uhr gehen kann. Das hab ich drei Monate
gemacht und denn war mir das aber zu viel und darum hab ich
H. denn beigebracht, daß er nicht um halb vier schon Bock
aufs Stillen haben soll, sondern erst um halb fünf . . . . . . gut, da
steht drin, soviel Zeit, wie man zum Stillen braucht, soll man
sich nehmen. Nur es macht eben keiner meine Arbeit, ich hab
praktisch selber drauf verzichtet. Es war mir halt zu anstrengend, und wenn die Voraussetzungen nicht geschaffen werden,
daß man das ohne Schwierigkeiten machen kann, dann bleibt
einem nichts anderes übrig, als irgendwann . . . aufzugeben. . . .
Aber ich mein, das ist ja immer so. Man ist praktisch auf das
Wohlwollen der Kollegen angewiesen bzw. man macht das
auf deren Rücken. Die anderen müssen dann halt mehr
ranklotzen, oder man selber. . . . Es muß immer jemand drunter leiden . . .“

„Ich spring immer mal wieder
zwischendurch rauf und mach was“
(1973, BRD)

von Ellen N.

*35, mithelfende Familienangehörige (früher kaufmännische
Angestellte), verh., 3 Kinder*

Ich bin, ehrlich gesagt, Langschläferin. Ich komm erst ziemlich
spät aus den Federn, so gegen viertel vor sieben. Ich nehm aber
auch abends Tabletten zum Schlafen. Dann geht das holter die

polter. Die beiden Großen: Hast'n Apfel? Hast'n Taschentuch? Biste noch nicht fertig? Kämm dich! Putz dir die Nase! – So geht das: Meistens kommt der Kleine dann auch noch dazwischen. Der Große, der 14jährige, ist schon ziemlich selbständig. Der packt dann seine Brötchen alleine ein. Tommy, der zweite, ist ein richtiger Träumer. Hinter dem muß ich immer her sein.

Um zwanzig vor acht nehm ich den Kleinen mit runter in den Laden. Schließ auf. Dann steht da jeden Morgen schon 'ne Horde von dreißig Kindern, die reinstürzen: Die holen sich dann ihre Tagesration an Süßigkeiten. So gegen acht, zehn nach acht wird es ein bißchen ruhiger. Gegen zwanzig nach acht kommt mein Mann vom Großmarkt zurück mit dem Gemüse für den Laden von den Schwiegereltern nebenan. Dann wird er überall gebraucht, im Süßwarenladen und im Gemüseladen. So um viertel vor neun bring ich den Kleinen weg. Anschließend geh ich wieder in den Laden. Die Aushilfe kommt nur nachmittags, und wir, mein Mann und ich, machen den Laden in Wechselschicht.

In der stilleren Zeit bin ich so um elf wieder hier oben, schäle Kartoffeln, koch das Gemüse fertig, das ich nachmittags schon vorbereitet hab. Um halb zwölf muß ich den Kleinen wieder abholen, um zehn vor zwölf bin ich zurück. Dann mach ich die Betten und sämtliche Kleinigkeiten. *Meinen* ganzen Haushalt, den kann ich natürlich nicht in einer Stunde machen, aber ich renne dann durch sämtliche Zimmer. Mit dem Besen und dem Staubsauger. Früher hab ich noch jeden Tag abgestaubt, das tu ich jetzt nicht mehr.

Um halb eins, wenn die Kinder aus der Schule kommen, kriegen die ihren Obstsaft. *Nicht, daß ich die dann vernachlässige.* Der Kleine ißt um eins. Um viertel nach eins kommen die Großen und mein Mann aus dem Laden. Wenn die fertig sind, kommt mein Schwiegervater, meistens um viertel vor zwei. Dann ißt der. Dann spül ich, mach die Küche fertig. Zwischendurch helf ich den Kindern bei den Schulaufgaben. So um zwanzig vor drei schließ ich wieder den Laden auf, laß die Verkäuferin rein.

Ich spring immer mal zwischendurch rauf und mach was. Das ist nicht so wie bei einer berufstätigen Frau, die weg ist. Ich vernachlässige meinen Haushalt praktisch nicht. Aber dafür hetz ich mich ab, renn hin und her. Ich kann mich auf nichts so richtig konzentrieren, steck Geld in die Tasche, renn hoch, setz Kartoffeln auf, renn wieder runter – in der Zwischenzeit kocht mir oben alles über.

Nachmittags beschäftige ich mich eine halbe Stunde mit dem Kleinen. Den will ich auf keinen Fall vernachlässigen. Das hab ich mit keinem Kind getan. Ich geh mit ihm raus oder so. Jetzt habe ich ihm ein Buch für vorschulische Erziehung geholt. Die lernen da Begriffe kennen, Kreise und Quadrate und so weiter. Jedenfalls, er braucht da nicht drunter zu leiden. Die Größeren werden jetzt selbständig. Da muß man sich mit abfinden.

Wenn ich zurückkomm mit dem Kleinen, stopf ich oder putz Fenster oder so. Abends gegen halb sieben wart ich, bis Kasse gemacht ist und schließ dann den Laden ab. Dann kehr ich unten, im Laden und vorm Haus. Wenn ich dann raufkomm, heißt es meistens: Mutti, bringste uns das Essen hinter, da ist so was Schönes im Fernsehen! Die tyrannisieren einen. Aber ich laß sie. Sicher, es geht auf meine Kosten, ich muß ziemlich viel zurückstehen. Ausgehen können wir praktisch überhaupt nicht. Wir spielen lediglich mal Kanaster mit meiner Freundin, aber Konzerte besuchen oder so was, das fällt ganz flach. Mein Mann ist nie da abends, der arbeitet bis halb neun im Laden. Er geht vollkommen in der Arbeit auf, hat überhaupt keine Interessen.

Ich bin praktisch mit den Kindern vollkommen allein. Erziehungsmäßig überhaupt. Früher hab ich schon mal gesagt: Fragt den Vati. Aber das mach ich schon gar nicht mehr. Der ist ja auch ziemlich überbelastet. Ich bin das zwar auch, aber *ich habe mich damit abgefunden.* So sind ja die meisten Männer.

Auch sonntags. Mir hilft keiner beim Spülen oder Abtrocknen. Die sitzen gewöhnlich vorm Fernseher. Das ist auch praktisch unter ihrer Würde. Man ist da selbst schuld als Mutter von Jungens. Man erzieht die Jungen zu dem, was man als

Mann erhält. *Ich hab das erkannt, aber man opfert sich eben auf.* Früher hab ich mir immer ein Mädchen gewünscht, heute bin ich, ehrlich gesagt, ganz froh, daß ich keines hab: was man als Mädchen so alles vor sich hat, die ganze Erziehung, die Schwangerschaften ... *Man muß sich ja immer umstellen.* Das braucht der Mann ja nicht. Er lernt, führt seinen Beruf weiter aus, kommt nach Hause, wird erst von der Mutter versorgt, dann von der Frau. Wenn man sich als Frau nicht anpassen kann, geht sowieso alles schief. Daheim war das auch so. Meinem Vater mußten alle parieren. Meine Mutter auch. Die hat dann nachgegeben. Allerdings zuletzt nicht mehr. Da hat sie kontra gegeben.

Gelernt hab ich kaufmännische Angestellte, das heißt, eigentlich wollte ich nicht zur Handelsschule gehen, aber ich hab das Gymnasium abbrechen müssen, weil ich sehr krank geworden bin. In der Sexta. Rippenfellentzündung. Damals hat man mir gesagt: *entweder Ballett und die Klavierstunden oder die Schule.* Ich spielte sehr gern Klavier und bin dann von der Schule. Ich hab mir auch weiter gar keine Gedanken gemacht. Ich hab im Schülerorchester gespielt und sollte auch aufs Konservatorium. Als ich neun war, waren meine Eltern mit mir in Düsseldorf, und da sollte ich mich nach einem Jahr wieder melden. Das ist dann leider auch im Sande verlaufen. Warum, weiß ich nicht mehr.

Nach der Handelsschule hab ich eine kaufmännische Lehre bei der Ärztekammer gemacht. Da hat es mir sehr gut gefallen. Wir hatten ein gutes Betriebsklima. Ich wäre gern auch ins Labor gegangen und so. Ich hätte gern umgesattelt auf Arzthelferin. Aber dann kam die Heirat dazwischen, mit 21. Wir haben heiraten „wollen müssen". Mein Mann hätte von seinen Eltern aus sonst nicht heiraten dürfen, auch nicht mit seinen 21 Jahren. Der war einziges Kind und sehr abhängig.

Bis zur Geburt von Peter hab ich weitergearbeitet. Dann war ich *natürlich* zu Hause und dann ging das los. Wir hatten ein Zimmer bei meinen Schwiegereltern, und mein Mann arbeitete im elterlichen Laden unten im Erdgeschoß. Ich interessierte mich überhaupt nicht dafür. Das war eine ganz andere

Richtung. Meine Schwiegereltern hätten natürlich gern gehabt, daß ich in den Laden komm. Da hab ich gesagt, *wenn ich meinen Beruf schon aufgebe, dann möcht ich auch das Kind allein großziehen.* Das hat natürlich Reibereien gegeben. Ich hab hier sämtliche Hausarbeiten machen müssen, für uns und die Schwiegereltern. *Anfangs hatten wir hier noch eine Hausangestellte, die früher hier war. Die hat, als mein Kind ein halbes Jahr alt war, aufgehört, und ich hab alles allein weitergemacht.* Das fiel mir zunächst schwer. Vier erwachsene Personen und das Kleinkind – darauf muß man sich ja erst einstellen. Aber die meinten, *zu zweit hätten wir hier nicht genug zu tun.*

Ich hab mich dann immer sehr zurückgezogen, auch abends. Einmal bin ich mit dem Kind ausgerissen, mit dem Einverständnis von meinem Mann. Ich hab versucht, eine eigene Wohnung zu bekommen, aber das hat nicht hingehauen. Nach drei Jahren kam das zweite Kind, ein Wunschkind. Unser Peter war damals sehr krank. Und da hab ich zu meinem Mann gesagt: Du liebe Zeit, wenn dem was zustößt, das kann ich nicht verkraften. Da haben wir uns das zweite angeschafft. Zwei Jahre später haben die Schwiegereltern dann gebaut und sind ausgezogen. Ich sollte immer noch in den Laden, hab mich aber standhaft geweigert. Ich kochte ja noch für die vier Erwachsenen, hatte die zwei Kinder und genug zu tun. Und wenn ich dann noch außerdem arbeiten ging, dann wollte ich die Arbeit machen, die mir paßte. Die haben mich immer wieder bedrängt. Ich kam mir dann so vor wie: Du ißt hier unser Essen und liegst uns auf der Tasche.

Dann wollte ich außerhalb arbeiten gehen. Der Haushalt stand mir auch hier. Immer dieses eintönige Einerlei. Ich wurde verrückt. Früher ging man mal aus. Ich hab immer viel Konzerte besucht, bekam auch viele Einladungen. Anfangs hab ich mich auch damit abgefunden, daß das alles flachfiel. Wir mußten ja weiterkommen. Aber hinterher – da hab ich doch gedacht: Du liebe Zeit, *bloß alles wegen dem Geld.* Wenn man es hat, ist man alt. Ich hab mir also gesagt: Jetzt oder nie. Ich hab mich auf eine Zeitungsanzeige gemeldet. Von neun bis zwölf, halbe Tage als Arzthelferin. Ich hätte auch die Kinder nicht vernachlässigt. Mein Mann hat damals an und für sich ja gesagt. Aber mein Schwiegervater war dagegen: Wer soll denn kochen? Wer soll die ganze Arbeit tun? Wir haben keine Putzfrau! Das geht nicht! Aber das war eigentlich nicht ausschlaggebend. Es kam eine Nachricht vom Kindergarten: Der Kleine mußte zurückgestellt werden, es war kein Platz da. Und das Kind wollte ich ja nicht vernachlässigen. *Ich wollte ja nicht auf Kosten der Kinder mein Selbstbewußtsein stärken.*

Ich hab das inzwischen bereut, denn nach zwei, drei Jahren kommt man ja völlig aus dem Beruf raus. Damals kam auch das dritte Kind. Das haben wir eigentlich nicht gewollt. Ich war ziemlich deprimiert. Dann hab ich mich aber damit abgefunden. Der Kleine wog sechs Pfund. *Am Tag, als ich aus dem Krankenhaus kam, hieß es: Ja, was kochen wir denn heute? Kriegen wir Blumenkohl?*

Als vor vier, fünf Jahren die großen Supermärkte kamen, da ging der Umsatz rapide zurück. Mein Mann wollte nicht umsatteln, er war ja auch hier im Laden praktisch großgeworden. Da kann man sich nicht so umgewöhnen. Das kann ich schon verstehen. Ich wollte zwar mitarbeiten, nur eben lieber in einem Beruf, der *mir* paßt. *Meinem Mann zuliebe* hab ich es dann doch getan.

Wir haben aus dem Lebensmittelladen einen Süßwarenladen gemacht, und seither steh ich mit im Laden, halbe Tage, aber unter der Bedingung, daß mein Mann und ich allein den Laden machen und die Schwiegereltern im Gemüseladen bleiben. Nervlich bin ich seither ziemlich fertig. Ich hab starke *Schmerzen* im Nacken, die gehen bis in den Kopf rauf und dann bis in die Arme runter. Der Arzt sagt mir, ich wäre überbelastet, das wäre eine reine Nervensache, und ich müßte mal sechs Wochen ganz raus, von den Kindern weg. Aber wenn man dann weg ist – Ruhe hat man sowieso nicht, man macht sich dann Gedanken wegen der Kinder. Passiert da jetzt nichts? Der Große kommt jetzt in das Alter, wo er abends schon mal länger ausbleibt. Der Kleine ist sehr verwöhnt ... *Ich nehme jetzt Tabletten, die sind so stark, daß ich sie nur abends nehmen kann.*

Seit ich im Laden steh, kommt meine Mutter dreimal in der Woche und hilft mir im Haushalt. Die kriegt da nichts dafür. Sie kommt nur, weil sie sieht, daß es mir zuviel wird. Sie hat ziemlich viel gearbeitet in ihrem Leben. Mein Vater ist vor drei Jahren gestorben.

Eigentlich bin ich ganz zufrieden, bestimmt. Mein Mann und ich, wir verstehen uns gut. Sicher, manchmal wird es mir zuviel, dann boller ich rum, dann sag ich: Ihr habt es gut, ihr sitzt da rum und mich laßt ihr arbeiten! Aber das sind Tageslappalien. Sicher, wenn die Frau auch arbeitet, dann sollte der Mann eigentlich mithelfen. Aber wenn er es nicht tut, was tut sie dann? Sie hat ja dann laufend Streit. Man kann keinen 25jährigen Mann umerziehen. Man muß sich schon damit abfinden. Ich hab ihn schon so weit gebracht, daß er sich wenigstens seine Hemden selbst aus dem Schrank holt. Der würde niemals die Kinder ins Bett bringen oder so – auch nicht, wenn ich mal abends turnen gehen möchte. *Vom Haushalt hält er sich ganz weitab.* Wenn ich gehen möchte, muß ich meine Kinder im Bett haben. Er hat noch nie ein Kind gewickelt – auch nicht, wenn ich krank war. Das ist *Frauenarbeit,* sagt er, ich mach das nicht . . .

Uwe ist jetzt im Kindergarten, aber aus dem Laden kann ich heute praktisch nicht mehr raus. Mein Mann will ja nicht umsatteln. Ich hab allerdings darauf gedrungen, daß ich einen ganz normalen Stundenlohn als Verkäuferin kriege, 4 Mark die Stunde. Ich will auch später wieder kleben. Rechtlich gehört der Laden ja den Schwiegereltern, und man weiß ja nie, ob mein Mann wirklich mal alles erbt. Als Frau kann man ja doch eher schon mal den Beruf an den Nagel hängen. Der Ansicht bin ich noch immer. *Ich arbeite ja meinem Mann zuliebe.* Die meisten Frauen, die arbeiten ja nicht aus ideellen Gründen, die arbeiten, weils sie's müssen.

„Mein Mann hat immerfort nur Geschichten erzählt, wie ein Studium jede Ehe zum Platzen bringt"
(Siebziger Jahre, DDR)

von Erika D.

Dramaturgieassistentin, 2 Kinder:

[...] Als er unterwegs war, hab ich immer dagesessen und meinen Mann angeguckt und hab gebetet: Laß dieses Kind genauso werden wie sein Vater, bitte, lieber Gott, das erstemal mach das. Und dieser Sohn ist wirklich ein unglaublicher Abklatsch seines Vaters geworden. Ich bin mit dem Kind spazierengefahren und hab gedacht, jeder wird hier hereingucken und sagen: Ein Wunder! Dann haben wir sofort das zweite Kind in Auftrag gegeben. Das war ein Siebenmonatskind und starb. Jonas hat gerade die ersten Schritte gemacht und Mama sagen können. Wenn das nicht gewesen wäre! Später kam die Kleine. Diese Schwangerschaft war schlimm, weil ich eine so wahnsinnige Angst hatte, es könnte wieder eine Frühgeburt werden. Und die Kleine kam auf die Welt und war ein Nervenbündel. Nun hab ich wie verrückt Mutter gespielt. Da passiert ja erst einmal nichts anderes, ne? Geld war keines da. Aber wir hatten auch keine Anforderungen. Was wichtig blieb, das waren die Konzerte. Er hatte noch seinen Studentenausweis, und wir sind zu halben Preisen überall reingekommen.

Nach und nach hatte ich aber große Huddeleien mit dem Haushalt. Ich konnte auf einmal den Deckel vom Wäschetopf nicht mehr sehen. Da hab ich mir nachts ein Kinderbuch ausgedacht. Das Manuskript hab ich einer Frau vom Verlag gezeigt, ich dachte, das wird die umschmeißen. Die fing aber an, mir die Geschichte ihrer Ehe zu erzählen, ohne sich zu erkundigen, was für wesentliche Dinge ich ihr auf den Tisch gelegt hatte. Ich hab das Manuskript dort gelassen, aber sie hat sich nicht gemeldet. Naja, hab ich gedacht, sie wird traurig sein, weil sie selber nicht so was Tolles hervorbringt, man muß Verständnis haben. Dann rief sie an: Sie sollten schreiben, das hier geht aber wirklich nicht. Da hab ich gedacht, ich werd verrückt!

Das war aber das erste Problem, das ich mit mir allein ausgetragen hatte. Davon erfuhr mein Mann nichts. Inzwischen war die Kleine drei. Da lernte ich einen Rundfunkmenschen kennen, der eine Mitarbeiterin suchte, und ich sagte sofort ja. Plötzlich fand ich das ganz normal. Bei mir war's immer wahnsinnig undramatisch, nie große Entscheidungen, in alles bin ich nur so hineingeschlittert. Ich bin also mit der Kleinen losgezogen. Die saß unterm Tisch und hämmerte mit ihren Bausteinen. Und mein Chef sagte: Ich kann nicht denken, das Kind macht mich verrückt! Da bin ich in den nächsten Kindergarten gezogen und hab gesagt: Guten Tag, ich arbeite dort und dort, das ist ungeheuer wichtig, aber das Kind sitzt unterm Tisch und kriegt Depressionen. Es passieren ja manchmal Wunder, ne? Die Frau sagte: Dann bringen Sie das Kind her!

Jeden Abend ging ich nun mit Herzklopfen nach Hause, weil ich dachte, ich hätte nur Mist gebaut. Da fielen Namen von Politikern und Hauptstädten, die ich in meinem Hausfrauendasein nie gehört hatte. Und meinen Mann interessierte das überhaupt nicht. Das ist *deine* Sache, sagte er, *du* wolltest arbeiten gehen! Nun mußt du dir aber vorstellen, mein Mann hat mir seine Arbeiten immer vorgelesen, er hat auf mein unfachmännisches Urteil großen Wert gelegt. Und wir haben jedes Buch zusammen gelesen. Unser letztes war die „Anna Karenina". Und nun stand ich auf einmal alleine da. Mir fehlten ganz elementare Dinge, ich war ein Urmensch. Ich begann mich für Leute zu interessieren, ich fand die alle unerhört gut, weil sie Bescheid wußten. Der eine konnte eine Tonanlage bedienen, der andere konnte Auto fahren. Und ich stellte allen Fragen, von morgens bis abends, ich dachte manchmal: Die werden dir bald auf die Schnauze haun.

So wurde ich Vertrauensmann, weil ich ein sozial denkender Mensch bin, ja? Wenn einer krank wurde, bin ich hingesaust und dachte: Der muß ja gesund werden, wenn du ihm Blumen bringst. Und dann kamen die Frauenförderungspläne. Mein Chef hatte eigentlich keine Ambitionen, der sagte, das wäre alles Quatsch, man sollte sich am Arbeitsplatz qualifizieren. Aber ein anderer meinte, warum denn nicht, sie fragt doch dauernd, und wir haben bloß drei Frauen in der Abteilung. Um Gottes willen, rief mein Chef, in ihrem Alter, hat sie denn überhaupt Abitur? Nee, sagte ich. Na also, schreit mein Chef, ist doch Quatsch. Der andere blieb aber dran, und ich sagte wie immer: Gut, mache ich. Ich wußte ja gar nicht, was auf mich zukam.

Bin also zur Volkshochschule gewandert, und dort traf ich eine Frau! Wir sprachen eine Stunde zusammen, dann sagte sie: Es ist erstaunlich, was Sie alles nicht wissen. Die Aufnahmeprüfung für die elfte Klasse schaffen Sie nie. Wir machen das anders. Ich gebe Ihnen alle vierzehn Tage eine Stunde in den Deutschfächern und viel Hausaufgaben. Wir werden versuchen, ob wir mit Deutsch und Geschichte ins Abi reinkommen. Na klar, dachte ich, was soll sein? Lesen, schreiben, ne? Abends hab ich zu meinem Mann gesagt: Ich hab keine Zeit mehr, ich muß lesen. Da hat mein Mann nicht gefragt, was ich lese und warum ich lese, er hat nur dauernd gewimmert, daß kein Knopf am Hemd war. Und hat ferngesehen. Und ich saß in der Küche und hab studiert. Hab Heine gelesen, den ich nur von der Überschrift „Wintermärchen" kannte. Habe Lessing gelesen, den ich überhaupt nicht kannte. Mir ging eine Welt auf. Aber mein Mann hat immerfort nur Geschichten erzählt, wie ein Studium jede Ehe zum Platzen bringt. [. . .]

Ich hab geackert und geackert und hab mich gezankt zu Hause. Manchmal hab ich mir vorgenommen: Heute zankst du dich so lange, bis großer Qualm entsteht, und dann gehst du lernen. Das hab ich über die Bühne gebracht, die Türen flogen, ich war so wahnsinnig wütend auf meinen Mann, weil der nie fragte: Kann ich im Haushalt was machen, kann ich Schularbeiten bei den Kindern nachsehen? Nichts, gar nichts. Hat mir nur immer gesagt: Jetzt endlich siehst du, was du alles nicht weißt. Und hat Klavier gespielt. Hab ich mir oft gedacht: Du

Scheißkerl! Kurz und gut, ich habe nach einem Jahr das Deutsch-Abitur mit Eins gemacht. Der Direktor war sehr hart, weil er nicht glaubte, daß das geht, nur mit Konsultationen. Er hat mich gefragt, kreuz und quer, ich hab sie angeguckt und wußte alles. Geschichte haben wir 'ne Zwei gemacht. Und Staatsbürgerkunde, das war ein Jahr Philosophie, mein Mann hat zwar viel Philosophie erzählt, aber eine Methodik war da nirgends drin. Meine Bekanntschaft mit dem Marxismus war ein hilfloses Wühlen in Dingen, die ich nicht verstand – also da war's 'ne Drei, und ich war noch recht zufrieden.

Aber was denkst du, zum Studium kam ich nicht! Es kam nur ein Brief: Liebe Frau D., Ihr Aufnahmegespräch und Ihre schriftlichen Arbeiten haben leider nicht den Erfolg gebracht, den wir erwarten. Ihr Alter ist eigentlich auch ... Na, schönen Dank! Nun hast du endlich den Beweis, du bist halt doof. Zu dieser Lehrerin hab ich mich nicht mehr hingetraut, und zu den Leuten hab ich nur gesagt: Ich krieg das nicht mehr unter einen Hut, ich hab vom Studium Abstand genommen. Nun war ich fein raus, ne?

Da spielte sich in unserer Ehe etwas Kolossales ab: Sie ging plötzlich wieder. Nach zwanzig Jahren so ein Aufschwung! Ich bin nach Hause gerast, ich war selig, das Studium nicht machen zu müssen, weil ich nun Zeit für ihn hatte. Es war eine Zeit, wo eigentlich alles stimmte: der Mann, die Kinder, die Arbeit, die ganze Welt. [...]

Bis eines Tages die Frage auftauchte: Was würdest du sagen, wenn eine Frau in mein Leben getreten wäre? [...]

Unsere Scheidung war kurz, die erste Verhandlung dauerte eine Viertelstunde. Am schlimmsten traf mich, daß er in seiner Begründung geschrieben hatte, ich könnte ihm geistig nicht mehr folgen, er hätte mittlerweile eine studierte Frau kennengelernt, die ihm neue Horizonte eröffnet hat. Jeder Mensch eröffnet dir neue Horizonte, weil er ja ein neues Leben mitbringt, ne? Was ist denn eigentlich so ein Mann? Ein Mann braucht jemand, dem er seine Geschichten neu erzählen kann. Es interessiert ihn gar nicht so sehr, was der andere mitbringt, er braucht einen neuen Spiegel. [...]

Paß auf, der Mann war weg, und ein paar Tage später bekam ich die Zuschrift: Sie sind immatrikuliert. Ich hatte mich noch einmal beworben, es war ein absoluter Zufall. Aber ich war so kaputt, ich dachte: Du hast versagt auf allen Gebieten, du schaffst das Studium nie. Während er sein Kind gekriegt hat, habe ich Urlaub gemacht mit den Kindern und meiner Freundin. Und dann habe ich mir gesagt: Mensch, was machst du jetzt? Guckst abends in die Röhre, alleine, liest, alleine? Eigentlich ist dieses Studium deine einzige Chance.

Da passierte etwas Irrsinniges: Jeder riet mir ab. Mein Chef war besonders süß, der sagte: Ja, was machen wir denn da, gehen wir tanzen? Nee, sage ich, wir gehen studieren. Was, sagt er, in Ihrem Alter? Sie sollten sich noch ein bißchen amüsieren. Und der war nun auch ein Marxist! Kurz und gut, dieses Studium wurde eine wunderbare Geschichte. Jetzt geht es dem Ende zu, und ich habe einen Horror vor der Zeit danach. Dieser Austausch mit anderen Menschen, der bleibt im Beruf ja nicht erhalten. Im Beruf muß man einfach funktionieren. Ich bin ein Mensch, der voll in seiner Arbeit aufgehn kann, aber ich brauche immer einen Gefühlskontakt. Dieses Alleinlosrennen, wie manche Männer das können, das kann ich nicht. Wenn mir einer sagt, er ist glücklich, wenn er für die Gesellschaft tätig sein kann, dann kann ich das nicht nachempfinden.

VI

MUSSE – FREIZEIT – EIGENZEIT

Berliner Hofgesellschaft
(1805)

von Sophie von Löwenstern

6. April 1805.

Nach der Zeichenstunde bei Wachsmann gehe ich mit Bruder Otto und Ernestine R(ecke) zu Fuß nach den Zelten, wo wir Waffeln essen; Mama kommt mit der Schwester im Wagen nach. Wir sehen den schönen Prinzen Louis (Ferdinand) mit dem lächerlichen Dedem Rechberg zu Pferd, dann Wilhelm Arnim. Wir begegneten Madame Laforest, die mit Gaillard (einem französischen Diplomaten) bei Mama gewesen ist, um sie zu bitten, ihre Tochter mit auf den Ball zu nehmen. Dann Toilette zum Ball bei Hagens: weißes Klaep(?)-Kleid mit points oben und unten zweimal besetzt, – ganz weiße englische Blumen und meine Flechten mit echten Perlen, um den Hals eine Menge kleiner, schwarzer Glasperlen, die der gute Otto mir verschafft hat. Wir holen die beiden Dönhoffs und Caroline Laforest (die Tochter des französischen Gesandten) zum Ball ab, wo ich fast auf alle Tänze engagiert hinkam, Harry Reuß und Pourtalés (Offiziere des Regiments Gensdarmen), Zastrow, der nach Petersburg reist, Romberg u.s.w. Den Kehraus tanze ich mit Harry. Caroline Laforest und ich haben mit Bray einen großen Streit. Er hat einen Grundsatz, der mich wirklich sehr für ihn betrübt; er sagt nämlich: „Une bonne action faite mal est presque aussi mauvaise qu'une mauvaise action bien faite." Das scheint er freilich nur auf kleinere Sachen zu beziehen; die Lächerlichkeit ist ihm der größte Fehler. „Se donner un ridicule est un grand malheur." Wie falsch ist dieser Grundsatz!

Um drei Uhr ist der Ball aus.

7. April.

Als ich erwachte, schien die Sonne mir heiß auf den Kopf; es war beinahe 11½ Uhr. Eine Stunde später kamen Georg Riedesel und Marie Brühl zu Pferde, um mich abzuholen; wir ritten nach Charlottenburg. Da ich aber müde vom Ball war, kehrten wir bald um. Wir fuhren dann zu Recks, wo es mit der Melancholie der Mutter besser ist. ... Um sieben Uhr holen Laforests mich zur Vorlesung bei Tessier ab. Er liest gut vor, macht das Ganze aber lächerlich, weil er das Stück darstellen will. Er hat alles bei sich, was in dem Stücke vorkommt, Flinte, Tintenfaß u. s. w. Das Stück („L'Indigent" von Mercier) ist embarrassant für die Zuschauer und dumm.

Montag, 8. April.

Um 12 Uhr brachte Harry Reuß seinen Bruder Schock, der zu den Ferien hier ist, zu uns; Schock ist ein hübscher und artiger Mensch. Ich fuhr dann mit Mama und Julie in die Läden. Bei Kaufmann Loewe werden eingemachte Früchte gekauft, und während Julie sich bei Quittel Putz aussucht, läßt Mama mir nicht zu verschmähende Baisers von Josty (die „an der Stechbahn gelegene" bekannteste der Konditoreien des alten Berlin) holen. Abends in der Komödie „Die zwölf schlafenden Jungfrauen" (eines der berüchtigtsten Schauer- und Ritterstücke des berufensten Vertreters dieser Gattung, Cristian Heinrich Spieß, geb. 1755, gest. 1799).

Dienstag, den 9. April.

Die langerwartete Kalesche aus Wien, die durch Brays Vermittlung frei einpassiert ist, kommt an. Zeichenstunde und dann Singstunde bei Hurka. Der allerliebste Wagen, der uns große Freude macht, wird ausgepackt; wir probieren, wie sich's drin sitzt. Ich lasse mich von Berner fahren, wir essen eingemachte Früchte aus Venedig, die mit dem Wagen gekommen sind, wir setzen uns mit Julie Seckendorf in denselben und fahren in großer Freude um die Linden, wo wir den kleinen Triumph haben, der Plettenberg und der Acerenza (Tochter der Herzogin Dorothea von Kurland) zu begegnen. Im Tiergarten begegnen wir unseren Reitern, Georg Riedesel und Marie Brühl, und unter den Linden allen exerzierenden Gensdarmes. . . . Nachmittags kommt Kotzebue, der nach Livland reist, dann Bray zur Visite. Einladung zum Ball bei Fürst Hatzfeld. Abends in die Komödie in die kleine Hagensche Loge: „Elise von Wahlberg", schönes, interessantes Stück. (Dieses die Geschichte eines tugendhaften Landfräuleins bei Hof behandelnde, längst vergessene Schauspiel galt seiner Zeit für eine der gelungensten und zugleich kühnsten Schöpfungen Ifflands, des berühmten Schauspielers und Leiters der königlichen Bühne.) Traurige Nachricht von dem Tode unseres lieben Ermes, die mir viel Kummer gemacht und viele Tränen gekostet hat. Wie schrecklich ist es, so seine Lieben auf immer zu verlieren! Mama sehr betrübt. Der helle Mond erinnerte uns so lebhaft an unsere Lieben da oben. Ach, alles, alles erinnert mich an meinen Heinrich! (Der im Jahre zuvor verstorbene Bruder.)

Mittwoch, 10. April.

Dönhoffs kommen (auf kurze Zeit), G. Riedesel, beide Reuß, Lützow, Herr und Frau von Alopäus (der russische Gesandte), Bray, Zastrow u.s.w. Lützow sagt, ich könne mit Otto in die Schweiz reisen, wenn ich irgend ein häßliches, altes Frauenzimmer mithätte. Bray glaubt durchaus nicht, daß Papa es erlauben werde, und will wetten, daß ich im Leben noch viel reisen werde.

Sonnabend, 13. April.

Nach Tisch kommt Zastrow, um Abschied zu nehmen; er soll eine Nacht in Wolmarshof (dem an der Straße von Riga nach St. Petersburg belegenen Löwensternschen Familiengut) auf der Reise nach Petersburg zubringen, wohin sein Vetter vom Könige an den Kaiser geschickt wird. Mit Julie zu Recks, dann ins Konzert bei Schrötter. Viel mit Georg Riedesel gesprochen, der noch diesen Winter schrecklich grob war und jetzt sehr artig gegen mich ist. Brühl ist dort und zieht sich in den Hintergrund des Saals zurück, – traurige Empfindungen. Vor dem Ende gehen wir ihm ganz nah vorüber; ich schlage die Augen nieder und grüße nicht.

Sonntag, 14. April.

Aus einer herrlichen Predigt Palmiers zum Dejeuner bei Graf Reden, dann in Juliens Kalesche mit Caroline Riedesel und zwei Recks. Wir sehen von Juliens Fenster eine Whisky-Partie vorbeifahren, von welcher Julie Seckendorf ist; Prinz Radziwill (Prinz Anton, Gemahl der Prinzessin Louise, Schwiegersohn des Prinzen Ferdinand, Bruders Friedrichs des Großen) und die Plettenberg führen sie an; sie speisen bei Leboeuf, wo die Seckendorf rezitieren muß. Sie arrangieren eine Komödie bei Prinz Radziwill: „Der türkische Gesandte" von Kotzebue (aus dem dritten Jahrgang des „Almanachs dramatischer Spiele zur gesellschaftlichen Unterhaltung auf dem Lande", Berlin 1805, Nr. 4: „Mädchenfreundschaft oder der türkische Gesandte"). Es scheint mir aus den Reden der Gräfin Hardenberg und des Prinzen Radziwill, daß ich mitspielen sollte, daß man es mir aber nicht angeboten hat, weil Brühl auch darin spielt. Abends bei Tessier: „La Soirée des boulevards", – dummes Stück.

Montag, 15. April.

Um 9 Uhr zum Ball bei Fürst Hatzfeld, alles höchst elegant, allerliebste Orangerie, die Wirte sehr artig. Erster Tanz mit Romberg, zweiter Tanz mit Fürst Radziwill, – Quadrille mit Harry Reuß, zuletzt mit Schock Reuß, Laschkarew (von der russischen Gesandtschaft) und Georg Riedesel. Ziemlich viel mit Bray gesprochen; er ist liebenswürdig. Bei Tisch verläßt George Jackson (Bruder des englischen Gesandten und in dessen Abwesenheit Geschäftsträger) mich nicht: ennui. – Im ganzen sehr amüsiert. Abschied von Marie Brühl, sie geht mit einer großen gelehrten Gesellschaft aufs Land zur Gräfin Voß.

Dienstag, 16. April.

Um 3 Uhr bringen Mama und Julie mich zu Recks, von wo ich mit Eberhardine und Ernestine auf zwei Tage nach Potsdam reise, wohin Stolberg bereits voraus ist. Schöne, rasche Fahrt, – Anton zu Pferde uns entgegen, Constantin empfängt uns freundlich in den hübschen Zimmern, Adelaide Hardenberg kommt, und wir trinken im Kabinett Tee. Nachher tue ich den Vorschlag einer Promenade, – herrlicher Abend; wir sind sehr vergnügt auf dem Wilhelmsplatz.

Mittwoch, 17. April.

Eberhardine und ich schlafen in demselben Zimmer. Aus Furcht, zu lange zu schlafen – wir haben keine Uhr –, wachen wir schon um 5 Uhr auf und hören das Glockenspiel. Die Herren müssen früh zum Exerzieren. Schöner Morgen; die Regimenter ziehen mit Musik heraus, und die Hardenberg geht um 3 Uhr mit uns nach Sanssouci, – wir ruhen in den Marmorsälen von der Hitze aus. Als wir zurück sind, kommen die Stolberg, Georg Riedesel und die beiden Reuß, – Harry bringt uns bleierne Ohrringe mit und macht tausend Possen. Mittags Champagner, Schock Reuß sitzt neben mir, alle sehr vergnügt, außer Georg, der die ganze Zeit übel gelaunt ist. Promenade im Whisky nach dem Brauhausberge, hübsch möblierter Pavillon. Abends Promenade auf dem Wilhelmsplatze; – Harry (Reuß) und Anton (Stolberg) nehmen weiße Gewänder um und erscheinen als Geister, – sie springen um ein paar Bauern herum ... Schrecken! Stolberg führt uns auf einem Umwege nach Hause, um nicht bemerkt zu werden. Während des Soupers ertönt aus dem Nebenzimmer herrliche Musik, – von dem liebenswürdigen Anton Stolberg bestellt. Wir ziehen nach dem Marsch der Jungfrau von Orleans umher; ich stelle die Johanna vor. Wir trennen uns vergnügt, um am

Donnerstag, 18. April,

zum Frühstück um 9 Uhr wieder zusammenzukommen. Stolberg geht zum Exerzieren; wir walzen etwas mit den übrigen

Herren und gehen dann zur Gräfin Hardenberg aufs Schloß, wo wir Schokolade trinken. . . . Wir gehen auf die Rampe, um die Parade zu sehen, auf welcher der König und die Prinzen sind. Und nun, adieu liebes Potsdam! Wir drei fahren, von Constantin gekutscht und von den übrigen Herren zu Pferde begleitet, nach Grunewald; wegen der Distraktion unseres Kutschers riskieren wir mehrere Male umzuwerfen. In Grunewald finden wir meine geliebte Mutter, Julie, Mengden und alle Recks, und es gibt ein vergnügtes Mahl. Wir besehen das alte Schloß, wo eine schöne Hofdame die Eifersucht ihrer Kurfürstin erregte und auf deren Befehl, als sie auf ihr Zimmer gehen wollte, auf der Treppe eingemauert ward. Ich setze mich zu Pferde, um ein Weilchen zu reiten, muß aber den ganzen Weg so machen, weil unterwegs ein Rad des Reckschen Wagens bricht und sie alle in den unsrigen steigen. Langer, angenehmer Ritt, obgleich es blitzt. Abends in Berlin die Fermor, Mengden und die Hagens zu uns.

Allein in Island
(1845)

von Ida Pfeiffer

Kaum war ich in Reykjavik angekommen, erkundigte man sich sehr angelegentlich von allen Seiten, ob ich *reich* sei, oft Gesellschaften bei *mir* sehen werde, oder ob sonst viel bei mir zu verdienen sein werde.

Um hier gut aufgenommen zu werden, muß man entweder reich sein oder als Naturforscher reisen. Letztere werden meist von europäischen Höfen gesandt, um die Merkwürdigkeiten des Landes zu untersuchen. Sie machen große Sammlungen von Mineralien, Vögeln usw.; sie bringen viele und mitunter bedeutende Geschenke mit, die sie unter den Honoratioren verteilen; sie veranstalten manche Unterhaltung, ja sogar manch kleinen Ball usw. Sie kaufen alles, was sie von Sammlungen erlangen können, sie reisen immer in Gesellschaft, sie haben viel Gepäck bei sich, und benötigen viele Pferde. Letztere bekommt man in Island nicht zu borgen, man muß sie kaufen. Bei solchen Gelegenheiten ist hierzulande jedermann Makler. Von allen Seiten werden einem Pferde und Sammlungen aller Art angetragen. [. . .]

Bei mir war dies nun nicht der Fall; ich gab keine Gesellschaften, ich brachte keine Geschenke, von mir hatten sie nichts zu hoffen und folglich zogen sie sich zurück. [. . .]

Schließlich muß ich noch einiges über das Reisen in diesem Lande bemerken.

Die beste Zeit ist vom halben Juni bis höchstens Ende August. Früher sind die Ströme durch das viele Schneewasser zu sehr angeschwollen und reißend, und daher sehr gefährlich sie zu durchreiten. Auch manches Schneefeld, das die Sonne noch nicht ganz vertilgte und Schluchten und Lavamassen deckt, muß der Reisende überschreiten. Da ist nun die Gefahr nicht minder groß. Man sinkt beinahe bei jedem Tritte ein und muß noch Gott danken, wenn nicht die ganze, bereits mürbe Decke einbricht. – Im Monat September fangen oft schon die heftigen Stürme und Regen an, und auch Schneegestöber ist da täglich zu gewärtigen.

Ein Zelt, Lebensmittel, Kochgeschirr, Polster, Decken und warme Kleider sind höchst notwendig. – Mir würde dies zu viel Unkosten verursacht haben; ich hatte nichts dergleichen bei mir, – war daher auch den schrecklichsten Entbehrungen und Mühen ausgesetzt und mußte oft die anstrengendsten Ritte machen, um ein Kirchlein oder eine Kote zur Nachtherberge zu erreichen. Acht bis zehn Tage lebte ich oft nur von Käse und Brot und die Nächte brachte ich meist auf Kisten oder Bänken zu, wo ich oft vor Kälte kein Auge schließen konnte.

Gegen den Regen, der hier gar zu häufig fällt, ist es am besten, sich mit einem Regenmantel und einem glanzledernen Matrosenhute zu versehen. Ein Regenschirm ist ganz unnütz, denn gewöhnlich ist der Regen von Sturm, oder wenigstens von einem starken Winde begleitet; – dazu an manchen Stellen das schnelle Reiten, und man kann sich wohl vorstellen, daß da von einem Offenhalten des Schirmes gar nie die Rede sein kann.

Ich fand überhaupt das Reisen in diesem Lande viel beschwerlicher als im Orient. Mir wenigstens waren die schrecklichen Stürme und Winde, die scharfe Luft, der häufige Regen und die Kälte bei weitem unerträglicher als die orientalische Hitze. Von dieser bekam ich weder je aufgesprungene Lippen, noch Schuppen auf der Haut des Gesichtes. – Hier bluteten mir schon am fünften Tage die Lippen, und im Gesichte bekam ich später Schuppen, wie wenn ich den Rotlauf gehabt hätte. Eine sehr unangenehme Sache ist ferner das Reiten mit den langen Frauenkleidern, denn man muß stets warm angezogen sein, und da schlagen sich die schweren, oft noch vom Regen triefenden Kleider derart um die Füße, daß man beim Auf- und Absteigen vom Pferde im höchsten Grade unbeholfen ist. Das Schrecklichste aber ist, während der Regenzeit auf einer Wiese die Ruhestunde halten zu müssen. Die langen Kleider saugen da auch noch das Wasser vom nassen Grase auf, und man hat dann wirklich oft nicht einen einzigen trockenen Faden mehr an sich. [...]

Die Kirchen dienen in diesem Lande nicht bloß zum Gottesdienst, sondern auch als Magazine für Lebensmittel, Gerätschaften, Kleidungsstücke usw. und als Nachtquartier für Reisende.

Ich glaube kaum, daß selbst bei den rohesten Völkern eine solche Entweihung heiliger Gebäude statthabe. – Man sagte mir zwar, daß diese Mißbräuche jetzt abgeschafft werden sollten. – Dies hätte aber schon lange geschehen können und scheint auch jetzt nur beim *Sollen* zu bleiben; denn wo ich hinkam, stand mir die Kirche als Nachtherberge zu Diensten, und in jeder fand ich Fische, Talg und weiß Gott, was noch für gestankverbreitende Dinge aufgespeichert.

Das hiesige Kirchlein ist 22 Fuß lang und 10 Fuß breit; erst bei meiner Ankunft wurde es instand gesetzt, mich beherbergen zu können. Man warf Pferdesättel, Stricke, Kleider, Hüte und andere herumliegende Gerätschaften in einen Winkel, brachte Kotzen und einige recht hübsche, weiche Federkissen und bereitete mir auf einer, zur Aufbewahrung der Meßkleider, Altartücher usw. dienenden Kiste eine ziemlich gute Lagerstätte.

Gerne hätte ich mich nun da eingeschlossen, mir mein frugales Nachtmahl bereitet und dann vor meinem Schlafengehen noch ein wenig an meinem Tagebuch geschrieben; – doch daran war nicht zu denken. Sämtliche Bewohner des kleinen Ortes wollten mich sehen; alt und jung strömte in das Kirchlein, alles umringte und betrachtete mich.

So unangenehm mir dieses Begaffen war, mußte ich es mir doch gefallenlassen; denn das Wegjagen hätte die guten Leute doch gar zu sehr gekränkt. – Ich fing also trotzdem an, meinen kleinen Quersack auszupacken, Kaffee auf Spiritus zu kochen usw. Da steckten sie alle ihre Köpfe zusammen, bewunderten ganz besonders die Art des Kaffeekochens und verfolgten jede meiner Bewegungen mit den Augen. – Nachdem ich mein frugales Abendessen verzehrt hatte, wollte ich die Ausdauer meines Publikums auf die Probe stellen, nahm mein Tagebuch zur Hand und fing an zu schreiben. – Einige Minuten verhielten sie sich so ziemlich stille, dann aber sagte eines zum anderen: „Sie schreibt, sie schreibt!" – Dies wiederholten sie beständig und trafen durchaus keine Anstalt, mich zu verlassen; ja ich glaube, heute noch könnte ich dort sitzen, ohne sie aus meiner Nähe getrieben zu haben. Nach einer vollen Stunde ward es mir doch endlich gar zu viel, und ich ersuchte meine liebenswürdigen Zuseher, mich zu verlassen, da ich schlafen gehen wolle.

Meine Nachtruhe war eben nicht sehr erquickend. – Sich so ganz allein in einer Kirche zu wissen, inmitten eines Friedhofes, ist denn doch etwas unheimlich. – Dazu erhob sich nach Mitternacht solch ein fürchterlicher Sturm, daß die schwachen Holzwände von allen Seiten krachten und knarrten, als würden sie aus ihren Fugen gerissen. – Auch die Kälte war ziemlich fühlbar; denn mein Thermometer wies in der Kirche nur auf zwei Grad Wärme. – Ich dankte Gott innig, als der Tag und die Stunde der Abreise herannahte.

5. Juni

Vor sieben Uhr früh ist an ein Aufbrechen und Fortkommen bei der schrecklichen Schläfrigkeit und Trägheit eines isländischen Führers wohl gar nicht zu denken. Übrigens hat dies auch wenig zu bedeuten, da es in dieser Jahreszeit hier nie Nacht wird.

Ich nahm, trotz der bedeutend größeren Entfernung, den Rückweg nach Reykjavik über Grundivik und Keblevik, um die unwirtlichste der bewohnten Gegenden Islands kennenzulernen. – [...]

Müde und halb erstarrt kam ich abends in Reykjavik an, mit keinem andern Wunsche, als mich so bald als möglich zur Ruhe zu begeben.

Ich hatte in diesen drei Tagen 25 Meilen gemacht und dabei viel von Kälte, Sturm und Regen ausgestanden. Die Wege waren zu meinem Erstaunen größtenteils gut gewesen; doch gab es auch viele Stellen, die im höchsten Grade beschwerlich waren.

Aber all' diese Beschwerden und Mühseligkeiten, wie so schnell waren sie schon nach der ersten Nachtruhe vergessen, während das gesehene Einzig-Schöne, diese wirklichen Wunder des Nordens, mir unvergeßlich blieben und meinem Gedächtnis hoffentlich nie entschwinden werden!

Von Reykjavik bis Krisuvik	8 Meilen
Von Krisuvik bis Keblevik	8^1/$_2$ Meilen
Von Keblevik bis Reykjavik	8^1/$_3$ Meilen
	25 Meilen

[...] Merkwürdig kam es mir vor, daß die meisten dieser Leute bei mir eine Menge Kenntnisse voraussetzten, die sonst nur den Männern eigen sind; wahrscheinlich glaubten sie, im Ausland seien die Frauen so gelehrt wie die Herren. – Die Priester fragten mich zum Beispiel stets, ob ich Lateinisch spräche, und schienen sehr verwundert, diese Kenntnis nicht bei mir zu finden. – Die gemeinen Leute baten mich um Rat für dieses oder jenes Übel; – ja einmal, als ich auf meinen einsamen Wanderungen um Reykjavik in eine Kote trat, führte man mir sogar ein Wesen vor, das ich kaum für ein Geschöpf meinesgleichen gehalten hätte; – so war es durch den Ausschlag Lepra entstellt. Nicht nur das Gesicht, sondern auch der ganze Körper war damit behaftet; letzterer war ganz abgezehrt und an manchen Stellen mit Beulen bedeckt. – Für einen Arzt wäre dies sicherlich ein höchst interessantes Exemplar gewesen; jedoch *ich* wandte mit Entsetzen meinen Blick davon ab.

20. Juni

Die Reise von Kalmannstunga nach Thingvalla beträgt 11 Meilen und ist gewiß eine der schrecklichsten und beschwerlichsten, die man in Island machen kann. Von *einem* öden Tal kommt man in das *andere*; stets ist man von hohen Bergen und noch höheren Jokuln umschlossen und wo man den Blick hinwendet, begegnet man einer toten, erstarrten Natur. – Ängstliches Unbehagen bemächtigt sich des Wanderers, er durchirrt mit doppelter Hast die ausgebreiteten Wüsteneien und ersteigt begierig die vor ihm aufgetürmten Berge, – da hofft er Besseres zu sehen; – vergebens; – dieselbe Öde, – dieselben Wüsten, – dieselben Berge.

Auf den Hochebenen waren noch viele Stellen mit Schnee bedeckt; da mußten wir hinüber, obwohl wir oft unter dem Schnee das Rauschen des Wassers hörten. Auch über Eisrinden mußten wir, die zart und dünn über Flüsse gespannt waren und jene lichtblaue Farbe hatten, die das Zeichen der Gefahr ist.

Unsere armen Pferde sträubten sich wohl oft dagegen; aber das half nichts, sie wurden so lange durch Schläge angetrieben, bis sie uns hinübertrugen. Das Packpferd wurde immer voran geprügelt, es mußte die Bahn versuchen und uns als Führer dienen. Ihm folgte mein Führer, und zum Schluß kam ich. – Häufig sanken die armen Tiere bis über die Knie in den Schnee, ja zweimal sanken sie bis über den Bauch ein. – Es war dies einer der gefährlichsten Wege, die ich noch je gemacht habe. – Mein steter Gedanke dabei war, was ich wohl tun würde, wenn mein Führer so tief einsänke, daß er sich nicht mehr heraushelfen könnte. – Meine Kräfte würden schwerlich hingereicht haben ihn zu retten, und wohin hätte ich mich wenden sollen, um Hilfe zu suchen? – Ringsumher war nichts als Wüste und Schnee. Mir wäre dann vielleicht der Hungertod als Los zugefallen. Ich wäre herumgeirrt, hätte Wohnungen und Menschen gesucht und mich dabei so in das Innere der Wüsteneien verloren, daß ich wohl nie wieder herausgefunden hätte.

Wenn ich so ein Schneefeld schon von weitem entdeckte, was leider nur zu oft geschah, ward mir gar wunderlich zumute; nur *der* kann meine Angst ermessen, der sich selbst je in einer ähnlichen Lage befand. –

Wäre ich in einer größeren Gesellschaft gewesen, würde ich diese Furcht nicht gekannt haben; da kann man sich doch gegenseitig helfen, und durch dieses Bewußtsein erscheint die Gefahr viel geringer.

Dieser Weg wird aber auch in der Zeit, wo der Schnee keine sichere Decke mehr bildet, nur sehr wenig benützt. Wir sahen nirgends eine Spur von Fußtritten, weder von Menschen noch von Tieren; wir waren die einzigen lebenden Wesen, die diese wahrhaft greuliche Gegend durchzogen. Freilich zankte ich meinen Führer tüchtig aus, mich einen solchen Weg geführt zu haben; aber was half es? – Das Umkehren wäre so gefährlich gewesen, als das Weiterziehen. [. . .]

Wir ritten, so gut es ging, unter beständigen Regengüssen und Stürmen. Das Unangenehmste war, daß wir die Raststunden unter Gottes freiem, heute wie gestern sehr unfreundlichem Himmel ausharren mußten, da es auf dem ganzen Weg keine andere Hütte gab, als jene in der Lavawüste, die den Reisenden im Winter zur Station dient. Wir zogen also fort, bis wir eine magere Wiese erreichten. Hier konnte ich nun zwei Stunden entweder spazierengehen oder mich in das nasse Gras setzen. Ich wußte nichts Besseres zu tun, als Sturm und Regen den Rücken zu kehren, auf demselben Fleck stehenzubleiben, mich in Geduld zu fassen und zum Zeitvertreib den Gang der Wol-

ken zu studieren. Mehr aus Langeweile als aus Hunger ver-
zehrte ich dabei mein frugales Mahl; – fühlte ich Durst, durfte
ich mich nur umwenden und den Mund öffnen.

Wenn es Naturen gibt, die zum Reisen geboren sind, so ist
eine davon, glücklicherweise, die meine. – Keine Nässe, keine
Erkältung war vermögend, mir auch nur einen Schnupfen zu-
zuziehen. – Ich hatte während der ganzen Tour keine warme
oder überhaupt kräftige Nahrung genossen, ich hatte alle
Nächte auf Bänken oder Kisten geschlafen, hatte in sechs Tagen bei 55 Meilen gemacht und war dazu noch in der Höhle
Surthellir tüchtig herumgeklettert – und trotz all diesen Entbehrungen und Strapazen kam ich munter und gesund in
Reykjavik an.

Kurze Übersicht dieser Reise

Erster Tag:	Von Reykjavik bis Thingvalla	10,0 Meilen
Zweiter Tag:	Von Thingvalla bis Reykholt	11,0 Meilen
Dritter Tag:	Von Reykholt an die verschie- denen Springquellen und wie- der zurück an den Ort	4,0 Meilen
Vierter Tag:	Von Reykholt bis Surthellier und zurück nach Kalmannstunga	8,5 Meilen
Fünfter Tag:	Von Kalmannstunga nach Thingvalla	11,0 Meilen
Sechster Tag:	Von Thingvalla nach Reykjavik	10,0 Meilen
		54,5 Meilen

[...] Ich hatte jetzt alles Merkwürdige in Island gesehen, alle
meine Reisen in diesem Lande glücklich beendet und erwartete
nun mit unaussprechlicher Sehnsucht das Absegeln eines Fahr-
zeuges, das mich meiner teuren Heimat wieder etwas näher
bringen sollte. Ach, ich mußte noch 4 ewig lange Wochen in
Reykjavik bleiben, täglich meine Geduld auf die Probe stellen
und selbst dann, nach so langem Harren, mit der ersten besten
Gelegenheit vorliebnehmen. [...]

Am 4. Oktober 1845, nach einer Abwesenheit von sechs Monaten, begrüßte ich endlich wieder – wie viele meiner Landsmänninnen sagen würden – meinen lieben Stephansturm.

Viel hatte ich ausgestanden und gelitten; doch wären alle Gefahren und Beschwerden auch noch viel ärger gewesen, meine Reiselust würde sich doch nicht gemindert haben, mein Mut wäre nicht gesunken. – Ich ward für alles reichlich entschädigt. – Ich sah Dinge, wie sie im gewöhnlichen Leben wohl nie vorkommen; – ich sah Menschen – in ihrer Natürlichkeit – wie man sie nur selten trifft. – Und vor allem brachte ich die Erinnerung des Geschehenen mit, welche mir ewig bleiben wird und in welcher noch jahrelang die gehabten Genüsse sich wiederholen werden.

Im Tross von Baden nach Breslau
(1832)

von *Fanny Lewald*

Mein Vater reiste in der ersten Woche des Juni von Baden ab, und es hatte in dem Plane meines Onkels gelegen, daß wir bis Ende August in Baden bleiben sollten. Indes wie die Furcht vor der Cholera, von der besonders meine Tante und meine Großtante ergriffen waren, die Familie einst von Breslau fortgetrieben hatte, so machte das Fortschreiten der Epidemie, die sich mehr und mehr dem westlichen Deutschland näherte, auch unserem Aufenthalt in Baden schnell ein Ende.

Die Badner Ärzte vertrösteten zwar mit der Hoffnung, daß die Orte, welche warme Quellen hätten, von der Seuche bisher verschont geblieben wären; indes eine Garantie für ihre Behauptung und für das Zutreffen ihrer Aussage, wie die Großtante sie verlangte, konnten sie ihr natürlich nicht leisten, und alles in allem genommen, mochte wohl auch mein Onkel sich nicht der Möglichkeit aussetzen wollen, der drohenden Krankheit mit einer Familie wie der seinen außerhalb der Heimat zu begegnen.

Die Herrlichkeit in Baden währte also nicht lange, und eines schönen Tages befanden wir uns mitten in den Zurüstungen zur Abreise. Die beiden großen Reisewagen wurden vom Stellmacher und vom Schmied untersucht, die Koffer, Walisen, Waschen und Reisesäcke wurden vom Sattler nachgesehen, eine Masse von Büchern und Gerätschaften, welche man im Verlauf der anderthalb Jahre in Süddeutschland gekauft, wurden einem Spediteur zur Nachsendung übergeben, und es hob nun ein Packen an, das darum so schwierig war, weil jeder alles auf das Bequemste haben sollte und wollte, und deshalb die Ordre gegeben war, eine ganze Menge von Sachen „zu oberst" zu legen, was natürlich nicht möglich war.

Bei diesen Reiserüstungen sah ich es denn zum ersten Male, wie schwer die Menschen sich das Leben machen, die keine Unbequemlichkeiten und Entbehrungen vertragen mögen, und wie die Reichen vor lauter Bestreben, sich die durch ihr Vermögen ihnen zu Gebote stehenden Vorteile zunutze zu machen, in einen Zustand hineingeraten, um den sie wirklich nicht zu beneiden sind, weil sie sich und anderen damit beschwerlich, ja zur Qual werden. [. . .]

Meine Großtante hatte es aber gar kein Hehl, daß sie sich als die Hauptsache, ja, als der Mittelpunkt der Welt erschien; und da die Tante sie sehr liebte und der Onkel dieser höchst gefällig war, so tat man alles, die alte Dame zufrieden zu stellen.

Daß wir reisen sollten, stand entschieden fest, aber wann und wie wir reisen sollten, darüber konnten die beiden Damen zu keinem Entschlusse kommen, und mein Onkel kam mir dabei gradezu bedauernswert vor. Meine arme Tante, der das Reisen mit dem Säugling beschwerlich sein mußte, wollte natürlich gern auf dem kürzesten Wege und so schnell als möglich nach Hause fahren. Ihre Mutter dagegen wollte nur ganz kurze Tagesreisen machen und vor allen Dingen jeden Ort vermeiden, an dem sich auch nur Spuren von Cholera oder Brechruhr gezeigt hätten. Trennen wollte man sich, da die Seuche überall spukte, unter keiner Bedingung von der alten Frau, und so ließ sich denn der Onkel endlich herbei, nach den verschiedenen Städten, in denen wir übernachten sollten, zu schreiben und Erkundungen über den Stand der Gesundheit in denselben einzuziehen. Daß dieser sich längst geändert haben konnte, ehe Anfrage und Antwort ihren Weg, und endlich wir selbst die Reise nach dem betreffenden Orte gemacht haben konnten, daran dachte natürlich die Großtante durchaus nicht. Sie war vollkommen beruhigt und zufrieden, als die Briefe geschrieben und abgeschickt worden waren; und als dann endlich aus dem Büro unserer Gesandtschaft in Frankfurt am Main die Nachricht anlangte, daß, soviel man wisse, zwischen Baden-Baden und Frankfurt, und Frankfurt selbst, alles noch gesund sei, traten wir unsere Reise an.

Das war in jenen Tagen aber noch eine andere Expedition als jetzt. Schon am Abend vorher standen die Reisewagen, da das Haus, in welchem wir wohnten, keine Remise hatte, gepackt vor der Türe, wurden fest verschlossen und ein Mann engagiert, der bei ihnen Wache halten mußte. Und nun am Morgen der Aufbruch selbst!

Die Damen und die Kinder hatten jeder irgendeine Bequemlichkeitsgewohnheit, von der sie auch in der letzten Nacht nicht lassen zu können gemeint, und es gab denn am Morgen noch ein Packen und Kramen und Hasten ohne Ende. Hier standen eine Nachtlampe und eine Nachtuhr, dort lag eine seidene Steppdecke und ein seidenes Plümeau; rechts lag ein ledernes Kopfkissen und links ein wattierter Morgenmantel, der durchaus beim Frisieren umgebunden werden mußte, hier war eine Hausapotheke, die nachts ebenso durchaus vor dem Bette stehen mußte, und daneben gab es noch ein Dutzend anderer durchaus unentbehrlicher Unnötigkeiten zu verpacken. Die Dienstboten, das Gesellschafts-Fräulein, die Pflegetochter, der Onkel, die Frauen hatte alle Hände voll zu tun; der Hauslehrer, einer der zerfahrensten und konfusesten deutschen Gelehrten, den das Schicksal wirklich im Zorn zum Hauslehrer gemacht haben mußte und der sich zum Erzieher eignete wie ein Bär zum Zitherschlagen, lief, sich den Kopf mit beiden

Händen krauend und dabei eigentlich völlig kopflos, in den Zimmern umher, um die Kinder zusammen zu halten; und man atmete erst auf, als alle die Päcke, Schatullen, Necessaires, und endlich auch die Frauen und Kinder in den Wagen untergebracht und festgesetzt waren, als man die Wagentüren zuschlug, die Postillione ins Horn stießen und die beiden großen, vierspännigen Karossen sich in Bewegung setzten.

Ich fuhr mit der Großtante. Wir saßen zu vieren in ihrem sehr bequemen Wagen: sie selbst, ihre Gesellschafterin, ihre Pflegetochter und ich. In unserm Coupé, denn beide Wagen hatten Coupés, der Hauslehrer, der in der Regel eines oder das andere der Kinder bei sich hatte, wenn nicht eine von uns es vorzog, draußen zu sitzen; und in des Onkels Wagen reiste er mit seiner Frau, mit seinen übrigen Kindern und der Wärterin.

Unser Weg ging wieder über Heidelberg und Frankfurt, wo wir mehrere Tage verweilten. Dann besuchten wir die Taunusbäder: Wiesbaden, Schlangenbad, Schwalbach, gingen von Mainz bis Koblenz zu Schiff, machten einen mehrtägigen Aufenthalt in Koblenz und Ems und eine zweite Schiffahrt bis Köln, um den Rhein noch weiter kennenzulernen, und kehrten dann nach Koblenz zurück, von wo wir die eigentliche Heimreise nach Breslau antraten.

Für mich war die Reise, so viel Unbequemlichkeiten und Mühen sie auch für den Onkel mit sich brachte, eine äußerst vergnügliche. Hatte er, wie er es nannte, am Morgen alles „herausgelotset" und am Abend alles untergebracht, was keine Kleinigkeit war, da wir immer sechs Zimmer haben mußten, so gewann sein ungemein heitrer Sinn gleich die Oberhand. Stets zur Mitteilung geneigt, sehr leichtlebig und frei im Verkehr mit Fremden, machte er viel Bekanntschaften, und mir war es damals noch ebenso neu als genußreich, Fremde zu sehen und mit ihnen zu verkehren.

Dazwischen fehlte es an komischen Intermezzi nicht. Bald hatte die Großtante, die immer ihr eigenes Besteck mit sich führte und nur mit diesem aß, im Eifer des Aufbruchs ein Besteck des Hotels in ihr Etui gepackt, während ihre Pflegetochter das richtige Besteck reinigen ließ, und wir wurden dann, nachdem wir das Hotel schon verlassen hatten, in unsern vornehmen Reisewagen angehalten, worüber die alte Dame und ihre Kinder, jeder auf seine Weise, empört und zornig waren, um die mitgenommenen Messer und Gabeln auszuliefern; bald wohnten wir, wie in Koblenz, in elenden Erkerstuben, weil der Emser Wirt in dienstbeflissenem Eifer heimlich die Bel-Etage für uns im Voraus bestellt und unsern Namen so undeutlich geschrieben hatte, daß der Besitzer des Koblenzer Gasthauses seine guten Zimmer für uns in Bereitschaft hielt, während wir so schlecht als möglich untergebracht waren. Aber mich focht das alles gar nicht an. Ich war gar nicht verwöhnt, hatte auf dieser Reise viel mehr an Luxus, als ich jemals gehabt und bedurft, wurde auf das Gütigste behandelt und hatte die größte Freude mit all dem Schönen, das sich mir an jedem Tage darbot. Die halben Nächte durch saß ich mit der Pflegetochter des Hauses, mit der ich gewöhnlich zusammen wohnte, auf dem Fensterbrett unserer Stube, in Ems und in Koblenz, und schaute auf die Nahe, und schaute auf den Rhein hinab, und sah, wie drüben über dem Ehrenbreitstein die Sterne funkelten und wie sie wiederschienen aus dem dunkeln, schnell hinflutenden Strom, und die Stille und Abgeschiedenheit taten mir in dem Hinblick auf die Natur unbeschreiblich wohl. Es löste sich in solchen Stunden so manches von mir ab, was mir das Herz zusammengepreßt und den Sinn befangen hatte. Ich konnte freier sehen, weiter hinausdenken in die Ferne und in die Zukunft, und was für mich und meine ganze Entwicklung wohl die Hauptsache war: ich lernte mich in dieser nächtlich stillen Betrachtung als selbständiges Wesen empfinden, während ich am Tage in dem vielseitigen Menschenverkehr bewußt und unbewußt manche von den Eigenheiten und Wunderlichkeiten abzulegen begann, die allen den Menschen ankleben, welche stets in einem sehr fest begrenzten Familienkreise gelebt und sich dadurch gewöhnt haben, ihn als ihre Welt anzusehen. Denn das Familienleben hat die doppelte Eigenschaft, dem Menschen die letzte und höchste Ausbildung zu geben, wenn er sich frei und mit dem Auge auf das Allgemeine gerichtet innerhalb dessen bewegt, und ihn beschränkt und kleinlich, ja oft völlig ungenießbar und unbrauchbar zu machen, wenn er sich von demselben befangen läßt und ganz in demselben aufgeht. Darin liegt der Grund, weshalb Männer, welche meist reifer in die Ehe eintreten, sich in derselben häufig zu ihrer Vollendung entwickeln und Frauen, bei denen Reife in jungen Jahren so überaus selten ist, in der Ehe ebenso häufig förmlich zugrunde gehen.

Unsere Reise ging langsam von Statten, und das umso mehr, als die Cholera nach wie vor unsern Reisemarschall machte. Von Frankfurt hatten wir ursprünglich unsern Weg über Würzburg und Prag nach Breslau nehmen sollen, da sich aber inzwischen die Seuche in jenen Gegenden hier und da gezeigt hatte, wurde noch am Vorabende unseres Aufbruchs von Frankfurt die Reiseroute geändert, und wir schlugen mit einem großen Umwege unsere Straße über Kassel und Berlin ein, wobei denn später noch ein Extra-Umweg nötig wurde, da man das infizierte Erfurt zu meiden wünschte.

In Kassel machten wir einen längeren Halt, um die Sehenswürdigkeiten in Augenschein zu nehmen. Wir durchzogen das ganze Schloß mit den aus der Napoleonischen Zeit stammenden Prachtmöbeln und den frostigen, silbergestickten Paradebetten; wir fuhren nach der Wilhelmshöhe und kletterten bei einer wahrhaft tropischen Hitze in der Statue des Herkules umher; und da die Tante am verwichenen Tage an der *table d'hôte*, bei welcher unser Eintritt, zehn Mann stark, immer ein Gegenstand des Staunens war, von ihrem Nachbar erfahren hatte, daß in Kassel ein botanischer Garten sei, so fuhren wir, auch diesen zu besichtigen. Das war jedoch ein schwer Stück Arbeit. Denn der Garten, um den es sich handelte, gehörte einem Herrn Scheelhas, einem Privatmanne, der uns auf Ansuchen meiner Tante den Garten, soviel ich mich erinnere, selbst zeigte, oder durch seinen Gärtner zeigen ließ. Er war natürlich auf dem sonnigsten Punkte der Gegend angelegt, und um uns für die Erklärungen dankbar zu beweisen, welche unser Cicerone uns angedeihen ließ, zogen wir, die Tante, ich und die Pflegetochter stundenlang auf dem großen, zu Ehren der tropischen

Pflanzen stellenweise ganz schattenlosen Terrain umher, während die Julisonne uns unbarmherzig auf den Köpfen brannte und unser Cicerone uns ebenso unbarmherzig von all den Holztäfelchen neben den Pflanzen und Gewächsen die lateinischen Namen hersagte, mit denen ich für mein Teil auch nicht den leisesten Begriff verbinden konnte.

Halb tot vor Hitze und Ermüdung langten wir in dem Gasthof an. Die Tante, die an Migraine litt, bekam einen heftigen Anfall derselben und mußte zu Bette gehen; ich hatte das ganze Gesicht von der Sonne schmerzlich aufgebrannt, und der Onkel, der, wie wir alle, am verwichenen Tage sein reichlich Teil von Mittagssonne genossen hatte, als an dem hessischen Grenzzollamte auf offener Heerstraße unsere sämtlichen Koffer abgeschnallt und geöffnet worden waren, empfing uns, im Schatten der Gasthofshalle behaglich Obst essend, und uns auslachend über den wissenschaftlichen Eifer seiner Frau. Solche Ereignisse kamen öfter vor, und es war belustigend, es zu beobachten, wie die einzelnen Personen unserer Karavane sich überhaupt zu dem Reisen verhielten.

Die Großtante, welche der Urheber der ganzen Fluchtreise gewesen war, reiste im Grunde nicht ungern, weil es sich für eine reiche Frau schickte, Reisen zu machen, und weil sie, wie alle alten, müßigen Damen, neugierig war und die Abwechslung liebte. Sie rührte sich nicht ohne den Lohndiener und schwor ohne weiteres auf diesen. Je älter und gesetzter derselbe war, um so sicherer fühlte sie sich bei seiner Führung und Belehrung. Hatte er gar berühmte Leute zu nennen, die er früher herumgeführt, so war sie vollends beruhigt, und gegen die Autorität ihres Lohndieners, dem es natürlich von ihr gleich beim Beginn der Tour ausdrücklich eingeschärft wurde, daß sie kränklich sei und daß er sie nicht übermüden dürfe, gab es dann gar kein Aufkommen, so daß die Gesellschaft ihre Besichtigungen in der Regel in zwei Parteien unternahm.

Die Tante wollte, wo möglich, zur Beruhigung ihres Gewissens alles sehen; der Onkel, wo möglich, nichts. Er war kein Freund von Merkwürdigkeiten, und die Menschen und die Zustände in den verschiedenen Ländern interessierten ihn

mehr als die merkwürdigen Sachen und die Dinge. Der Hauslehrer, der, seit er aus den Bergen zum ersten Male in seinem
Leben in das Flachland gekommen war, sich wie ein Fisch auf
dem Trocknen befand, fragte überall zuerst, ob am Orte gutes
Bier zu haben sei. Er sehnte sich nur nach der Bekanntschaft
der renommiertesten Kneipen. Die Gesellschafterin hatte einen
Zug zum Sentimentalen. Sie fand immer irgendeinen Baum,
oder ein Monument, oder ein Grab, von dem sie einen Zweig
in ihr Stammbuch legen und mit einer passenden Notiz
versehen konnte. – Und bei all diesen abweichenden Neigungen hielten natürliche Güte, Bildung, Gewohnheit und vor
allem die bestimmte Festigkeit des Onkels diese aus den
verschiedensten Elementen bestehende Gesellschaft doch so
vortrefflich beisammen, daß ich mich nicht eines einzigen
störenden Ereignisses auf der ganzen Reise zu erinnern wüßte,
außer denen, die durch die Kränklichkeit des einen Sohnes
herangeführt wurden, der in Gießen die Bräune bekam und
uns nötigte, bis zu seiner Herstellung zu verweilen.

Aber bei all dem Guten und Genußreichen, das die Reise
mir zu bieten hatte, machte ich doch die Erfahrung, daß derar-
tige Unternehmungen mit einer großen Familie mehr eine Last
als ein Vergnügen sind. Die Bedürfnisse einer solchen sind im
Nomadenleben nicht leicht zu befriedigen, und sooft ich später
großen Familien auf der Reise begegnet bin, habe ich immer
meine stille Freude daran gehabt, daß ich nicht von der Partie
zu sein brauchte.

Da wir nun einmal über Berlin gingen, so verstand es sich
von selbst, daß man sich dort ausruhen mußte. Die Großtante,
eine geborene Berlinerin, hatte noch nahe Verwandte in Berlin
am Leben, Onkel und Tante besaßen dort manche Freunde
und viele gesellschaftliche Beziehungen, und so wurden wir
denn noch einmal förmlich im *Hotel de Rome* installiert, und
ich hatte Zeit und Muße, mit der Tante, die viel Neigung für
die Kunst besaß und viel mehr davon verstand als ich in jenen
Tagen, das Museum und namentlich die Antiken-Galerie und
die Rotunde zu besuchen, nach der meine Sehnsucht unver-
mindert geblieben war.

Daneben sah ich auch die Personen wieder, die ich bei meinem ersten Aufenthalte in Berlin hatte kennenlernen, und ich fand mich von ihnen zu meinem Erstaunen nun ganz anders aufgenommen als zuvor. Da ich die Wege nicht kannte, und die Großtante gern umherfuhr und Leute sah und sprach, begleitete sie mich fast überall, und ich konnte mich des Gedankens nicht erwehren, daß die Zustimmung, deren ich jetzt so viel mehr als früher teilhaftig wurde, wesentlich auf Rechnung der Equipage zu setzen war, in welcher ich vorfuhr, auf Rechnung des Lohndieners, der uns anmeldete, und auf Rechnung meiner reichen Großtante, die mich mit ihrer Gesellschafterin chaperonnierte. Dazu hatte mein Onkel mich in Baden-Baden freigebig mit ein paar nach neuester Pariser Mode gemachten Anzügen beschenkt. Meine Taillen und meine Kleider waren also äußerst kurz, meine Stiefel von bester Façon und nußbraun, meine Ärmel weit wie Säcke, die weißen Pellerinen mit ihren hohen gesteiften Fraisen unproportioniert groß, die Kravattentücher möglichst reich, der rosa Bibi-Hut, mit französischer Rose, möglichst klein, der Sonnenschirm umfangreich wie ein Regenschirm, und dies Ensemble von Knappheit und Weite, das ganz unharmonisch war, fand vor den Augen meiner früheren weiblichen Kritiker solchen Beifall, daß ein Teil davon auf mich selber zurückfiel und ich um mehrere Grade in ihrer Achtung und Anerkennung stieg. Ich ließ mir das sehr gern gefallen, ich hatte es noch durchaus nötig, Wohlwollen und Zustimmung zu finden, und doch wußte ich ganz genau, wie hoch diese Art des Beifalls und der Freundlichkeit anzuschlagen und wieviel sie wert waren. Man ist aber nicht nur in seiner frühen Jugend so töricht, dasjenige zu erstreben und aus Schwäche hoch anzuschlagen, was man bei ruhiger Überlegung gering schätzt!

Wir hatten ein paar Tage mehr in Berlin zugebracht, als ursprünglich in der Absicht gelegen hatte, und der Onkel drängte nun zum Fortgehen, obschon, wie ich glaubte, die erste Aufführung von Robert dem Teufel in Aussicht stand, zu welcher die Mutter des Komponisten eine Loge angeboten hatte. Aber der Onkel hatte es offenbar völlig satt, das Wanderleben der

Erzväter an der Spitze ihres Stammes weiter fortzuführen, und trotz aller Bitten und Vorstellungen blieb es bei der Reise. Indes der Mensch denkt und Gott lenkt!

Wir waren keine Tagesreise von Berlin entfernt, als der schon einmal erkrankte Knabe einen schweren Anfall von Bräune bekam, und nun saßen wir samt und sonders in dem elenden Gasthof des kleinen Städtchens Münchenberg, in schwerer Sorge um das Kind, ohne Vertrauen zu dem Arzte, den man herbeigerufen hatte, da die gewohnten und immer bereit gehaltenen Mittel nicht helfen wollten, und sehnten uns nach Berlin zurück, wo eine solche Katastrophe viel weniger beängstigend gewesen wäre und wo man obendrein Robert den Teufel spielte.

Aber auch diese Gefahr ging glücklich vorüber, und zwei Tage später sahen wir den Elisabethenturm vor uns emporsteigen und fuhren in die engen Straßen des alten Breslau ein, alle mehr oder weniger zufrieden, an Ort und Stelle und in der Heimat zu sein.

„Für sie gab es immer nur die Alm"
(Frühes 20. Jahrhundert)

von Barbara Waß

Aber zurück zu den Sennerinnen auf der Alm. Weshalb Frauen gern auf die Alm gingen, hatte sicher mehrere Gründe. Außer der Liebe zum Vieh und zu der Alm überhaupt ermöglichte das Leben auf der Alm ein recht unabhängiges Leben. Die Sennerin war ein freier Mensch, sie war mehr oder weniger ihr „eigener Herr". Wenn sie das Vieh gut versorgte, redete ihr der Bauer nichts drein. Das Vieh war ja die Existenz des Bauern, und wenn jemand da fleißig war, dann war das sehr wichtig. Von einer guten Sennerin hing viel ab.

So wurde die Sennerin irgendwie bevorzugt behandelt. Sie hatte auch gewisse Privilegien gegenüber den anderen Dienstboten. Gab es auf dem Hof etwa Reibereien unter den Dienstboten, dann hatte die Sennerin eher die Oberhand. Die anderen Dienstboten waren immer unter Aufsicht, während die Sennerin sich ihre Arbeit mehr oder weniger selbst einteilen konnte.

Zwar mußte sie sehr früh aufstehen, im Sommer schon um drei Uhr oder sogar noch früher, doch wenn sie mit ihrer Arbeit fertig war, hatte sie eine Zeitlang Ruhe. Sie konnte am Nachmittag eine Weile schlafen oder sonst etwas tun. Sie hatte Zeit für sich selbst.

Auf dem Hof gab es das nicht. Wenn die Dienstboten im Sommer um zwei Uhr aufstehen mußten, weil es zum Mähen war, dann hatten sie tagsüber deshalb ganz sicher auch keine Freizeit. Im Gegenteil, solche Tage waren für sie besonders anstrengend, denn es war den ganzen Tag zum Heuen.

Die Sennerinnen waren auch nicht der Hitze auf den Feldern ausgesetzt. Es konnte auf der Alm jederzeit jeder kommen und gehen, wenn nicht gerade jemand vom Hof da war. Das wäre auf dem Hof undenkbar gewesen.

Früher, als noch die meisten Hütten bewirtschaftet waren, war es auf den Almen oft viel weniger einsam als auf so manchem Bergbauernhof. Es herrschte ein reges Kommen und Gehen.

Es gab ja nicht viel Vergnügen und nicht viele Veranstaltungen. Für die jungen Leute war im Sommer das Hauptvergnügen, am Sonntagnachmittag oder am Samstagabend auf die Alm zu gehen. So manche Almhütte war an solchen Tagen zum Bersten voll. Irgend jemand spielte auf einer Harmonika oder auf einem „Fozhobl" (Mundharmonika). Da konnte es schon vorkommen, daß die Leute gerade rechtzeitig in der Früh zur Arbeit nach Hause kamen.

Freizeit von Arbeiterfrauen
(1900)

von Anneliese Neef

Um öffentlichkeitszugewandte Freizeitinteressen ihrer Männer zu teilen, fehlte es den Familienmüttern vor allem an Zeit, Bewegungsfreiheit und Spannkraft, auch an Geld. Hinzu kam, daß verheiratete Frauen Kneipen nicht betraten und daß sie lange Zeit vom (politischen) Vereinsleben der Arbeiterbewegung gesetzlich ausgeschlossen waren. Lediglich Veranstaltungen in Gewerkschafts- und Volkshäusern waren schon zur Jahrhundertwende „familienoffen"; zu Feiertagen, Ausflügen, bunten Abenden und künstlerisch-geselligen Programmen wurden auch die Frauen der Arbeiter eingeladen.

Blieb im Wochenalltag etwas Muße, wollten Frauen sie weniger anstrengend, sondern am liebsten entspannend verbringen. Ein Bummel durch Geschäftsviertel oder Warenhäuser, zu Hause ein Kaffeeklatsch mit der Nachbarin oder einfach Ausruhen, Schlafen entsprachen diesem Bedürfnis. „... wir sind froh, wenn wir nichts tun und ganz still sitzen können, höchstens sehen wir mal in die Zeitung", sagten Textilarbeiterinnen in einer Untersuchung des Vereins für Sozialpolitik aus dem Jahre 1911. Und generell konnte zu ihren Freizeittätigkeiten festgestellt werden: „Bei den Arbeiterinnen tritt das Lesen zugunsten der Handarbeit zurück. Diejenigen, die gern ein Buch zur Hand nehmen, bekundeten einen anderen Geschmack als die Arbeiter." Was sie lasen, unterschied sich jedoch nicht grundsätzlich vom Lesestoff der männlichen Arbeiter. Auch bei deren schon ausgeprägterem Lesebedürfnis hat um die Jahrhundertwende eindeutig der Wunsch nach spannendem Zeitvertreib und weniger nach gezielter Bildungsaneignung die Lektüre bestimmt. Weit begieriger nach Zerstreuung und Ablenkung, nach Erbauung und Trost griffen jedoch ihre Frauen nach den massenhaft und billig von der kapitalistischen Unterhaltungsindustrie angebotenen Druckerzeugnissen – aus denselben Gründen, die sie wenig später zu begeisterten Kinobesucherinnen werden ließen. Proletarische Hausfrauen, auch Dienstmädchen und Jugendliche überhaupt zählten zu den eifrigsten Lesern der Romanhefte, die wöchentlich (sogar bis an die Wohnungstür) geliefert wurden. Die weiblichen Kunden der Kolporteure bevorzugten sentimentale Liebes- und Schicksalsromane: „Ihr Herz hing an der Marlitt, der ‚Goldelse‘, der ‚Reichsgräfin Gisela‘ und erschauerte beim ‚Geheimnis der alten Mamsell‘“, so eine zeitgenössische Stimme. Die Idylle in den rührseligen Geschichten mit ritterlicher Liebe, frommem Edelmut, mit Reichtum und Schönheit nährte die Träume der Arbeiterfrauen von Liebe, Geborgenheit und Glück. Über unerhörten Begebenheiten, in denen das Gute über das Böse siegte, vergaßen sie kurzzeitig ihre eigenen Sorgen.

Zur Soziologie des Kinos
(1914)

von Emilie Altenloh

Wenn verheiratete Leute noch regelmäßig den Kino besuchen, so gibt da die Frau meist die Veranlassung. Sie will ein bißchen Sensation, ergreifende Schicksale und himmlischen Edelmut erleben, um aus den engen Grenzen ihrer Häuslichkeit einmal hinauszukommen. Der Mann ist meist schon zu abgestumpft und oft auch zu überlegen, um noch Gefallen daran zu finden. Er hat auch mehr Ersatzwerte, die ihn ausfüllen, nämlich seine Interessen für die Politik und Gewerkschaft, die ihn mehr und mehr in Anspruch nehmen. Deshalb läßt in höherem Alter der Kinobesuch nach, oder er hat für die 40- und 50 jährigen von heute nie eine Rolle gespielt, weil es das „zu ihrer Zeit“ noch gar nicht gab. [. . .]

Alle die differenzierenden Momente, die unter den Arbeitern verschiedene Typen herausbilden – den begeisterten Theaterbesucher, den Gewerkschaftler – fallen bei den Frauen derselben Schicht fort. Sie geben ein viel einheitlicheres Bild ab als die Männer; denn ihre Interessen richten sich in der Hauptsache nur auf zwei Gebiete: auf Theater und Kinematographen. Besonders der letztere ist als Unterhaltungsmittel von allergrößter Bedeutung. Der Theaterbesuch, der im Durchschnitt vielleicht noch etwas häufiger ist als bei den Männern, vollends aber Konzert- oder Vortragsbesuch treten weit dahinter zurück. Wissenschaftliche oder Parteiinteressen, die bei den Männern einen großen Teil der freien Zeit ausfüllen, fehlen bei den Frauen sozusagen ganz. Soweit sie sozialdemokratischen Verbänden angehören, sind sie eifrige Parteianhängerinnen. Einzelne sind auch gelegentlich in Versammlungen oder zu Vorträgen gewesen. Im allgemeinen aber ist der Ehrgeiz nach positiven Kenntnissen, die zur Grundlage der politischen Stellung dienen könnten, außerordentlich schwach. Daher ist es erklärlich, daß der Kino, besonders bei denjenigen Frauen, die selbst keinen Beruf haben, eine große Rolle spielt; denn sie haben viel freie Zeit außer ihrer Hausarbeit und relativ wenig naheliegende Möglichkeiten, sie auszufüllen. Mehr aus Langerweile gehen sie deshalb häufiger in den Kino als aus wirklichem Interesse für die Aufführung. Während die Männer in Wahlversammlungen sind, gehen die Frauen in das benachbarte Lichtspieltheater, und nach der Vorstellung holen sie dann ihre Männer wieder ab. Mit der Zeit aber wird dieser Notbehelf zu einem wichtigen Bestandteil ihres Daseins. Nach und nach werden sie von einer wahren Begeisterung dafür ergriffen, und mehr als die Hälfte sucht sich wöchentlich ein- oder mehrmals diesen Genuß zu verschaffen. Sie leben während der Zeit in einer anderen Welt, in einer Welt von Luxus und Verschwendung, die den einförmigen Alltag vergessen machen.

Alle anderen Neigungen erscheinen daneben bedeutungslos, und verhältnismäßig groß ist die Zahl derjenigen, die gelegentlich einmal im Theater und außerdem nur im Kino waren.

Höchstens prägt sich auch hier wiederum musikalisches Interesse aus, worauf man aus den vielfach angeführten Opern schließen könnte. Unter den Komponisten treten Bizet und Mozart neben Wagner stärker hervor, die von den Männern kein einziges Mal angegeben werden. Jedoch kann es nicht die reine Musik in erster Linie sein, die den häufigen Opernbesuch veranlaßt; denn sonst müßten auch Konzerte sich größerer Gunst erfreuen. Vielmehr scheint die gleichzeitige Wirkung auf Auge und Ohr, die musikalische Interpretation von Handlungen, die der Oper ebenso wie dem Kinodrama gemeinsam sind, dem Geschmack der Frau so ganz besonders zu entsprechen. Dasselbe Zusammentreffen der Vorliebe für Oper und Kinomusik wiederholt sich auch besonders oft bei den Handlungsgehilfinnen. [. . .]

Gehilfinnen im Kaufmannsstand

Ebenso wie bei den männlichen Kaufleuten scheint auch bei den jungen Mädchen der Kinobesuch hauptsächlich einem ganz bestimmten Alter zu entsprechen, um dann nach und nach an Bedeutung zu verlieren. Jedoch wird er selbst in den Jahren des lebhaftesten Besuches nie so sehr zum wichtigen Bestandteil des Lebens wie bei den Knaben. Im ganzen befinden sich unter allen Befragten nur 63% Kinobesucherinnen überhaupt, gegen 79% bei männlichen Handelsangestellten. Noch klarer tritt aber das viel geringere Interesse zutage, wenn man die Zahlen der regelmäßigen Besucher gegenüberstellt. Sie verhalten sich wie 11 : 21. Die Ursache für diese Erscheinung liegt sicherlich teilweise in der größeren Unselbständigkeit der jungen Mädchen begründet. Die Tochter ist immer viel fester eingespannt in den Rahmen der Familie, und über die Verwendung der freien Zeit sprechen die Eltern ein gewichtiges Wort mit. Allein vollends wird sie selten etwas unternehmen. Auch die Kinematographentheater besucht sie von Zeit zu Zeit mit der Familie, in späteren Jahren mehr noch mit dem „Freund" oder mit der „Bekanntschaft", viel seltener mit Freundinnen. Doch scheint, abgesehen von dieser größeren Abhängigkeit, die einem regelmäßigen Kinobesuch hindernd im Wege steht, das tatsächliche Interesse nicht so groß zu sein; sonst müßte es doch mit dem Alter, mit zunehmendem Verdienst und dementsprechend größerer Selbständigkeit in einer vermehrten Besuchsintensität sich äußern, wie das bei den Handlungsgehilfen der Fall ist. Ganz im Gegenteil liegt hier das Maximum des Besuchs bei den 14- und 15 jährigen und nimmt dann von Jahr zu Jahr ab. [. . .]

Für die Frauen der oberen Schichten, soweit man es nicht mit einer kleinen geistigen Elite zu tun hat, gilt im wesentlichen dasselbe wie von den hier im einzelnen betrachteten jungen Handlungsgehilfinnen, nur daß sie, soweit sie nicht auch durch irgend einen Beruf in ihrer Zeit beschränkt sind, noch viel häufiger in den Kino gehen als diese. Besonders sind es Asta Nielsen-Dramen und historische Stücke, wegen deren sie die Vorstellungen besuchen. Und je unkomplizierter und sorgenfreier ihr eigenes Leben ist, um so mehr suchen sie durch Miterleben der einzelnen Stücke einige Sensationen hineinzutragen. In die kleinen Städte bringt der Kino den Abglanz der großen Welt und zeigt den Frauen, wie man sich in Paris anzieht, was für Hüte man trägt. Mit Sensationen und Sensationchen hilft so der Kino über die vielen öden Stunden des Tages hinweg, die mit fortschreitender Vereinfachung der häuslichen Verrichtungen immer zahlreicher werden. Dem weiblichen Geschlecht, dem doch im allgemeinen nachgesagt wird, daß es rein und gefühlsmäßig einen Eindruck immer in seiner Gesamtheit aufnimmt, muß ja die kinematographische Darstellung besonders leicht zugänglich sein. Dagegen scheint es für intellektuell sehr ausgebildete Menschen direkt schwierig, sich in die im einzelnen oft zusammenhangslos aneinandergereihten Handlungen hineinzuversetzen. Verschiedentlich sagten Personen, die gewohnt sind, alles rein verstandesmäßig zu erfassen, daß es ihnen außerordentlich schwer falle, den Zusammenhang einer Filmhandlung zu begreifen.

Von einem Geschmack der erwachsenen Angehörigen der oberen Schichten hinsichtlich der kinematographischen Darbietungen kann man kaum reden. Sie haben keinen, wohl aber eine Stellung zum Kino als Gesamterscheinung. Bezeichnenderweise wurde selbst von regelmäßigen Kinogästen, die ihre Ansicht hierüber sehr genau präzisierten, die Frage nach den besonders beliebten Stücken nur selten beantwortet. [. . .]

Für die Mehrzahl ist die Qualität der Films gar nicht bedeutungsvoll, da ihr Eindruck doch nie über den Augenblick hinaus lebendig bleibt; sondern andere Motive bestimmen sie, in die Kinematographentheater zu gehen. Wirkliches Interesse an den Darbietungen bildet am häufigsten noch bei Kaufleuten und bei Frauen die wahre Anregung. Bei ganz wenigen ist die Freude daran aber stark genug, um sie zu veranlassen, allein in den Kino zu gehen; nur einzelne Junggesellen greifen wohl aus Langerweile einmal von sich aus zu diesem Rettungsanker. Für die Verheirateten gibt die Frau, häufiger noch für die jungen Leute das Verhältnis die Anregung dazu. Für den begleitenden Herrn ist „sie" dann aber angeblich mehr das Objekt der Beobachtung als die Vorgänge an der weißen Wand. „Sie ist immer bis zu Tränen gerührt", und überhaupt sind psychologische Studien an den Besuchern, noch häufiger an den Besucherinnen, vielen weit amüsanter als die Films und für viele ein Grund, hin und wieder eine Stunde im Kino zu verbringen.

Fragt man alle diese Besucher, warum sie nun eigentlich in den Kino gehen, so zucken sie meist die Achsel. „Faute de mieux", antwortete einmal eine Dame. Dieses „mieux" sieht aber nun für die einzelnen sehr verschieden aus. Jedenfalls vereinigt der Kino von allem genug in sich, um es zu ersetzen, und damit gewinnt er eine mächtige Wirklichkeit, vor der alle Fragen, ob sein Dasein gut oder schlecht oder überhaupt berechtigt sei, nutzlos sind.

„Das ging so Hand in Hand"
(Dreißiger Jahre)

„Zum Sport sind wir alle gerne gegangen. Das war gut." –
„Leichtathletik haben wir gemacht, Gymnastik, Geräteturnen,
Barren, Pferd, Reck, Sprossenwand, und dann haben wir Tänze
gemacht, Volkstänze. Und im Thalia-Theater haben wir von
der ‚Einigkeit' aus Aufführungen gemacht." – „In der Leichtathletik haben wir Laufen, Springen, Werfen gemacht. Das war
so üblich." – „Zuerst änderte sich gar nichts. Ganz sachte kam
das. Dann kriegten wir eingetrichtert: Ein gesunder Geist wohnt
in einem gesunden Körper. Darauf wurden wir dann getrimmt."
– „Dann gab es diese Bannerkämpfe auf der Jahnwiese. Die
Schulen alle gegeneinander. Da gab es dann auch immer diese
Kämpfe der Diesterweg- und Josefsschule gegen die ganzen
städtischen Schulen. Das war auch in der Nazizeit so. Die
Sportarten blieben auch die gleichen." – „Dann zogen wir die
Uniform an, dienstags und donnerstags. Dienstags war Heim-
abend, donnerstags war Turnen. Da war der Krofta von der
Zeche oder vom Werksport. Das waren alles keine dollen
Nazis. Der hat seinen Sport gemacht, aber nachher war das
alles so verbrämt. Ich kann mich erinnern, dann haben wir Sport-
feste gemacht. Große Aufmachung in Beckum. Da mußte ich
extra zum Sportlehrgang nach Lüdenscheid, aber im Urlaub!
Und Urlaub gab es nur im August für uns, und dann nur
12 Tage. 3 oder 4 Tage war ich zum Sportlehrgang in Lüdenscheid. Und da wurde so eine Körperschule eingeübt, das ging
ganz genau nach Takt. Und der Krofta, der war da auch ganz
groß drin. Aber das war immer irgendwie verbrämt. Das ging
dann alles unter NS. Einmal unter NS und einmal unter Betriebssportgemeinschaft Westfalen. So war das. Das war Hand
in Hand. Die Zeche hatte hier eine ganz tolle Turnhalle und
auch einen wunderbaren Sportplatz, und da wurde geübt.
Dann haben wir einmal geübt mit unserem BDM-Dreß, da
hatten wir eine schwarze Turnhose und ein weißes Hemd.

Und wenn wir eine BDM-Veranstaltung hatten, dann kam dieses Abzeichen drauf, wie so'n Nappo-Block. Wenn wir aber von der Betriebssportgemeinschaft eine Veranstaltung hatten, da kam das Abzeichen runter, dann war das Betriebssport. Viele Volkstänze haben wir gemacht, da hatten wir schöne Volkstanzkleider. Da war bei BDM-Veranstaltungen, glaube ich, auch wieder das Emblem drauf. Das ging so Hand in Hand. Ich war auch noch im Wassersport. Sport war überhaupt unser ein und alles. Beim Schwimmen gab es auch wieder Wettkämpfe, einmal vom BDM, einmal vom Wassersport, je nachdem hatten wir das Abzeichen vom BDM oder vom Wassersportverein am Badeanzug."

Frauengesprächskreis 6. 2. 1990,
Handwerkerstochter, geb. 1920

Die Kontrolle beim BDM war für uns nicht so positiv, weil man dadurch ja wirklich pünktlich 10 Uhr zu Hause sein mußte. Die Eltern hatten uns im Griff. Die konnten ganz genau kontrollieren, wenn Sohn oder Tochter um 10 Uhr nicht zu Hause waren, dann stimmte was nicht. 10 Uhr war sogar oft Kontrolle von der HJ. Sämtliche Veranstaltungen von Jugendlichen, die abends waren, mußten halb 10 beendet sein. Ab 10 durfte sich kein Jugendlicher mehr draußen aufhalten, höchstens wenn er von der Arbeit kam. Dann gab es auch HJ-Streifen, die das kontrollierten. Es wurde überhaupt alles kontrolliert. Die Eltern konnten sich darauf verlassen, wenn Sohn oder Tochter um 10 Uhr nicht zu Hause waren, dann stimmte was nicht. . . . Wir machten dann auch viele Fahrten, z. B. hier von Ahlen samstags mit der Schar. Das waren so 20 bis 30 Mädchen, mit dem Fahrrad zum Möhnesee. Ich hatte den Gruppenausweis vom Sauerländischen Gebirgsverein, dann konnten wir für 30 Pfennig in der Jugendherberge übernachten. Das war alles preiswert. Da hatten wir ein komplettes Mittagessen für 70, 80 Pfennig. Die Verkäuferinnen hatten aber erst um halb 7, 7 Uhr Feierabend. Zum Möhnesee waren es so 40 km, und wir mußten um 9 Uhr in der Jugendherberge sein.

Das mußten wir dann in zwei Stunden schaffen. Unterwegs waren überall HJ-Kontrollen, und die kamen sich ja vor wie so kleine Adolfs. Da mußten wir alle vom Fahrrad absteigen und unsere Ausweise vorzeigen. Die waren ganz schön ruppig. Wenn der Gruppenausweis nicht ganz genau in Ordnung war, der mußte jährlich erneuert werden, dann war es aus, dann konnten wir zurückfahren. Und die Mädchen mußten alle ihre BDM-Ausweise mithaben, wenn jemand den nicht hatte, konnte das Komplikationen geben. Die HJler, das waren hauptsächlich Ältere, meistens Pennäler, die dann auch mehr Freizeit hatten. Da hatten wir schon Respekt vor. Ich mußte jedesmal genau kontrollieren, bevor wir abfuhren: ‚Habt ihr alle eure Ausweise bei?' In der Jugendherberge war es sehr schön. Da haben wir so lustige Abende gemacht. Also wir waren immer lustig und fröhlich."

Handwerkerstochter, geb. 1920

„,Zeit' – das Wort habe ich gelernt, neu zu buchstabieren"
(1988)

von Angelika Kienzle

Der Alltag hat mich wieder eingeholt

Seit Tagen weiß ich, daß ich diesen Artikel schreiben möchte, aber im Gegensatz zur Kur, hat mich der Alltag wieder eingeholt. Das ungestörte Arbeiten beschränkt sich auf die sogenannten Lücken im Tagesablauf. Unterbrechungen sind an der Tagesordnung; ich bin – wie man so schön sagt – „voll drin".

Aber es ist trotz alledem ein anderer Alltag geworden. Ich habe die Person „ICH" in den vier Wochen Müttergenesungskur und danach recht gut kennengelernt. Ich bin nicht mehr bereit, mich zu übersehen und mich mit Nichtbeachtung zu strafen. „Geh' liebevoll mit Dir selbst um", das war der Tenor unserer Kur – jedenfalls der, den ich rausgehört und immer wieder neu erlebt habe. Zunächst *er*lebt und dann *ge*lebt!

Zeit für mich

Es waren „starke" vier Wochen. Zeit für mich! „Zeit": das Wort habe ich gelernt, neu zu buchstabieren:

Z: *wie Zur-Ruhe-Kommen*
E: *wie Erholung*
I: *wie Ich*
T: *wie Tatkraft sammeln und*
   wie träumen

Träumen: auch das gehört dazu! Nicht das Wegträumen aus der mich auffressenden Realität. Ich habe vier kleine Kinder und stand damals kurz vor der Trennung von meinem Mann. Es ist die Suche nach realisierbaren Träumen. Aus der Distanz und Ruhe der Kurtage heraus habe ich mein Leben betrachtet und möchte die machbaren Träume radikal verwirklichen. Bitte kein Zusammenzucken beim Wort „radikal"! Das heißt nichts anderes als: „an die Wurzeln gehend". Ich habe versucht, an die Wurzeln meines ganz persönlichen Leidens zu gehen, mich dem zu stellen, was meiner Meinung nach mein Unwohlsein begründet hat.

Gemeinsamkeit erleben

Der äußere Rahmen einer Mütterkur ist ein nicht zu unterschätzendes Geschenk bei der Selbstbeobachtung. Allein schon die Tatsache, daß ich mich viermal am Tag an einen gedeckten Tisch setzen darf, daß es ohne mein Zutun nach Essen riecht, daß rechts und links von mir niemand schmatzt, kleckert, tropft.

Daß jetzt kein Telefon klingelt: „Über Mittag bin ich am sichersten zu erreichen!" – und mir vorschreibt, in welcher Temperatur ich heute mein Mittagessen einnehmen soll. Ich muß mir keine Gedanken um den Einkauf machen – das ist schon etwas!

Und weiter:
Ich kann und darf alleine sein, wenn mir danach ist.
Ich kann und darf zusammen sein, Gemeinsamkeit erleben mit Menschen, die mich verstehen und die mir zuhören.
Ich kann und darf mit Frauen zusammen sein, die mich an sich ranlassen.
Mit Frauen, die erzählen, lachen, weinen, schweigen können,
die – jede auf ihre Weise – genauso kaputt sind wie ich
und die sich – ebenso wie ich – im Laufe dieser vier Wochen entspannen, erholen,
sich etwas zutrauen, sich Neues vornehmen
und sie selbst werden.

Gesundung

Für die körperliche Gesundheit gibt es die ärztlichen Anwendungen, und ich genieße sie. Ich muß für meine „Termine" hier nicht erst die Unterbringung der Kinder organisieren, sondern ich darf einfach „nur" an mich denken.

Für die seelische Gesundheit – oder zumindest Gesundung – existiert das großartige Angebot eines Gesprächskreises in kleiner Runde und – nach Absprache – auch Einzelgespräche mit einer der beiden Kurleiterinnen.

Nach einer Woche Kur

Nach einer Woche Kur habe ich zunächst das ungute Gefühl, ich werde diesen Ort der Ruhe zwar körperlich „topfit" und ausgeschlafen verlassen, aber meine Seele wird nicht erholt, sondern bestenfalls etwas ausgeruht sein. Ich begreife, daß ich nur etwas mitnehmen kann, wenn ich „bei mir selber aufmache", mich sozusagen „auf den Tisch lege" und riskiere, ich selbst zu sein. Das habe ich lange nicht mehr praktiziert, ich bin völlig aus der Übung.

Hier in der „Anonymität" der Kur mache ich erste, zaghafte Schritte. Sie fallen schwer, tun weh, aber meine Lage ist wohl mittlerweile so verzweifelt, daß es aus mir herausdrängt. Ich bin frei von Terminen, Uhrzeiten, Ängsten, Unterbrechungen. Das tut gut und hilft!

Selbstfindung

Dann geschieht ein kleines Wunder: Ich werde mutig, ich öffne mich, ich „mache auf". Ich erfahre, daß die anderen Frauen mich trotz oder gerade wegen meiner Schwächen mögen. Ich merke, daß ich für andere menschlicher werde, wenn ich ehrlich über mich spreche. Kein Liebesentzug droht mir, keine Ausnutzung meiner Schwäche. Ich brauche nicht zu funktionieren. Das macht Mut, und ich fange an, mich und meine Probleme und Ängste in einem völlig neuen Licht zu sehen.

Selbstfindung wie sie im Buche steht! Zunächst ist es mehr ein Spüren, ein Suchen, ein Sich-Bewußtmachen. Das Finden meiner selbst hält mich auch heute noch in Trab. Es ist noch lange nicht abgeschlossen. Aber der Anfang ist gemacht, und ich sehe gegen Ende der Kur einen Weg vor mir: meinen Weg!

Wenn ich versuche, die Kur zu beschreiben, lande ich immer wieder bei mir. Was hat so viel „An-die-Wurzel-Gehen" möglich gemacht? Das Losgelöstsein vom Alltag, der wohltuende Wechsel von Ruhe und Aktivität, den ich selbst wählen konnte. Ich konnte:

– *Ausflüge machen,*
– *Radfahren,*
– *Schwimmen,*
– *Lesen,*
– *Faulenzen,*
– *Hören,*
– *Zuhören,*
– *Reden,*
– *Austauschen,*
– *Durchatmen . . .*
und das alles weit weg vom oft bedrückenden Alltag.

Es ist viel geschehen in den vier Wochen.

Habe ich mich vor der Kur gar nicht mehr gehört und gesehen, habe ich mich selber ständig verleugnet? Es war wohl so. Wieviel von den neuen Einsichten kann ich in meinen Alltag retten? Was kann ich mitnehmen, und wie kann ich verhindern, daß ich wieder so lieblos mit mir umgehe, wenn ich nur lange genug in meinem „Alltagstrott" bin? Ich muß in meinem Alltag auch an mich denken, ich muß für mein eigenes Gleichgewicht sorgen. Nur so kann ich den „harten Job" der vierfachen Mutter bewältigen, ohne mich selber aufzuopfern. Überhaupt – „aufopfern" . . .: Haben Sie schon mal was geopfert, was Sie gar nicht besitzen?

Es ist viel geschehen in mir und um mich herum in diesen vier Wochen. Ich habe viele und wichtige Anstöße für mein Leben bekommen. Ich bin auch heute noch – eineinhalb Jahre nach der Kur – in der Lage, besser mit mir selbst umzugehen und auf meine Bedürfnisse zu hören. Der liebevolle Umgang mit meinen Kindern und mit anderen ergibt sich daraus wie von selbst. Es ist für mich ein ganz anderer Alltag geworden. Ich bin spät aufgewacht, aber nicht zu spät. Das Müttergenesungswerk hat sein Genesungswerk an mir vollbracht – und ich denke voller Liebe und Dankbarkeit an diese Zeit zurück.

„Die Einsamkeit,
die hab' ich nie gepackt!"
(1991)

Sigrid:

„Du kommst mit deiner Fragerei gerade richtig! Vorige Woche hätte ich dir zu diesem Thema noch ganz andere Sachen erzählt. Aber inzwischen . . .! Ich hätte nie gedacht, daß so ein paar Tage einen ganz umdrehen können. Tage, an denen gar nichts geschieht, nur so.

Ich erzähl' das mal von Anfang an. Also, 46 bin ich jetzt und leb' mit meinem Sohn Sven zusammen. Sven ist 18 und geht noch in die Schule. Wenn er sich mal endlich daransetzen würde, könnte er das Abi im nächsten Jahr ohne weiteres schaffen. Aber wenn er so weitermacht, muß er wohl noch 'ne Ehrenrunde drehen. Auch wenn du lachst: seit diesem Wochenende wär' mir das sogar ganz lieb.

Ja, wir hatten Ostern, und Sven ist mit seiner Freundin rüber in die DDR. Sein Mädchen hat dort Verwandte, und da konnten sie umsonst wohnen.

Ich hab' mich richtig gefreut. Mal fünf Tage alleine. Mal nicht reden müssen, ausschlafen, rumgammeln. Samstag wollte ich einen Stadtbummel machen, hatte mir extra noch ein bißchen Geld von der Sparkasse geholt. Ich wollte mal so richtig gut zu mir sein und bummeln und genießen ... na ja, du verstehst schon: Alles, was man mit Kind und Beruf eben über all die Jahre nicht kann.

Und dann? Nichts war! Ich war nicht in der Stadt, ich habe nicht gemütlich gebummelt, ich habe kein Buch gelesen, war nicht im Kino. Nichts. Tote Hose. Was ich gemacht hab'? Mensch, frag nicht! Ich hab' *nichts* gemacht. Ich habe voll durchgehangen. Morgens war ich immer um Viertel nach sechs wach wie jeden Tag. Und statt wieder einzuschlafen und mal so richtig auszuschlafen, habe ich dagelegen und hab' gegrübelt. Dann überkam mich voll das Selbstmitleid, und ich hab' geheult wie ein Schloßhund. Und vor elf bin ich dann nie aus dem Bett gekommen. Schade um die schöne Zeit –. Ich hab' mir auch immer wieder gesagt: Nun stell dich nicht selbst schon wieder unter Leistungsdruck – auch noch mit Freizeitvergnügen. Aber das war es ja gar nicht. Ich war wie gelähmt all die Tage. Das habe ich schon ganz lange nicht mehr gehabt. Aber ich kenn's von früher. Das sind richtige Depressionen. Ich bin dann völlig unfähig, aktiv zu werden. Am liebsten tu' ich nichts. Ich bring' es noch nicht mal fertig, mir eine anständige Mahlzeit zu machen, vom Tischdecken ganz zu schweigen. 'ne Scheibe Brot auf den Teller, ein Topf Kaffee, das ganze aufs Tablett und damit aufs Sofa – grauenvoll!

Und wie ich das von früher kenne! Als ich noch alleine lebte, bevor ich damals heiratete. Ich dachte all die Jahre mit Kurt und Sven, ich bin drüberhin. Aber das war nur die veränderte Situation. Solange man Mann und Kind um sich hat und dann noch Beruf und Haushalt, da bleibt oft nur noch der Wunsch nach Ruhe und Alleinsein. Als Kurt damals auszog, habe ich überhaupt keine Lücke empfunden. Zum einen hatte ich ja Sven, der mich damals noch sehr brauchte. Er war gerade zwölf geworden. Und dann kam dazu, daß ich Kurt mit seinem autoritären Gehabe einfach nicht mehr ertragen habe. Ich wollte ihm nicht mehr wie ein kleines Mädchen gehorchen, und ich wollte ihn auch nicht mehr von morgens bis in die Nacht bedienen. Von mir aus hätte ich damals noch keine Trennung geschafft, aber als er plötzlich auszog, weil er eine andere kennengelernt hatte, da war ich zwar erst mal geschockt – wegen der anderen Frau –, aber dann war ich maßlos erleichtert. Maßlos! Ich hatte wochenlang das Gefühl, endlich tief durchatmen zu können, und ich dachte immer, jeder kann mir ansehen, wie groß und gerade (sie lacht, sie ist 1,62 m „groß") ich plötzlich rumlaufe.

Aber wieder zu Ostern jetzt. Das war das erste Mal, daß Sven so lange weg war . . . Nein, das stimmt ja gar nicht! Was war denn anders? (Sigrid denkt lange nach.) Nein, das ist wirklich nicht wahr. Aber eines war diesmal anders: Wenn Sven mal eine Woche Urlaub mit seinem Vater verbrachte – war nicht oft, sein Vater hatte dazu gar nicht den Drang –, dann war ich eben auch verreist. Dann bin ich immer ruckzuck abgehauen. Mal zu einer Freundin nach Frankfurt, mal in ein kleines Kaff an der Nordsee. Und wenn er mal an den Wochenenden zu seinem Vater fuhr – auch nicht gerade oft –, dann war ich so erleichtert, mal die zwei Tage für mich zu haben . . . Aber fünf Tage. Und dann nichts los in der Stadt, alles dicht.

Du wirst sicher lachen – weißt du, was ich gemacht habe in meiner Verzweiflung? Ich bin über Ostern zweimal in die Kirche gegangen. In eure! (Ich lache wirklich – Sigrid und Kirche!) Nicht wie du denkst – also nicht, weil ich mir nun göttlichen Trost holen wollte –, daran glaube ich nicht! Ich mußte einfach unter Menschen, und ich dachte, vielleicht treff' ich auf der Straße oder in der Kirche jemanden, den ich kenne. Nur so, für ein paar Worte quatschen. Oder ganz locker fragen: Wollen wir zusammen einen Kaffee trinken?

Aber nix! Karfreitag war ich da, und da hab' ich gedacht: Na klar, das sind deine Leidensgenossinnen. Die Kirche war ziemlich voll, also bestimmt zu vier Fünftel besetzt. Und was soll ich dir sagen? 95 Prozent Frauen, die alleine kamen, ab meinem Alter ungefähr! Junge Leute gar nicht, und der Rest war eine Handvoll Ehepaare. Die Männer fielen richtig auf. Aber kein einzelner Mann, kein einziger! Nicht jung, nicht alt! Und da hab' ich die ganze Zeit über gedacht: Verdammt, das ist die Scheiße bei uns Frauen. Zwanzig Jahre haben wir gerackert, haben uns fertigmachen lassen in der Ehe, haben Kinder großgezogen und natürlich noch unser eigenes Geld verdient, damit wir was Eigenes in der Hand haben und nicht auf Gedeih und Verderb dem Mann ausgeliefert sind – und wenn wir Mitte Vierzig sind, dann können wir auf den Müll. Mann weg, zu 'ner anderen natürlich, fünfzehn Jahre jünger als ich, ausgeruht und unverbraucht, Kinder will diese Dame natürlich nicht. Kind groß, und dann sitzt du am Karfreitag mit hundert anderen Frauen ab Mitte Vierzig und hörst dir die Trauergesänge an.

Du, ich muß dir sagen, daran werde ich noch lange zu knakken haben, das steck' ich nicht so weg! Ich sag' mir zwar immer: Der Tag mußte kommen, und es ist gut, daß du das so bewußt erlebst ... aber ich kann mir nicht helfen, in mir ist was kaputtgegangen!

Vielleicht war dieses Ostererlebnis ganz gut – früh genug, damit ich mir was überlegen kann für später. Aber heute weiß ich noch gar nicht, wo das langgehen könnte! Ich fühle nur diesen ungeheuren Druck: Du mußt was tun, du mußt was planen, sonst gehst du vor die Hunde.

Ob ich Angst vor dem Alter habe? Na, du bist gut – nach dem, was ich dir eben erzählt habe! Natürlich habe ich Angst. Aber eigentlich ist die Frage falsch gestellt – ich habe keine

Angst vor dem Alter, vor Falten, grauen Haaren und so. Ich habe eine panische Angst vor der Einsamkeit. Denn die kommt ja jetzt auf mich zu. Das war ein Vorgeschmack, ein Warnschuß. Damit ich weiß, wo es langgeht.

Aber die Einsamkeit. Du, die habe ich nie gepackt. Ich konnte nie gut alleine sein. Ja, mal so einen Tag oder ein Wochenende. Aber mehr? Schon allein die Urlaube früher, bevor ich Kurt kennenlernte. Mein Gott, was hab' ich mich schwergetan. Das war immer ein Gewaltakt. Wenn ich erst mal anfing, nachzudenken und zu planen, war schon alles vorbei. Da wußte ich – da kann ich gleich zu Hause bleiben, das pack' ich nie! Allein durch irgendwelche Städte laufen oder womöglich noch in einem fremden Land? Oder wo einem Männer hinterherlaufen, weil man als Frau allein Freiwild ist.

. . . Also eine neue Liebe hätte mich schon interessiert. Aber nicht nur ein Urlaubsflirt, der dann 500 km von mir entfernt wohnt. Und schon gar kein Ehemann!

Ich meine, das Problem wird sich ja für mich in den nächsten Jahren nicht stellen. Von einer Fünfzigerin denkt wohl niemand, daß die noch nach einem Mann schielt.

Ach, es ist ja nicht der Urlaub! Das ganze Leben! Von Montag bis Montag alleine in der Wohnung. Da krieg' ich Panik, wenn ich nur dran denke. Morgens nur das Radio, nachmittags die leere Wohnung, abends nur den Fernsehansager und dann noch die Wochenenden! Laß uns bloß von was anderem reden! Oder erzähl mal, wie es dir damit geht. Du bist doch im selben Alter!"

„Ich möchte noch
die ganze Welt umwandern"
(1994)

Lores Reisepläne

Lores Hobby war von früh auf die Geologie. Sie war nie ohne Rucksack, Hämmerchen, Schäufelchen und ein Bestimmungsbuch unterwegs. Ihren Ehemann lernte sie auf einer solchen Wanderung durch unwegsames Gelände kennen – er wollte sie gerade retten, wo es gar nichts zu retten gab.

Nach Ehe und Kinderphase nahm sie ihre Exkursionen wieder auf. Weil sie nach soviel Familie noch nicht wieder auf eigenen Beinen stand, nahm sie auf die erste Tour ihren jüngsten Sohn mit, der die Liebe zur Erde von ihr übernommen und Zoologie und Botanik studiert hatte. So zogen sie zu Fuß – schauend und sammelnd – sieben Wochen durch die kanadischen Wälder. Lore betrachtete dieses Unternehmen als Probe: Geht es noch oder nicht? Immerhin war sie inzwischen über sechzig Jahre alt. „Es" ging noch. Die nächsten Erkundungstouren machte sie – wie einst – wieder alleine.

Vor zwei Jahren hatte sie eine große Reise durch China geplant – zum Siebzigsten! Aufgrund der Unruhen blies sie sie ab und hofft nun darauf, daß sie sie wenigstens mit Dreiundsiebzig unternehmen können wird.

Kurz vor der China-Absage war sie gerade aus Pakistan wiedergekommen – „eine Landschaft, die mich von Kindesbeinen an wahnsinnig gereizt hat! Mein Vater hatte alte Reisebücher oder Geschichtsbücher – mit ersten Fotos. Ich wäre am liebsten damals schon losgezogen. Diese Gegend, diese Menschen! Warum nur machen sich diese Länder durch ihre ständige Kriegsbereitschaft so unwirtlich!?"

„Hast du an den Grenzen keine Schwierigkeiten gehabt?"

„Grenzen? Nein, ich bin geflogen – das hat mein Reisebüro alles für mich erledigt. Ich weiß gar nicht, was dafür alles nötig war. Interessiert mich auch nicht, ich bin ja nicht Weltenbummlerin, ich will ja wandern und sammeln!"

„Bist du in den politischen Wirren unbehelligt geblieben?"

Lore versteht mich nicht recht. „Politische Wirren sind es von außen! Im Land merkst du davon nichts! Oder merkst du in Hannover, wenn es in Bayern politische Wirren gibt!? Das ist die politische Großwetterlage – der Dauerzwist mit Indien, davon kriegt doch weder der einzelne Einwohner noch der Tourist etwas mit! Es war so zauberhaft! Diese Menschen! Diese Gastfreundschaft! Und wie sie mich bestaunt haben. Immer wollten sie helfen. In abgelegenen Ortschaften hätten sie mich am liebsten von Familie zu Familie gereicht. Manchmal mußte ich die Gastfreundschaft auch annehmen. Ich war diesmal ohne Zelt unterwegs, dafür war mir das Land doch zu unbekannt. So hab' ich in einer Art Karawanserei übernächtigt. Lies mal alte Bücher von der Seidenstraße – so ähnlich habe ich alles noch vorgefunden. Jahrhundertwende.

Gesammelt habe ich fast gar nicht wegen des Fluggepäcks. Aber ich habe das Schauen und den Müßiggang genossen. An manchen Tagen habe ich nur 15, 18 Kilometer geschafft, aber ich habe alles in mich reingeschlürft. Manchmal habe ich gedacht, ob das wohl das Land meiner Urahnen ist? Es war mir so ungemein vertraut, so als ob meine Seele dort schon gewohnt hätte.

Im Moment schaue ich meine Aufzeichnungen durch. Ich will meine Wanderungen als Reiseberichte zusammenstellen. Nein, nicht zum Veröffentlichen. Ich mag diesen Rummel nicht! Nein, für mich und für meine Kinder und Enkel. Die sind es ja nun schon gewohnt, aber fassen können sie es immer noch nicht. Jedesmal begraben sie mich schon in Gedanken, und dann tauche ich doch wieder auf.

Ich möchte noch die ganze Welt umwandern, ich möchte die Erde in mich aufnehmen, verstehst du!? Ich möchte an Seen und in Gebirgen sitzen und nur gucken, gucken und träumen und dankbar sein.

Ja, China kommt noch. Natürlich ein Stück der alten Seidenstraße. Ich würde ja so gerne in die Mongolei – aber da habe ich noch so wenig Informationen. Vielleicht ist es möglich. Es gibt Länder, die haben auf mich keine Wirkung: Australien, Japan. Aber weißt du, was ich noch gerne durchwandern würde? Nein, nicht die Sahara, ich bin doch nicht lebensmüde! Nein, die Anden! Von oben nach unten. Natürlich wäre ich dazu am liebsten mit mir allein, aber das sind ja auch wieder Länder – ach, manches ist mir politisch einfach zu gefährlich. Die Menschen sind durch die Politik und alle Erniedrigungen ja so aufgehetzt. Immer will ich doch nicht auf den Bonus ‚alte Frau' setzen. Vielleicht mache ich das noch mal mit einem meiner Söhne! ... Ach nein, die haben ja nie Zeit. Außerdem sind die auch nicht mehr so gut auf den Füßen. Aber vielleicht mit einem Enkel. Stell dir vor: drei Monate durch die Anden-täler. Da atmest du die Entstehung der Welt. Irgendwie bin ich zu spät auf der Welt. Zur Erschaffung hätte ich dabeisein müs-sen, als alles noch gangbar war. Vielleicht war ich es ja?

Ich habe noch keinerlei körperliche Ermüdungserscheinun-gen. Ich bin ja soviel unterwegs und meine Ernährung, na, die kannst du dir ja vorstellen. Oft nur hartes Brot, an dem ich lange zu beißen habe – und wo ich immer bin: Sauermilchge-tränke. Da setzt man kein Fett an, und an einem Infarkt werde ich bestimmt nicht sterben. Ja, mein Wanderleben habe ich noch vor mir. Ich bin jetzt erst richtig wieder auf den Ge-schmack gekommen. Früher war es ja nur Großdeutschland – da hat niemand von uns an andere Erdteile gedacht. Aber heute – du setzt dich für ein paar Stunden ins Flugzeug – und schon kannst du im Zielland loslaufen. Das hätten wir uns vor fünfzig Jahren doch nicht träumen lassen.

Nein, die Welt habe ich noch nicht umrundet. Sicher, die erforderlichen Kilometer habe ich zusammen, das ist keine Kunst, das schafft jede Hausfrau, die ihre Wege nicht gut ein-teilt. Mit Ausnahme von Australien bin ich schon in allen Erdteilen gewandert – fast immer allein. Und es war schön! Mein Gott, waren das schöne Wanderungen. Ich war ja auch nie im Zeitdruck und habe mir vorher nie Routen abgesteckt. Natürlich vorbereitet, aber ich bin auch mal geblieben, wenn ich wollte, und nicht unbedingt weitergegangen.

In achtzig Tagen um die Welt? Nein, in achtzig Jahren. Für achtzig Tage ist die Welt zu schön. Zu schön und zu schade. Aber ich habe ja noch soviel Zeit. . . . Willst du es nicht auch mal probieren? Ich nehm' dich mal mit!"

Textnachweise

I. „Die Zeit ist . . . weise zu benutzen"

Johann Wolfgang von Goethe, „Dienen lerne beizeiten" (1796/97);
abgedruckt in: Ders., Werke Bd. 2 (Hermann und Dorothea),
München: dtv 1981, S. 494–495.

Clara Geißmar, Erinnerungen (1811–1859), Erster Abschnitt
1811–1859; abgedruckt in: Margarete Freudenthal, Gestaltwan-
del der städtischen, bürgerlichen und proletarischen Hauswirtschaft zwischen 1760 und 1910, hg. von Katharina Rutschky,
Frankfurt a. M./Berlin: Ullstein 1986, S. 187–188.

Julie Burow, Herzensworte (1859); abgedruckt in: Dies., Herzensworte. Eine Mitgabe auf dem Lebensweg. Deutschlands Töchtern gewidmet, Berlin: Schotte 1859, S. 104–108.

Helene Voigt-Diederichs, Eine deutsche Mutter (1933); abgedruckt
in: Auf Marienhoff. Das Leben einer deutschen Mutter, Jena:
Diederichs 1933, 2. Aufl., S. 97–108 (Auszüge).

*Else Schilfahrt, Urlaub und Wochenende der erwerbstätigen Frau
(1937)*; abgedruckt in: Bericht Weltkongreß Freizeit und Erholung. Bearb. v. Internationalen Zentral-Büro „Freude und Arbeit", Hamburg: Hanseatische Verlagsanstalt 1937, S. 419–422.

Im „Wirtschaftswunder" (Fünfziger Jahre); abgedruckt in: Perlon-
Zeit. Wie die Frauen ihr Wirtschaftswunder erlebten, Berlin:
Elefantenpress 1985, S. 133.

Anstandsregeln für eine verheiratete Frau (1980); abgedruckt in:
Georg Hahn u.a. (Hg.), Kinder Küche Kleider. Historische
Texte zur Mädchenerziehung, Wien u.a.: Europaverlag 1982,
S. 118.

II. Tagesläufe

Bettine von Arnim, „Laß dir aber zur Probe nur eine 24 Stunden
darstellen" (1818); abgedruckt in: Frauenbriefe der Romantik,
hg. v. Katja Behrens, Frankfurt a. M.: Insel 1981, S. 103–105.

Fanny Lewald, Häuslichkeiten einer Kaufmannsfamilie (1832); ab-gedruckt in: Dies., Meine Lebensgeschichte, Bd. 2: Leidens-jahre, hg. v. Ulrike Helmer, Frankfurt a.M.: Helmer 1989, S. 58–63.

Hildegard Freifrau von Spitzemberg, „Um 12 Uhr aufstehen" *(1865–1872)*; abgedruckt in: Das Tagebuch der Baronin Spitzemberg, geb. Freiin von Varnbühler. Aufzeichnungen aus der Hofgesellschaft des Hohenzollernreiches, hg. v. Rudolf Vierhaus, Göttingen: Vandenhoeck 1960, S. 61–133 (Auszüge).

Marianne Weber, Ein Alltag (1875); abgedruckt in: Dies., Max Weber, Ein Lebensbild, München/Zürich: Piper 1984, S. 36–37.

Tagespensum eines Dienstmädchens um 1900; abgedruckt in: Violet Schultz, In Berlin in Stellung. Dienstmädchen im Berlin der Jahrhundertwende, Berlin: Hentrich 1989, S. 37.

„Halb fünf steh' ich auf..." *(1982)*; abgedruckt in: Regina Becker-Schmidt u.a., „Nicht wir haben die Minuten, die Minu-ten haben uns!" Zeitprobleme und Zeiterfahrungen von Arbei-termüttern in Fabrik und Familie, Bonn: Verlag Neue Gesell-schaft 1982, S. 44.

Hannelore K., „Putzen hat Grenzen" (1978); abgedruckt in: Erika Bock Rosenthal, Christa Haase, Sylvia Streeck, Wenn Frauen Karriere machen, Frankfurt a.M.: Campus 1978, S. 99–106 (Auszüge).

Tagesmutter – Tagesquoten (1988); abgedruckt in: Helga Maria Hernes (Hg.), Frauenzeit – gebundene Zeit, Bielefeld: AYZ Druck und Verlag 1988, S. 121.

„Und der Mann steht a bisserl später auf wie ich" (1983); abge-druckt in: Heide Inhetveen, Margret Blasche, Frauen in der kleinbäuerlichen Landwirtschaft. „Wenns Frauen hat, kann's weitergehen", Opladen: Westdeutscher Verlag 1983, S. 204–205.

III. Hausarbeiten

Marie Helene von Kügelgen, „Sie können sich also denken, in welchem Wirrwarr ich lebte..." (1810–1817); abgedruckt in: Dies., Ein Lebensbild in Bildern, hg. v. A. u. E. v. Kügelgen, Stuttgart: Belser 1904, S. 167, S. 235–236 (Auszüge).

Louise Otto-Peters, Bürgerliche Hauswirtschaft im frühen 19. Jahrhundert; abgedruckt in: Ute Gerhard, Verhältnisse und Verhinderungen. Frauenarbeit, Familie und Rechte der Frauen im 19. Jahrhundert. Mit Dokumenten, Frankfurt a.M.: Suhrkamp 1978, S. 282–289 (Auszüge).

Das häusliche Glück – für Arbeiterfrauen (1881); Vollständiger Haushaltungsunterricht nebst Anleitung zum Kochen für Arbeiterfrauen. Zugleich ein nützliches Hilfsbuch für alle Frauen und Mädchen, die „billig und gut" haushalten wollen, hg. v. e. Commission des Verbandes „Arbeiterwohl", Neudruck der 11. Aufl. Gladbach/Leipzig 1882, München: Rogner & Bernhard 1975, S. 42–48 (Auszüge).

Julie Kaden, Jugend in Dresden (1900–1914), aus: „Der erste Akt meines Lebens". Manuskript Cambridge (England) 1940. Abgedruckt mit freundlicher Genehmigung des Leo-Baeck-Institutes, New York; abgedruckt in: Erinnerungen deutsch-jüdischer Frauen 1900–1990, hg. v. Andreas Lixl-Purcell, Leipzig: Reclam 1992, S. 71–73.

Gustav Winter, Taylorismus im Haushalt (1920); abgedruckt in: Ders., Der Taylorismus. Handbuch der wissenschaftlichen Betriebs- und Arbeitsweise für die Arbeitenden aller Klassen, Stände und Berufe, Leipzig: Hirzel 1920, S. 174–175.

„Viel schöner stell' ich mir eine Gemeinschaftsküche vor" (1930); abgedruckt in: Alf Lüdtke (Hg.), Mein Arbeitstag – mein Wochenende. 150 Textilarbeiterinnen berichten, Faksimile der Veröffentlichung von 1930, Hamburg: Ergebnisse Verlag 1992, S. 116–117.

Hausarbeitstag (1948); abgedruckt in: Klaus-Jörg Ruhl (Hg.), Frauen in der Nachkriegszeit 1945–1963, München: dtv 1988, S. 62, S. 68–69. © 1988 Deutscher Taschenbuch Verlag, München.

Elsbeth Voigt, „Wirklich lustig ist nur das Hausfrauenleben" (1989, BRD); abgedruckt in: Dies., Keine Zeit für Langeweile: Von der Lust, Hausfrau zu sein, Berlin: Zeitjournal 1989, S. 25–27.

„Wenn ich bloß wieder arbeiten könnte" (1971 DDR); abgedruckt in: Erika Runge, Reise nach Rostock, Frankfurt a.M.: Suhrkamp 1971, S. 206–207.

IV. Erwerbsarbeit

Hainer Plaul, Ländliches Gesinde (19. Jahrhundert); abgedruckt in: Ders., Landarbeiterleben im 19. Jahrhundert, Berlin: Akademie-Verlag 1979, S. 175–177.

Maria Bidlingmaier, Arbeitszeiten der Bäuerin (um 1900); abgedruckt in: Dies., Die Bäuerin in zwei Gemeinden Württembergs, Berlin u. a.: Kohlhammer 1918, S. 57–61 (Auszüge).

Friederike Grüzmüller, Lehrerin in Westpreußen (1887/1888); abgedruckt in: Die Lehrerin in Schule und Haus 4, 1887/1888,
S. 492–494.

Moritz Th. W. Bromme, Innenansichten der Heimarbeit (1905);
abgedruckt in: Ders., Lebensgeschichte eines modernen Fabrik-
arbeiters, hg. v. Bernd Neumann, Neudruck der Ausgabe von
1905, Frankfurt a. M.: Athenäum 1971, S. 353–363 (Auszüge).

Susanne Suhr, Arbeitszeit der Angestellten (Weimarer Zeit); abgedruckt in: Dies., Die weiblichen Angestellten. Arbeits- und Le-
bensverhältnisse. Eine Umfrage des Zentralverbandes der Angestellten, bearbeitet v. Susanne Suhr, Berlin: Zentralverband der
Angestellten 1930, S. 24–30, S. 45–46 (Auszüge).

Frau H., Teilzeit – Geteilte Zeit (1988); abgedruckt in: Jutta Flie-
ger, Teilzeit – Geteilte Zeit. Zur Bedeutung von Teilzeitarbeit
und neuen Technologien, in: Zerstörung und Wiederaneignung
von Zeit, hg. v. Rainer Zoll, Frankfurt a. M.: Suhrkamp 1988,
S. 253–260 (Auszüge).

*Ursula W., „Die Dinge klappen allerdings nur mit einer strengen
Einteilung" (1971, DDR);* abgedruckt in: Erika Runge, Reise
nach Rostock, Frankfurt a. M.: Suhrkamp 1971, S. 267–271
(Auszüge).

*Marlene E., „Aber die Unabhängigkeit, die würde ich nie mehr
aufgeben" (1978, BRD);* abgedruckt in: Erika Bock-Rosenthal,
Christa Haase, Sylvia Streeck, Wenn Frauen Karriere machen,
Frankfurt a. M.: Campus 1978, S. 57–61 (Auszüge).

Else Meyer, Sehnsucht nach ganz normalen Tagen; abgedruckt in:
Britta Clotofski-Avgerinos u. a. (Hg.), „Ich steh auf und geh'
raus". Frauen erzählen, Frankfurt a. M.: Fischer 1984, S. 90–94.

V. "Vielerlei Ansprüche":
die eigene Zeit und die Wünsche der anderen

Fanny Lewald, Leere Zeiten (1833); in: Dies., Meine Lebensgeschichte, Bd. 2 Leidensjahre, Neudruck der Originalausgabe
1861/1862, Frankfurt a. M.: Helmer 1989, S. 104–105.

Betsy Meyer, „Eine verborgene Liebesmühe soll es bleiben" (1876, 1894); abgedruckt in: Briefe berühmter Frauen. Von Liselotte von der Pfalz bis Rosa Luxemburg, hg. v. Claudia Schmölders, Frankfurt a. M.: Insel 1987, S. 290–292.

Theodor Fontane, Pflichten einer Gattin (1881–1894); abgedruckt in: Ders., Briefe, hg. v. Kurt Schreiner u. Charlotte Jolles, Berlin: Propyläen 1968, Bd. I, S. 158–159, 206–207, 240, 292, Bd. II, S. 191, 253, 266–267.

Berta H., „Ins Krankenhaus wollte ich sie ooch nicht geben" (20. Jahrhundert); abgedruckt in: Maxie Wander, „Guten Morgen, Du Schöne", Frauen in der DDR. Protokolle, Darmstadt: Luchterhand 1985, S. 184–193 (Auszüge).

Stillzeiten (1984); Text I abgedruckt in: Arbeitsgesetze, 40. neu bearbeitete Ausgabe, München: dtv, Beck-Texte 1990, S. 220; Text II abgedruckt in: Kinderzeiten. Die Zeit mit Kindern – Zeit für Kinder? Gespräche mit Müttern in Bremen, hg. v. Helga Krüger, Ursula Rabe-Kleberg, Bremen: Uni Bremen 1984, S. 46–47.

Ellen N., „Ich spring immer mal wieder zwischendurch rauf und mach was" (1973, BRD); abgedruckt in: Alice Schwarzer (Hg.), Frauenarbeit – Frauenbefreiung. Praxis-Beispiele und Analysen, Frankfurt a. M.: Suhrkamp 1973, S. 64–69.

Erika D., „Mein Mann hat immerfort nur Geschichten erzählt, wie ein Studium jede Ehe zum Platzen bringt" (Siebziger Jahre, DDR); abgedruckt in: Maxie Wander, „Guten Morgen, Du Schöne!", Frauen in der DDR. Protokolle, Darmstadt: Luchterhand 1985, S. 95–102 (Auszüge). © 1980 by Luchterhand Literaturverlag GmbH Darmstadt und Neuwied.

VI. Muße – Freizeit – Eigenzeit

Sophie von Löwenstern, Berliner Hofgesellschaft (1805); in: Dies., Aus der Berliner Hofgesellschaft der Jahre 1805 und 1806, Tagebuchaufzeichnungen einer jungen Dame, abgedruckt in: Deutsche Rundschau 114 (1902/03), S. 280–284.

Ida Pfeiffer, Allein in Island (1845); abgedruckt in: Dies., Nordlandfahrt: eine Reise nach Skandinavien und Island im Jahre 1845, hg. v. Gabriele Habinger, Wien: Promedia 1991 (Edition Frauenfahrten), S. 64–65, 79–80, 95–96, 100, 122–124, 126–127, 172, 265.

Fanny Lewald, Im Tross von Baden nach Breslau (1832); abgedruckt in: Dies., Meine Lebensgeschichte, Bd. 2: Leidensjahre, Neudruck der Originalausgabe 1861/62; Frankfurt a.M.: Helmer 1989, S. 38–47 (Auszüge).

Barbara Waß, „Für sie gab es immer nur die Alm" (frühes 20. Jahrhundert); abgedruckt in: Dies., Aus dem Leben einer Sennerin, Wien: Böhlau 1988, S. 30–31.

Anneliese Neef, Freizeit von Arbeiterfrauen (1900); abgedruckt in: Dies., Mühsal ein Leben lang. Zur Situation der Arbeiterfrauen um 1900, Köln: Pahl-Rugenstein 1988; S. 160–162.

Emilie Altenloh, Zur Soziologie des Kinos (1914); abgedruckt in: Dies., Die Kino-Unternehmung und die sozialen Schichten ihrer Besucher, Jena: Diederichs 1914, S. 74–94 (Auszüge).

„Das ging so Hand in Hand" (Dreißiger Jahre); abgedruckt in: Anke Schiller-Mertens, Frauen vor Ort: Lebenserfahrungen von Bergarbeiterfrauen. Bilder und Texte aus der Kolonie der Zeche Westfalen in Ahlen, Essen: Klartext 1990, S. 98–100 (Auszüge).

Angelika Kienzle, „ ,Zeit' – das Wort habe ich gelernt, neu zu buchstabieren" (1988); abgedruckt in: Fritz-Joachim Steinmeyer (Hg.), Von der Erholung zur Spezialkur. 60 Jahre evangelische Arbeitsgemeinschaft für Müttergenesung, Stuttgart: Verlagswerk der Diakonie 1988, S. 75–78.

„Die Einsamkeit, die hab' ich nie gepackt" (1991); abgedruckt in: Christa Swientek, Mit 40 depressiv, mit 70 um die Welt. Wie Frauen älter werden, Freiburg: Herder 1994, S. 64–68.

„Ich möchte noch die ganze Welt umwandern" (1994); abgedruckt in: Christa Swientek, Mit 40 depressiv, mit 70 um die Welt. Wie Frauen älter werden, Freiburg: Herder 1994, S. 136–139.

Auswahlbibliographie

Acht Stunden sind kein Tag. Freizeit und Vergnügen in Dortmund 1870 bis 1939, hg. von Gisela Franke, Heidelberg 1993.

Achten, Udo, „... denn was uns fehlt, ist Zeit." Geschichte des arbeitsfreien Wochenendes, Köln 1988.

Bäcker, Gerhard, Teilzeitarbeit und individuelle Arbeits-Zeitflexibilisierung. Festschreibung der Benachteiligung von Frauen in Beruf und Familien, in: WSI-Mitteilungen 34 (1981), S. 194–203.

Beck-Gernsheim, Elisabeth, Das halbierte Leben. Männerwelt Beruf, Frauenwelt Familie, Frankfurt a. M. 1992.

Becker-Schmidt, Regina, Gudrun Axeli-Knapp, Beate Schmidt (Hg.), „Nicht wir haben die Minuten, die Minuten haben uns!" Zeitprobleme und Zeiterfahrungen von Arbeitermüttern in Fabrik und Familie, Bonn 1982 (Dies., Eines ist zuwenig – beides ist zuviel. Erfahrungen von Arbeiterfrauen zwischen Familie und Fabrik, Bonn 1985).

Berger-Schmitt, Regina u. a., Die Lebenssituation alleinstehender Frauen, Stuttgart usw. 1991.

Bertram, Hans (Hg.), Die Familie in den neuen Bundesländern. Stabilität und Wandel in der gesellschaftlichen Umbruchsituation, Opladen 1992.

Block, Irene, Uta Enders, Susanne Müller, Das unsichtbare Tagwerk. Mütter erforschen ihren Alltag, Reinbek 1981.

Dülmen, Richard van, Norbert Schindler (Hg.), Volkskultur. Zur Wiederentdeckung des vergessenen Alltags (16.–20. Jahrhundert), Frankfurt a. M. 1984.

Deja-Lölhöffel, Brigitte, Freizeit in der DDR, Berlin 1986.

Deters, Magdalene, Susanne Weigandt (Hg.), Fremdbestimmt – selbstbestimmt? Deutsch-deutsche Karrieremuster von Frauen im Beruf, Berlin 1987.

Elias, Norbert, Über die Zeit, [2]Frankfurt a. M. 1989.

Familienleben in der DDR. Zum Alltag von Familien mit Kindern, hg. v. Jutta Gysi, Berlin 1989.

Frau und Sport: Ergebnisse einer repräsentativen Bevölkerungsumfrage; Entwicklung des Verhältnisses seit 1965, Schorndorf 1978.

Geiling-Maul, Barbara u. a., Lebensalltag. Weibliche Lebenskultur in beiden Teilen Deutschlands, Köln 1992.

Gerhard, Ute, Verhältnisse und Verhinderungen. Frauenarbeit, Familie und Rechte der Frauen im 19. Jahrhundert. Mit Dokumenten, Frankfurt a. M. 1978.

Gutschmidt, Gunhild, Kind und Beruf. Alltag alleinerziehender Mütter, Weinheim, München 1986.

Hausen, Karin (Hg.), Geschlechterhierarchie und Arbeitsteilung. Zur Geschichte ungleicher Erwerbschancen von Männern und Frauen, Göttingen 1993.

Heintz, Bettina, Claudia Honegger (Hg.), Listen der Ohnmacht. Zur Sozialgeschichte weiblicher Widerstandsformen, Frankfurt a. M. 1984.

Helwig, Gisela, Frau und Familie in beiden deutschen Staaten, Köln 1982.

Dies., Hildegard Maria Nickel (Hg.), Frauen in Deutschland 1945–1992, Bonn 1993.

Hernes, Helga Maria (Hg.), Frauenzeit – gebundene Zeit, Bielefeld 1988.

Holmes, Ivory, The allocation of time by women without family responsibilities, Washington, D. C. 1983.

Huck, Gerhard (Hg.), Sozialgeschichte der Freizeit, Wuppertal 1980.

Inhetveen, Heide, Margret Blasche, Frauen in der kleinbäuerlichen Landwirtschaft. „Wenn's Weiber gibt, kann's weitergehen . . .", Opladen 1983.

Kinderzeiten. Die Zeit mit Kindern – Zeit für Kinder? Gespräche mit Müttern in Bremen, hg. v. Helga Krüger, Ursula Rabe-Kleberg, Bremen 1984.

Laermann, Klaus, Alltags-Zeit. Bemerkungen über die unauffälligste Form sozialen Zwangs, in: Kursbuch 41 (1975), S. 87–105.

Lakemann, Ulrich, Das Aktivitätsspektrum privater Haushalte in der Bundesrepublik Deutschland 1950 bis 1980: Zeitliche und inhaltliche Veränderungen von Erwerbstätigkeiten, unbezahlten Arbeiten und Freizeitaktivitäten. Eine vergleichende Auswertung empirischer Untersuchungen, Wissenschaftszentrum Berlin 1984.

Lawugger, Claudia, Andreas Rubchich, Ruth Simsa, Flexible Arbeitszeiten – flexible Familien? Auswirkungen flexibler Arbeitszeiten auf Freizeit, Familienleben, Alltagsorganisation und Gesundheit von männlichen und weiblichen Arbeitnehmern und ihren Familien, Wien 1991.

Lueb, Lydia, Die Freizeit der Textilarbeiterinnen. Eine Untersuchung über die Verwendung der Freizeit der Arbeiterinnen des christlichen Textilverbandes Bezirk Westfalen, Diss. Münster, Essen 1929.

Lüdtke, Alf (Hg.), Mein Arbeitstag – mein Wochenende. 150 Textilarbeiterinnen berichten, Faksimile der Veröffentlichung von 1930, Hamburg 1992.

Müller, Walter, Angelika Willms, Johann Handl, Strukturwandel der Frauenarbeit 1880–1980, Frankfurt a.M., New York 1983.

Notz, Gisela, „Du bist als Frau um einiges mehr gebunden als der Mann." Die Auswirkungen der Geburt des ersten Kindes auf die Lebens- und Arbeitsplanung von Müttern und Vätern, Bonn 1991.

Pross, Helge, Die Wirklichkeit der Hausfrau. Die erste repräsentative Untersuchung über nichterwerbstätige Ehefrauen: Wie leben sie? Wie denken sie? Wie sehen sie sich selbst? [2]Reinbek 1976.

Romeiß-Stracke, Felicitas, May Britt-Pürschel, Frauen und Zeitpolitik, Dortmund 1988.

Rosenbaum, Heidi, Formen der Familie. Untersuchungen zum Zusammenhang von Familienverhältnissen, Sozialstruktur und sozialem Wandel in der deutschen Gesellschaft des 19. Jahrhunderts, Frankfurt a.M. 1982.

Schweitzer, Rosemarie von, Helge Pross, Die Familienhaushalte im wirtschaftlichen und sozialen Wandel. Rationalverhalten, Technisierung, Funktionswandel der Privathaushalte und das Freizeitbudget der Frau, Göttingen 1976.

Shelton, Beth Ann, Women, Men and Time. Gender differences in paid work, housework and leisure, New York usw. 1992.

Weber-Kellermann, Ingeborg, Landleben im 19. Jahrhundert, München 1987.

Willms-Herget, Angelika, Frauenarbeit. Zur Intergration der Frauen in den Arbeitsmarkt, Frankfurt a.M., New York 1985.

Zeitverwendung der Personen in Arbeiter- und Angestelltenhaushalten im Gebiet der ehemaligen DDR 1974, 1980, 1985 und 1990, hg. v. Statistischen Bundesamt, Wiesbaden 1991.

Rainer Zoll (Hg.), Zerstörung und Wiederaneignung von Zeit, Frankfurt a.M. 1988.

Abbildungsverzeichnis